Demokratie und Sozialregulierung in Europa

Staatlichkeit im Wandel

Herausgegeben von Philipp Genschel, Stephan Leibfried, Patrizia Nanz und Frank Nullmeier für den Sonderforschungsbereich »Staatlichkeit im Wandel« der Deutschen Forschungsgemeinschaft in Bremen.

Thorsten Hüller, Dr. rer. pol., ist wissenschaftlicher Mitarbeiter am Sfb »Staatlichkeit im Wandel«, Bremen.

Thorsten Hüller

Demokratie und Sozialregulierung in Europa

Die Online-Konsultationen der EU-Kommission

Campus Verlag
Frankfurt/New York

Dieser Band ist im Rahmen des Sonderforschungsbereichs 597 »Staatlichkeit im Wandel« an der Universität Bremen entstanden und wurde auf Veranlassung des Sfb unter Verwendung der ihm von der Deutschen Forschungsgemeinschaft zur Verfügung gestellten Mittel gedruckt.

Bibliografische Information der Deutschen Nationalbibliothek
Die Deutsche Nationalbibliothek verzeichnet diese Publikation in der Deutschen Nationalbibliografie; detaillierte bibliografische Daten sind im Internet über http://dnb.d-nb.de abrufbar.
ISBN 978-3-593-39173-1

Das Werk einschließlich aller seiner Teile ist urheberrechtlich geschützt. Jede Verwertung ist ohne Zustimmung des Verlags unzulässig. Das gilt insbesondere für Vervielfältigungen, Übersetzungen, Mikroverfilmungen und die Einspeicherung und Verarbeitung in elektronischen Systemen.
Copyright © 2010 Campus Verlag GmbH, Frankfurt am Main
Gedruckt auf Papier aus zertifizierten Rohstoffen (FSC/PEFC).
Printed in Germany

Besuchen Sie uns im Internet: www.campus.de

Inhalt

Danksagung ... 9

I Einleitung ... 11
1 Demokratie, transnationale Märkte und soziale Integration in der EU ... 11

II Demokratie in der europäischen Mehrebenenpolitik – Normative Standards, Defizite und Reformoptionen ... 27
2 Beyond Moravchix – Über Defizite der europäischen Demokratie und ihrer Analyse ... 30
  2.1 Soll die EU demokratisch sein? ... 35
  2.2 Kann die EU demokratisch sein? ... 41
3 Grundprobleme der (europäischen) Demokratiemessung ... 46
  3.1 Zur Rechtfertigung eines europafähigen Demokratiekonzepts ... 47
  3.2 Drei Anwendungsprobleme ... 53
  3.3 Das ›Gebilde‹ der EU in der Demokratieforschung ... 60
4 Ein normativer Demokratiebegriff für die EU ... 62
5 Zur Anwendung des normativen Demokratiebegriffs: Operationalisierungsprobleme und -strategien ... 71
  5.1 Zur allgemeinen Operationalisierung: Demokratische Performanz politischer Rechtsetzung ... 72
  5.2 Vorzüge gegenüber alternativen Messinstrumenten ... 77
6 Noch einmal: das europäische Demokratiedefizit und Reformoptionen ... 81
  6.1 Demokratiedefizite der europäischen Mehrebenenpolitik ... 82

6.2 Zur Demokratisierung der europäischen
Mehrebenenpolitik: Reformoptionen 96
6.3 Für graduelle Demokratisierungen der EU: Keine
Königsstrategie in Sicht!... 106

III Assoziative Demokratisierung der EU? 109

7 Möglichkeiten und Grenzen einer assoziativen
Demokratisierung der EU – theoretische Überlegungen 110
7.1 Demokratisierung der EU über zivilgesellschaftliche
Partizipation – Die Position der Europäischen
Kommission.. 112
7.2 Demokratische Funktionen zivilgesellschaftlicher
Organisationen 117
7.3 Das zweigleisige Modell demokratischer Politik:
Habermas 124
7.4 Assoziative Demokratie: Cohen/Rogers 126
7.5 Der dualistische Ansatz demokratischer Repräsentation:
Christiano 128
7.6 Zivilgesellschaft und Demokratie in der EU –
Schlussfolgerungen aus der Untersuchung von drei
normativen Konzeptionen 130

8 Die Online-Konsultationen der Kommission im politischen
System der EU 135
8.1 Was sind die Online-Konsultationen der Europäischen
Kommission?.. 136
8.2 Warum die Online-Konsultationen der Kommission? 138

9 Assoziative Demokratisierung durch offene Online-
Konsultationen? 147
9.1 Demokratierelevante Funktionen der Online-
Konsultationen der Kommission 149
9.2 Fallauswahl und Stichprobe 175
9.3 Demokratische Leistungen der Online-Konsultationen:
die Empirie 183
9.4 Zusammenfassung 209
9.5 Noch einmal: Assoziative Demokratisierung der EU? 213

IV Demokratie und Sozialregulierungsfähigkeit in der EU 217
    10 Bessere Sozialregulierung durch assoziative
        Demokratisierung? 217
        10.1 Begrenzte europäische Sozialregulierungsfähigkeit 222
        10.2 ›Bessere‹ Sozialregulierung durch assoziative
              Demokratisierung? 229

Anhang 233

Literatur 247

Schaubilder und Tabellen 263

Abkürzungsverzeichnis 265

Danksagung

Die Forschungen zu diesem Buch sind in zwei Zusammenhängen entstanden. Sie gehen zurück auf meine Arbeit in einem DFG-Projekt zur »Demokratisierung der EU durch zivilgesellschaftliche Einbindung«, das zwischen 2006 und 2008 am Mannheimer Zentrum für Europäische Sozialforschung unter Leitung von Beate Kohler durchgeführt worden ist und auf meine Tätigkeit im Projekt »Handelsliberalisierung und Sozialregulierung in transnationalen Konstellationen«, welches am Sfb 597 »Staatlichkeit im Wandel« an der Universität Bremen von Josef Falke und Christian Joerges geleitet wird. Allen drei gilt mein herzlicher und erster Dank. Beate Kohler hat darüber hinaus viele der Überlegungen, die in dieses Buch eingeflossen sind, im Entstehungsprozess begleitet und insbesondere bei der Konzeptualisierung und Durchführung der empirischen Fallstudie wertvolle Hinweise gegeben.

Meinen Kolleginnen und Kollegen in beiden Projekten gebührt mein Dank für die durchweg angenehme Zusammenarbeit und nicht zuletzt dafür, dass sie mir, der ich mich von Haus aus der Politischen Theorie zugehörig fühle, so bereitwillig und mit vielen Mühen verbunden, bei der Beantwortung meiner zahlreichen Fragen geholfen haben. Dazu zählen vor allem Henning Deters, Barbara Finke, Alexia Herwig, Markus Krajewski, Matthias Leonhard Maier und Christine Quittkat.

Henning Deters, Steffen Ganghof und Beate Kohler haben das Manuskript ganz oder in Teilen gelesen und kommentiert. Darüber hinaus habe ich von zahlreichen Personen zu früheren Arbeitspapieren und auf Konferenz- und Kolloquiumsbeiträge Kommentare und Hinweise erhalten, die auch in dieses Buch eingeflossen sind. Dazu zählen Erik Amna, Emanuela Bozzini, Erik Eriksen, John Erik Fossum, Justin Greenwood, Kristina Hahn, Chris Lord, Thomas Persson, Berthold Rittberger, Sabine Saurugger, Jens Steffek, Albert Weale und viele andere.

Bei der empirischen Untersuchung haben mir Christine Quittkat und Janina Thiem wertvolle Hilfe zukommen lassen. Tanja Abendschein, Sonja Kaufmann und Maria Krstanovic haben bei der Aufbereitung der Daten als studentische Hilfskräfte verdienstvolle Arbeit geleistet und Monika Sniegs hat dem Manuskript seine Form und Gestalt gegeben. Ohne diese vielfältige Unterstützung wäre Einiges mühsamer gewesen. Die verbleibenden Fehler und Ungereimtheiten liegen allein in meiner Verantwortung. Wahrscheinlich habe ich sie auch erst in die vorliegende Fassung des Textes eingefügt.

Das Mannheimer Zentrum für Europäische Sozialforschung (MZES) und der Bremer Sonderforschungsbereich haben mir nicht nur exzellente Arbeitsbedingungen geboten, sondern auch zwei einzigartige und stimulierende Umfelder, in denen ich viele der in diesem Buch behandelten Fragen bei verschiedensten Gelegenheiten intensiv diskutieren konnte. Auch oder gerade weil man es im Text so nicht erkennen wird, möchte ich erwähnen, dass allen voran die intensiven Diskussionen mit Steffen Ganghof in unserer – viel zu kurzen – gemeinsamen Mannheimer Zeit mir sehr viel bedeutet haben. Und Marlene Alle, Josef Falke und Dieter Wolf haben viele meiner alltäglichen Probleme zu den ihren gemacht und dabei immer (!) gute Lösungen gefunden.

Mein größter und wichtigster Dank gebührt schließlich meiner Familie: Sabine, Max und Tom. Ihnen ist nicht nur das Buch gewidmet.

Bremen, Dezember 2009
Thorsten Hüller

I Einleitung

1 Demokratie, transnationale Märkte und soziale Integration in der EU

Ausgangspunkt dieser Arbeit sind zwei sich überlappende Defizitdiagnosen und deren Defizite. Die eine Diagnose behauptet ein Demokratiedefizit der Europäischen Union, die andere einen Mangel an Problemlösungsfähigkeit in kontroversen Fragen der Positivintegration. Nachdem beide Diagnosen kurz entwickelt werden, wird es in dieser Einleitung vor allem darum gehen zu begründen, warum beide Fragen in einem Zusammenhang analysiert werden sollten.

Die erste Diagnose behauptet in der hier vertretenen Variante, dass legislative Prozesse auf der EU-Ebene weniger demokratisch als vergleichbare Entscheidungen in den Mitgliedstaaten sind. Die normativen Demokratieprinzipien – politische Gleichheit, Publizität und Rechenschaftspflicht – sind in den entscheidungsrelevanten Bereichen der politischen Agendakontrolle, der Policy-Deliberation und des Entscheidungsaktes in geringerem Maße als in demokratischen Staaten realisiert. Dieser Demokratiemangel hat nicht nur einen Einfluss auf den Inhalt von Entscheidungen auf EU-Ebene (siehe Hix 2008), sondern er impliziert auch, dass im gleichen Maße wie die europäische Regelungsdichte zugenommen hat, die erfahrbare demokratische Qualität bei den Bürgern abgenommen hat.

Die Institutionen der EU und allen voran die Europäische Kommission (im Folgenden zumeist kurz: Kommission) haben eine Reihe von Anstrengungen unternommen, die nach ihrer Selbsteinschätzung zu einer Demokratisierung führen werden. Die in der Folge des Weißbuches »Europäisches Regieren« (Kommission 2001) geschaffenen Online-Konsultationen der Kommission, ihre Einbettung in das Arbeitsprogramm der Kommission und die verpflichtenden Folgenabschätzungen sind ein zentraler Bestandteil dieser Demokratisierungsbemühungen. Ob eine Demokratisierung mit dem Instrument der Online-Konsultation tatsächlich erreicht wird bzw. erreicht werden kann, ist die zentrale empirische Fragestellung dieses Buches (Teil III).

Das Projekt reiht sich damit in die Vielzahl an Schriften über die europäische Demokratie ein. Heidrun Abromeit (2002: 9f.) bezeichnete ihren Beitrag bereits als das »1001.« Buch über Demokratie. Die von ihr dargebotene Rechtfertigung ihres eigenen Werkes zehrt im Kern von ihrer Bewertung anderer Werke zur Demokratie in der postnationalen Konstellation, die sie prägnant mit der Formel das »Elend der Demokratietheorie« belegt hat. Auch wenn ich ihren Optimismus, alle schwierigen demokratietheoretischen Fragen eindeutig und überzeugend lösen zu können, nicht teile, gehen ihre Kritik und auch ihr Ansatz doch in die richtige Richtung. In der heutigen arbeitsteiligen Sozialwissenschaft ist diese Frage deshalb so schwierig zu bearbeiten, weil sie normative Rechtfertigungsüberlegungen aus der politischen Philosophie mit Erkenntnissen aus der vergleichenden Demokratieforschung und den Einsichten über das Funktionieren des politischen Systems der EU zu verknüpfen hat, was selbst den Besten der verschiedenen Fächer kaum gelingt.[1] In der Konsequenz ist der Leser dieser Literatur davon beeindruckt, wie viele Demokratiedefizitdiagnosen der EU zum Beispiel gänzlich ohne einen klaren Demokratiebegriff auskommen (siehe zuletzt Hix 2008) oder wie unbedarft höchst umstrittene Demokratieverständnisse ohne größere argumentative Unterstützung zu einem normativen Demokratiemaßstab überhöht werden (siehe trotz aller Problemwahrnehmung, Abromeit 2002; 2004). Andererseits ist es sicher kaum böswillig, man man behauptet, dass unter politischen Philosophen die ›Gemeinschaftsmethode‹ routinemäßig als kommunitaristischer Entdeckungszusammenhang gepriesen würde, weil sie mit wenigen Ausnahmen den Kontakt mit der Empirie (zumal der EU) soweit es geht zu vermeiden

---

1 Entsprechend finden wir zu diesem Thema eine vergleichsweise zerklüftete Literaturlandschaft. Einen guten Überblick liefert Kohler-Koch & Rittberger (2007). Für anspruchsvolle normative Überlegungen, siehe exemplarisch auch Bohman (2007), die Aufsätze in Eriksen (2005) und Goodhart (2007); für die demokratievergleichende Perspektive, siehe exemplarisch Holzinger (2005), Mair (2005), Mair & Thomassen (2007), Schmidt (2006), Zweifel (2002) und die Ansätze zur europäischen Demokratiemessung bei Abromeit (2002) und Lord (2004); für die EU-zentrierten Überlegungen, siehe beispielsweise Hix (2008), Majone (1998; 2005) oder Moravcsik (2002; 2006). Das Gros der Literatur zu normativen Demokratiekonzeptionen und vergleichender Demokratieforschung vermeidet aber die EU als Gegenstand, woraus allerdings nicht geschlossen werden sollte, dass deren Erwägungen darüber, was Demokratie sein soll und wie sie zu messen ist, hier unerheblich sind.

suchen. Es ist daher ein Anliegen dieser Arbeit, nicht nur die Einsichten aus diesen unterschiedlichen Literaturen zusammenzubringen, sondern dabei auch einige der zentralen ungelösten Probleme europäischer Demokratieforschung plausibel zu bearbeiten (Teil II).

Damit bin ich bei der zweiten Diagnose, dem Mangel an marktbegleitender Sozialregulierung bzw. Positivintegration. Unter Regulierung verstehe ich alle positiven, also politisch gesetzten, allgemein bekannten und verbindlichen Verhaltensvorgaben. Die marktnahe *Sozial*regulierung umfasst somit alle regulativen Maßnahmen, die zur Gestaltung von Märkten und insbesondere zur Verhinderung und Korrektur unerwünschter Marktergebnisse eingesetzt werden. Scharpf und seine Kollegen am Kölner Max-Planck-Institut argumentieren, dass in Folge der europäischen Integration die Sozialregulierungsfähigkeit der europäischen Mehrebenenpolitik abgenommen hat und unter dauerhaftem Druck steht (siehe etwa zahlreiche Beiträge in Höpner/Schäfer 2008a; Scharpf 1999). Dagegen ist versucht worden, zu zeigen, dass auf europäischer Ebene durchaus Positivintegration in einer Qualität realisiert wird, die theoretisch zunächst nicht erwartet wurde (Eichener 2000: Teil 1; Scharpf 2006b: 10f.), sich durch die Abkehr von der Einstimmigkeitsregel und im Bereich des europäischen *soft law* unwahrscheinliche sozialpolitische Strukturen entwickelt haben (Falkner 2000; dagegen etwa: Leiber/Schäfer 2007).

Spätestens mit den letzten beiden Erweiterungen der EU auf nun 27 Mitgliedstaaten dürfen auf mittlere Sicht weit reichende Schritte im Bereich der Positivintegration über intergouvernementale Verhandlungsprozesse im Europäischen Rat unrealistisch sein, weil die großen objektiven Interessenunterschiede in Fragen der Sozial- und Beschäftigungspolitik, der Umweltpolitik usw. entlang der Ländergrenzen noch einmal zugenommen haben. Aber auch vorher schon ist bei den Kompetenzerweiterungen nicht immer der mühsame Weg über die Einstimmigkeit des Europäischen Rates gewählt worden (siehe Majone 2005: Kap. 4). Entsprechend stellt sich als eine Kernfrage, ob unterhalb der Ebene intergouvernementaler Verhandlungen die Chancen marktbegleitender Sozialregulierung verbessert werden können, ohne gleichzeitig die Legitimität der Europäischen Union zu untergraben.

Nun ist die Europäische Union bekanntlich ein politisches Mehrebenensystem. Das impliziert auch, dass offensichtlich nicht alle politischen Fragen vorrangig auf der europäischen Ebene entschieden werden können und sollten. Entsprechend konzentriert sich die empirische Untersuchung auf solche spezifischen Regelungsgegenstände, die (a) auf europäischer Ebene bearbeitet werden müssen, weil sie komplementär zur negativen Integration auftreten und von den Nationalstaaten vor dem Hintergrund des Binnenmarktes nicht sinnvoll bearbeitet werden können und die zugleich (b) innerhalb der EU politisch umstritten sind und daher im Rahmen der gängigen Entscheidungsprozesse schwer bis gar nicht so zu bearbeiten sind, so dass sie auf breite Akzeptanz stoßen (siehe dazu Scharpf 1999: 70ff.).

In diesen kurzen Eingangsformulierungen stecken eine ganze Reihe von impliziten Annahmen und Voraussetzungen sowie nicht zuletzt auch mindestens eine Unklarheit: Wie hängen die beiden Fragen nach der Qualität demokratischer Entscheidungsstrukturen und der Qualität der Positivintegration bzw. Sozialregulierung eigentlich zusammen? In den verbleibenden Passagen dieser Einleitung argumentiere ich , warum beide Probleme eng miteinander verknüpft sind (siehe auch Schäfer 2006a) und der meiner Meinung nach anspruchsvollste normative Versuch einer solchen Verknüpfung, nämlich Scharpfs Trias aus reiner Output-Legitimität auf supranationaler Ebene plus hoher nationaler Autonomieräume plus intergouvernemental legitimierter politischer Entscheidungen in Fragen mit Umverteilungswirkungen, nicht vollkommen überzeugen kann. Das Argument hat drei zentrale Schritte: Reine Output-Legitimität kann es praktisch nicht geben. Dadurch erhöhen sich die Legitimationslasten für die anderen beiden Bereiche der Trias. Gerade in den erst durch europäische Integration aufkommenden sozialregulativen Konflikten können sie allein legitime Regelungen aber nicht gewährleisten. Eine partielle supranationale Demokratisierung bietet sich vor diesem Hintergrund als Lösung an.

Zunächst also zu den Problemen reiner Output-Legitimität. Gemäß der prominenten Unterscheidung von Scharpf können politische Systeme ihre Legitimität *entweder* über die demokratische Qualität der Hervorbringung von Entscheidungen *oder* über die Qualität dieser Entscheidungen selbst generieren (wobei beides auf EU-Ebene, Scharpf zufolge, für die oben genannten Konflikte nicht funktioniert). Seine Theorie ist aber in wichtigen Aspekten unklar (Wann sind politische Strukturen demokratisch? Wann kann einem politischen System eine hohe Problemlösungsfähigkeit bescheinigt werden? Und wie wird aus objektiver Problemlösungsfähigkeit allgemein geglaubte Legitimität?).

Anders als Scharpf dies suggeriert, wird hier davon ausgegangen, dass demokratische Qualität und Problemlösungsfähigkeit weitgehend mitein-

Einleitung 15

ander verknüpft sind, weil die Vorstellung einer quasi demokratieunabhängigen Output-Legitimität nicht überzeugt. Input- und Output-Legitimität sind nicht nur, wie Scharpf (1999: 12) schreibt, »komplementär«, sondern miteinander verwoben. Er selbst weist auf Schwierigkeiten hin, solche Gegenstände und politische Lösungen zu identifizieren, wo die Problemlösungsfähigkeit unabhängig von umstrittenen gesellschaftlichen Bewertungen ›objektiv‹ zugeschrieben werden kann (Scharpf 2005: 711ff.). Daher diskutiert er auch die *output*-legitimierende Funktion von Wahlen (Scharpf 1999: 22f.), was allein ein Hinweis darauf ist, dass die exklusive Vorstellung einer allein über objektive Problemlösungsfähigkeit generierte gesellschaftliche Akzeptanz praktisch nicht möglich ist. Diese Gründe dafür werde ich nun allgemeiner beziehungsweise abstrakter entwickeln.

Für Scharpf gibt es genau einen Typ eindeutiger Fälle von Output-Legitimität verbürgender Problemlösungen, nämlich alle Regelungen, die nicht dem Pareto-Kriterium zuwider laufen: Sie seien per se legitim und zwar weil sie aus der Sicht jedes individuellen Mitglieds der EU objektiv besser oder jedenfalls nicht schlechter sind als der Status quo ante (Scharpf 2005: 711ff.). Das beinhaltet aber eine ganze Reihe durchaus problematischer Annahmen. Zunächst muss auch die *Ausgangsverteilung*, also der Status quo ante als legitim wahrgenommen werden. Pareto-Kriterium kompatible Veränderungen können nur dann quasi automatisch Legitimität verbürgen, wenn die Ausgangsausstattungen und -verteilungen unumstritten sind, was jedoch eine gewagte These ist. Das soll an einem einfachen Beispiel verdeutlicht werden. Stellen wir uns hohe Arbeitslosigkeit oder geringen Gesundheitsschutz als *Ausgangsbedingungen* von politischen Entscheidungen vor. Pareto-effiziente Lösungen können nun auch solche sein, die an diesen Problemen wenig ändern. Allein aus dieser wahrgenommenen Problemlösungsunfähigkeit kann ein (empirisches) Legitimitätsdefizit erwachsen. Sollte es zudem noch praktikable, aber nicht Pareto-konforme Lösungen geben, kann sich dies ebenfalls negativ auf die Akzeptanz Pareto-konformer Ergebnisse niederschlagen. Dass sie trotzdem *generell* als unproblematisch angesehen werden, scheint mir empirisch fragwürdig zu sein.

Gewichtiger ist aber das Problem, dass es aus der Perspektive der Beteiligten nicht rational ist, *jede* pareto-superiore Regelung zu akzeptieren. Solche Regelungen eröffnen zwar nicht die Möglichkeit, dass Individuen absolut schlechter gestellt werden aber relativ zu anderen. Dies erzeugt – jenseits von Neid – auch objektive Verschlechterungsmöglichkeiten. Nehmen wir den Fall einer staatlichen Wirtschaftspolitik, die zu stagnierenden Reallöhnen beiträgt, gleichzeitig aber das Einkommen aus Kapitalerträgen bei einem kleinen Teil der Gesellschaft signifikant steigert. Eine solche Lösung entspricht eindeutig dem Pareto-Kriterium, weil es niemanden schlechter, aber einige (im Hinblick auf das objektiv verfügbare Einkommen) besser stellt. Nehmen wir nun weiter an, bestimmte knappe Güter, die von vielen gewünscht werden, werden auf einer fairen Auktion, an der sich alle beteiligen können, versteigert. Auf dieser Auktion haben nun offensichtlich diejenigen, die durch die neue Einkommensverteilung ein höheres Einkommen erhalten, verbesserte Möglichkeiten, sich ihre Wünsche zu erfüllen. Das heißt der *relative* Wert eines Gutes kann für das Individuum selbst bei Pareto-Superiorität sinken. Entsprechend kann es für Einzelne durchaus auch objektiv besser sein, pareto-superiore Regelungen abzulehnen. Das andere ›objektive‹ Problem besteht in der Möglichkeit von nichtbeachteter *Statuskonsistenz*. Selbst wenn in diesem simplen Beispiel tatsächlich niemand im Hinblick auf die Verteilung eines spezifischen Guts (in diesem Fall: Einkommen) schlechter gestellt würde, kann die ungleiche Verteilung des zusätzlichen Einkommens Auswirkungen auf die Verteilung anderer Güter haben (zum Beispiel auf politischen Einfluss: mehr Geld, mehr Einfluss...). Das wären dann die so genannten externen Effekte. Ein dritter Punkt gegen die Unschuldigkeit des Pareto-Kriteriums aus der Beteiligtenperspektive betrifft die Wahl zwischen verschiedenen Optionen, die allesamt pareto-superior sind. Scharpfs Formulierungen suggerieren, dass solche Lösungen gleichermaßen legitim seien. Das kann aber bezweifelt werden.

Der Haupteinwand gegen das Argument ist aber ein praktischer: Es gibt kaum einen Anwendungsbereich, also denkbare Regelungen, die streng genommen nicht gegen das Pareto-Kriterium verstoßen. Selbst in denjenigen Bereichen, in denen Scharpf der EU hohe Problemlösungsfähigkeit bescheinigt, lassen sich kaum solche Beispiele finden. Weder reine Koordinationsprobleme noch Positivsummen-Spiele mit Verteilungskonflikten, bei denen tatsächlich *niemand* schlechter gestellt wird, lassen sich leicht benennen. Die Deregulierung des Telekommunikationsmarktes oder die Regulierung von Produkt- und Arbeitsstandards gehören jedenfalls nicht zu solchen Regelungen, in denen es keine Verlierer gibt.[2] Wenn das

---

2 Als praktischer Ausweg böten sich freilich Koppelgeschäfte und Ausgleichszahlungen für solche Verluste an oder aber Argumente, dass diese spezifischen Verlierergruppen durch andere positive Effekte einer Regelung insgesamt doch besser gestellt seien als

stimmt, dann zehren selbst die von Scharpf festgestellten europäischen Handlungsfähigkeiten in bestimmten Politikbereichen (Scharpf 1999: Kap. 3) von Legitimitätsvoraussetzungen, die, wenn man Scharpf folgt, auf europäischer Ebene gar nicht vorhanden sein sollen. Spätestens mit dem Übergang zur Mehrheitsregel im Rat können wir uns nicht mehr darauf verlassen, dass europäische Regelungen über national entliehene Legitimationen gestützt wird. Folglich stellt sich im Hinblick auf die empirische Legitimität der EU die Frage: Wie konnte sich die EU so lange und erfolgreich in den vegangenen Jahrzehnten weiterentwickeln?

Selbst wenn man nun all diese Probleme beiseite schieben könnte, ist nicht klar, wie diese ›objektiven‹ Verbesserungen systematisch Einfluss auf die allgemein geglaubte Legitimität einer politischen Ordnung gewinnen. Denn die Lücke zwischen objektiver Problemlösungsfähigkeit und dem Legitimitätsglauben, der mehr als faktische Akzeptanz ist, muss durch zwei praktisch wirksame Brückenannahmen geschlossen werden: Die objektiven Wahrheiten müssen bei den ›Gläubigen‹ ankommen und die entsprechenden Leistungen müssen dabei auch den Verursachern zugerechnet werden. Es ist nun aber schwierig zu sehen, wie gerade die, der öffentlichen Wahrnehmung entrückten, nicht-politisierten Institutionen (»Intergration by Stealth« wie es bei Majone heißt) die rationalen kognitiven Grundlagen der Legitimität in der Gesellschaft füttern können.

Die gerade vorgetragene Kritik an der praktischen Reichweite einer ›reinen‹ Output-Legitimation richtet sich natürlich viel stärker gegen die Position Majones als gegen Scharpf, der das Problem zwar sieht, dass wir eigentlich demokratische oder problemlösende Institutionen auf europäischer Ebene bräuchten, aber nicht daran glaubt, dass es dafür eine europäische Lösung gibt. Demokratische Institutionen würden aufgrund schwach ausgeprägter europäischer kollektiver Identitäten nicht funktionieren und die europäische Problemlösungsfähigkeit sei in vielen relevanten Fragen ›rationalerweise‹ beschränkt, so dass wir vor nahezu leeren Schnittmengen stehen. Scharpf hat die *hard issues* der europäischen Integration, also alle möglichen Regelungen, die auf Lösungen jenseits des Pareto-Kriteriums

---

ohne diese Regelung. Tatsächlich gibt es aber überhaupt keinen zuverlässigen Mechanismus, der solche Ausgleichszahlungen gewährleisten könnte. An den Verhandlungsprozessen sind schließlich die nationalen Regierungen beteiligt und nicht die Betroffenen. Dass eine Regierung eine Regelung mit einem Veto belegt, von der sie sich für das eigene Land einen Nettonutzen verspricht, wäre schlicht unklug. Zuverlässige Umverteilungsmechanismen zwischen Verlierern und Gewinnern innerhalb der einzelnen Staaten gibt es aber trotzdem nicht.

zielen, selbst spezifiziert: eine »einheitliche europäische Sozialpolitik oder einheitliche europäischen Regelungen der Arbeitsbeziehungen« (Scharpf 2005: 727), aber auch »die meisten Regeln im Umweltschutz, Naturschutz oder Verbraucherschutz und im Prinzip sogar die Finanzierung der Staatsaufgaben aus dem allgemeinen Steueraufkommen« (Scharpf 2005: 712).

Wenn die hier vorgetragene Einschätzung stimmt, dann ist Majones regulatives Europa, das nur diesseits distributiver Konflikte oder durch explizite Zustimmung der Mitgliedstaaten zu Regelungen legitimiert sei, operativ nahezu leer.

In der Konsequenz argumentieren Scharpf und Majone trotz aller ideologischer Unterschiede bekanntlich für die gleiche Doppellösung: Zum einen sollen die Politikgestaltungsmöglichkeiten der Nationalstaaten weitestgehend geschont werden und zum anderen müssen umstrittene europäische Regelungen jenseits von Pareto über national entliehene Legitimität, also durch die Zustimmung jedes einzelnen Mitgliedstaates, verbürgt sein (Majone 2005; Scharpf 2009b).

Scharpf und Majone halten eine europäische Demokratisierung nicht für einen gangbaren Weg. Wenn aber das oben vorgebrachte Argument gegen die Unschuldigkeit reiner Output-Legitimität zutrifft, dann sind auch die Optionen, eine aktive EU im Bereich der Positivintegration vornehmlich aus den Nationalstaaten heraus zu legitimieren, nur noch in Grenzen überzeugend. Wer die EU normativ als intergouvernementales Institutionengebilde deuten möchte, das im Wesentlichen seine Legitimität durch die Zustimmung ihrer Mitgliedstaaten ableitet, der wird entweder – wie Majone – die ökonomische Integration Europas weit zurückschrauben müssen oder zeigen müssen, dass sich auf intergouvernementalem plus nationalem Wege angemessene sozialregulative Rechtsnormen herstellen lassen.

Majone buchstabiert die reaktive Utopie am deutlichsten aus. Danach sollen weite Teile der Negativ- und Positivintegration zurückgenommen werden (Majone 2005). Dazu zählen *substantiell* unter anderem die Währungsunion, die gemeinsame Fischereipolitik und sämtliche vertraglich nicht autorisierten Politikinhalte, die distributive Effekte haben. In der *prozeduralen* Dimension muss Majone zudem für alle wesentlichen Vertragsinhalte eine Einstimmigkeitsregel fordern *sowie* (einseitige) Kündigungs- und/oder zeitliche Befristungsklausel einfügen, damit aktuelle Demoi jeweils die Chance haben, ihre Entscheidungsbefugnisse an eine supranationale Instanz zu delegieren und nicht in den historischen Entscheidungen ihrer Ahnen gefangen sind.³ Theoretisch ist Majones Modell in hohem Maße konsistent. Es ist aber nichtsdestotrotz utopisch, weil überhaupt nicht sichtbar ist, wer denn die EU in Majones Zukunft führen will oder wird. Entsprechend müssen Majones Vorstellungen vor allem als normative Konzeption verstanden werden. Dann stellt sich die Frage, ob die EU den Weg gehen sollte, den Majone ihr vorschreibt oder ob er nicht tatsächlich vorhandene Trade-offs recht einseitig bearbeitet. Niemand wird bestreiten wollen, dass sich die überwältigende Mehrheit der Bürger in der EU weniger als Europäer fühlt, denn als Bürger ihrer Mitgliedstaaten. Dies und die mangelhafte kulturelle und institutionelle ›Infrastruktur‹ machen eine supranationale Demokratie nach Vorbild der Nationalstaaten schwierig, vielleicht sogar unmöglich. Bei der Frage, ob eine stabile supranationale Demokratisierung in der EU unter Weiterexistenz demokratischer Mitgliedstaaten möglich ist, nimmt Majone nun selbst die Position eines Verfechters des Vorsorgeprinzips ein, das er ansonsten ablehnt. Solange die Unschädlichkeit der EU nicht bewiesen ist, lehnt er jede Demokratisierung der EU ab und vermeidet ebenfalls die Möglichkeit eines gradualistischen Demokratieverständnisses. Im ersten Teil dieses Buches wird das europäische Demokratiedefizit weniger fundamentalistisch behandelt. Das ist eine Voraussetzung, um für tatsächliche Zielkonflikte zwischen einer Entdemokratisierung durch europäische Integration und ihren Leistungen in anderen Bereichen graduell abgestufte Antworten überhaupt zuzulassen, in denen es letztlich nicht mehr um ›Demokratie oder Europa?‹ geht, sondern um die Bearbeitung komplexerer Zielkonflikte. Diese werden offensichtlich, wenn die Leistungen und vor allem aber die von der EU erst hervorgebrachten Probleme und Konflikte in die normativen Überlegungen einbezogen werden.

Die EU hat erstens intern als Friedensprojekt gewirkt. Dass auch Gegenstände auf EU-Ebene geregelt werden, bei denen objektiv gegensätzliche Interessen entlang der Ländergrenzen vorherrschen und diese Policies auch im Problemlösungsmodus verhandelt wurden, statt im Konflikt ausgetragen oder schlicht den einzelnen Mitgliedstaaten überlassen wurden, hat zumindest unter den nationalen Eliten ein hohes Maß an friedensdien-

---

3 Scharpf versucht diesem in der europäischen Mehrebenenpolitik hoch relevanten Verselbständigungsproblem, mit sehr viel institutioneller Kreativität zu begegnen. Wenn ich recht sehe bleiben aber wichtige Pfeiler geronnener europäischer Integration von seinen Lösungen unberührt.

licher europäischer Empathie befördert. Die Aussicht vollwertiges Mitglied der EU zu werden hat – zweitens – den Demokratisierungsprozess der Beitrittskandidaten bis zum Beitritt befördert. Diese ›externe‹ Demokratisierung kann ebenfalls als friedensdienlich eingeschätzt werden. Das europäisch koordinierte Handeln in internationalen Organisationen, insbesondere im Bereich des Welthandels, macht es heute – drittens – praktisch unmöglich, gegen die EU verbindliche Einigungen zu erzielen. Der Verzicht auf nationale Autonomie führt – unter bestimmten plausiblen Annahmen – zu strukturell verbesserten Möglichkeiten der Mitgliedstaaten, eigene Positionen im internationalen Rahmen durchzusetzen. Schließlich kann die europäische Integration – viertens – auch als Modernisierungsantrieb für die nationalen Ökonomien angesehen werden, der die EU im Ganzen weltmarktsfähiger macht als nationale Ökonomien ohne einen solchen ökonomischen Wettbewerb. Dass dieser Nutzen aus der Sicht der nordwesteuropäischen Wohlfahrtsstaaten die Kosten einer bloßen Negativintegration der EU aufwiegt, kann bestritten werden (siehe etwa Höpner/Schäfer 2008c). Trotzdem muss der ökonomische Integrationsprozess *auch* auf der Leistungsseite der EU verbucht werden.

Dann stellt sich die normative Frage nicht eindimensional allein als demokratische Frage, die angemessen portioniert über die politischen Ebenen zu institutionalisieren ist, sondern auch unter den umfassenderen Zielkatalogen sozialer Gerechtigkeit und/oder Sozialintegration. Wenn mit der europäischen Integration auch wichtige nicht-demokratische Ziele verbunden sind, dann darf man das nicht bei der Konturierung alternativer Ordnungen, wie sie etwa Majone vorschwebt, ausblenden.

Sein Plädoyer für ein Europa der Völker wird hier also durch ein Zangenargument ausgehebelt. Auf der einen Seite ist, wie in Teil II gezeigt wird, das Demokratiedefizit der EU weniger grundsätzlich und unumstößlich als Majone und andere es uns glauben machen wollen. Auf der anderen Seite verbinden wir mit der europäischen Integration eine Reihe von Leistungen, die auch darauf beruhen, dass die Nationalstaaten auf einen großen Teil ihrer Autonomieausübung verzichtet haben. Diese Leistungen stehen bei einem Zurückdrehen der europäischen Uhr ebenfalls auf dem Spiel.

Scharpfs alternative Variante der nationalstaatlich dominierten Doppellösung ist weit weniger von nostalgischen Revisionsbestrebungen durchzogen. Vor allem diagnostiziert er im Gegensatz zu Majone nicht einen Regulierungsüberschuss, sondern gerade ein europäisches Re-Regulierungsdefizit, dessen Behebung er aber aus empirischen Gründen nicht primär auf der europäischen Ebene sieht. Im intergouvernementalen Entscheidungsmodus würden diese Defizite aufgrund weitgehender Interessenheterogenität nicht behoben (Nicht-Entscheidungen). Auch in einem supranationaldemokratischen Modus würden die theoretisch erzielbaren Ergebnisse nicht auf hinreichende Akzeptanz bei unterlegenen Minderheiten stoßen. In der Konsequenz seiner Überlegungen ist der weitgehende Schutz nationaler Sozialregulierungsbemühungen das wichtigste Element einer angemessenen Sozialregulierung in der europäischen Mehrebenenpolitik.

Selbst wenn die empirischen Restriktionen europäischer Re-Regulierungspolitik zutreffend sind, erscheint Scharpfs Lösung in Teilen normativ problematisch: Sollen tatsächlich die sozialregulativen Lasten und Folgeprobleme, die erst mit einem insgesamt positiv bewerteten europäischen Integrationsprojekt entstehen, den Mitgliedstaaten überlassen bleiben? Oder erzeugt nicht (gerade) die bewusste europäische Integration einen Verpflichtungszusammenhang, auch die Folgeprobleme und -lasten gemeinsam zu tragen, sofern bei einer solchen gemeinschaftlichen Bearbeitung etwa der Gesamt- bzw. Durchschnittsnutzen gegenüber der Summe nationaler Lösungen höher ist oder wenn sich dadurch besondere Härten für einzelne Staaten vermeiden ließen?

Im Hinblick auf die marktbegleitende Sozialregulation werden hier nun drei Annahmen gemacht. Bestimmte Fragen der Positivintegration können (a) nicht mehr auf nationalstaatlicher Ebene oder allein über nationalstaatlich entliehene Legitimationen *legitim* bearbeitet werden und sollen daher auf europäischer Ebene bearbeitet werden. Die (b) konkreten Inhalte sind (teilweise stark) umstritten und entsprechend überzeugt keine Lösung (quasi) automatisch bzw. objektiv und kann in der Folge ihrer Durchsetzung Legitimität nicht zuverlässig generieren. Dann ist – zumindest innerhalb der Grenzen der Scharpf'schen Legitimitätstheorie – (c) nur eine supranationale demokratische Lösung für solche Fragen denkbar. In Teil I des Buches wird genau für eine solche *partielle Demokratisierung* der europäischen Mehrebenenpolitik argumentiert.

Die wichtigste Rückfrage, die sich aus den Scharpf'schen Überlegungen über diese normativ ›belasteten‹ Erwägungen gebietet, ist eine pragmatische: Lässt sich das Akzeptanzproblem demokratischer europäischer Entscheidungen ohne vorherige Identitätsbildungsprozesse lösen?

Die Antwort kommt in vier Teilen. Zunächst sollte man die demokratische Frage nicht allein instrumentell betrachten (und sei dies auch nur im

Hinblick auf empirische Legitimität). Das wird nicht nur unserem Demokratieverständnis nicht gerecht. Das Konzept der Demokratie ist intern verknüpft mit normativen Prinzipien, allen voran politische Gleichheit, Freiheit und Autonomie, die ihre Geltung nicht allein auf ihren Nutzen stützen (können). Demokratie ist stattdessen auch intrinsisch wertvoll. Praktisch bedeutet dies zunächst: Auch wenn die EU große Problemlösungsfähigkeit besäße, würde ihr doch erstens etwas Wichtiges fehlen, wenn sie nicht auch demokratisch wäre, nämlich die mit der Durchführung von demokratischen Verfahren verbundenen Erfahrungen von politischer Gleichheit und Selbstbestimmung.

Dann ist auch zweitens die Vorstellung dauerhaft hoher Problemlösungsfähigkeit ohne Demokratie nicht plausibel. Was ein Problem darstellt und was nicht, welche Probleme im Angesicht knapper Ressourcen und Kapazitäten in welcher Reihefolge bearbeitet werden sollen und welche Probleme dabei möglicherweise einfach liegen bleiben und schließlich welche Lösungen bei anerkannten Problemen die besten sind (ob nun pareto-superior oder nicht), ist umstritten. Diese Unklarheiten führen dazu, dass wir unabhängig von demokratischen Meinungsbildungsprozessen gar nicht wissen können, welche Problemlösungen gewollt sind. Ohne dieses Wissen können solche Lösungen bestenfalls zufällig hervorgebracht werden (für entsprechende demokratietheoretische Argumentationen siehe z.B. Dahl 1989: 129f. ; Weale 2007a: 66ff.). In der Folge ist es jedenfalls nicht ausgeschlossen, dass zwar demokratische Verfahren viele Probleme erst erzeugen, aber anschließend auch effektive Lösungen für sie entwickeln.

Drittens lassen sich kollektive Identität und durch demokratische Verfahren beförderte normative Prinzipien auch (und in gewissen Grenzen) in einem Substitutionszusammenhang beschreiben. Das Faktum, dass bei effektiven Mehrheitsentscheiden politische Gleichheit und nicht nur die Durchsetzung von umstrittenen Partikularinteressen realisiert wird, kann selbst unabhängig von einer weit reichenden kollektiven Identifizierung unter den Mitgliedern einer nicht-freiwilligen Assoziation, in der unterliegenden Minderheit Akzeptanzmotive freisetzen.

Der wichtigste Punkt besteht aber darin, dass die gesamten Überlegungen zu Akzeptanz- bzw. Legitimitätsdefiziten implizit von der Prämisse ausgehen, dass es sich bei der europäischen Demokratie um eine Ordnung handeln würde, die den Nationalstaat weitgehend ersetzen würde. Tatsächlich geht es aber doch um die angemessene Bearbeitung nur eines bestimmten Segments der politischen Fragen, die durch die Nationalstaaten bearbeitet werden. Wenn aber nur ein Teil der politischen Fragen im Modus supranationaler Demokratie entschieden werden soll, dann ist nicht mehr ganz so klar, wie weit das Argument von den fehlenden gesellschaftlichen Voraussetzungen für europäische Demokratisierung wirklich trägt. Ich werde später darauf zurückkommen (siehe 2.2).

Die These ist also, kurz gesagt, dass wichtige Entscheidungen der marktbegleitenden Sozialregulierung, die Folgeprobleme und –konflikte der europäischen Integration sind, auf europäischer Ebene *demokratisch* getroffen werden sollen und dies aufgrund der letzten Erweiterungsrunden faktisch vor allem noch unterhalb von intergouvernementalen Vereinbarungen gelingen kann. Das zentrale Arrangement, in dem solche Entscheidungen gegenwärtig getroffen werden, ist das so genannte Mitentscheidungsverfahren nach Art. 294 AEUV. Genau dieses Verfahren erweist sich in allen relevanten Spielarten, wie ich in Kapitel 6 darlegen werde, vor dem Hintergrund der EU-27 als zu starr für die Demokratieerwartungen: Sofern im Rat Einstimmigkeit gefordert ist, können die erfolgreich getroffenen Entscheidungen zwar dem Prinzip politischer Gleichheit genügen, aber die vielen nicht erfolgreichen Regelungsvorschläge könnten Mehrheiten von über 90 Prozent in der europäischen Gesellschaft hinter sich haben und sich trotzdem nicht durchsetzen. Auf der anderen Seite führen Mehrheitsentscheidungen im Rat strukturell zu einer europäischen Minderheitenherrschaft. Weil hinter den Regierungen in der Regel nur knappe Mehrheiten in den Mitgliedstaaten stehen, versammeln sich hinter knappen Ratsmehrheiten nur eine Minderheit des europäischen Demos. Sofern die politische Gleichheit auch nicht über die Kommission oder das Europäische Parlament (EP) gesichert werden kann, folgt daraus, dass das wichtigste europäische Entscheidungsverfahren unter Demokratiegesichtspunkten dubios ist.

Der Rat und seine Entscheidungsregeln erscheinen aber nicht nur vor dem Demokratiemaßstab als problematisch, sondern möglicherweise auch im Hinblick auf die europäische Sozialregulierungsfähigkeit. In Teil IV werden jedenfalls einige Evidenzen entwickelt, dass gerade über den Rat anti-integrationistische Motive eine effektive europäische Sozialregulierung verhindert wird.

Vor dem Hintergrund des konstatierten Defizits an demokratischer Sozialregulierung richtet sich das Augenmerk auf entsprechende Reformprozesse, die in den vergangenen Jahren angestoßen wurden. Vor allem im

Anschluss an das Weißbuch »Europäisches Regieren« (Kommission 2001) sind hierzu breit diskutierte Reformvorstellungen von der Kommission vorgelegt und zum Teil auch implementiert worden. Zu nennen sind in diesem Zusammenhang (a) Versuche, der weiteren Entpolitisierung europäischer Politikprozesse durch die Aufwertung und Ausweitung von regulativen Agenturen (Majone 1999; 2006), (b) die Nutzung extra-legaler Mechanismen der Politikkoordination im Rahmen der Offenen Methode der Koordinierung (OMK) (Sabel/Zeitlin 2007) und (c) Versuche, über neue und reformierte Einbindungen von Bürgern und zivilgesellschaftlichen Organisationen (ZGO) in die europäischen Entscheidungsprozesse die Input-Legitimität der EU zu erhöhen (Kohler-Koch/Finke 2007). Diese und weitere Veränderungen im europäischen Regieren sind unter dem Titel *New Modes of Governance* in den vegangenen Jahren intensiv diskutiert worden (für eine Überblick, siehe Kohler-Koch/Rittberger 2006).

Nur der dritten Sorte von Reformen wird hier das Potenzial zugeschrieben, eine *Demokratisierung* der europäischen Sozialregulierung zu befördern. Die Agenturen sind quasi als Gegenmodell zur politischen Bearbeitung kontroverser Gegenstände auf die Bearbeitung nicht-politisierter Teilaspekte von sozialregulativen Politikinhalten zugeschnitten. Beim Sozialen Dialog und den OMK kann man sich mittlerweile (nur noch) die Frage stellen, ob sie ein Archiv oder ein Mülleimer für solche kontroversen Gegenstände sind. Gerade weil die europäischen Arbeitgeber anspruchsvolle verbindliche Regulierungen der EU befürchten, reagieren sie auf entsprechende Anliegen automatisch mit dem Vorschlag, diese den europäischen Sozialpartnern zu überlassen – wohl wissend, dass es dort ohne ihre Zustimmung nicht einmal zu unverbindlichen Regelungen kommt. (siehe 10.2)

Die wichtigste Reform vom Typ 3 besteht in der Einführung und systematischen Anwendung von offenen Online-Konsultationen durch die Kommission. In diesen kann sich die europäische Öffentlichkeit zu potenziellen Regelungsmaterien zu einem frühen Verfahrenszeitpunkt äußern. Es ist der eigene Anspruch der Kommission hierdurch sowohl die demokratische Legitimation europäischer Regelungen wie auch die materiale Qualität der Regelungen selbst zu erhöhen. Sie werden im empirischen Teil III dieser Arbeit untersucht.

Die Kernthese dieser Einleitung besagt, dass legitime europäische Problemlösungsfähigkeit im Bereich der marktbegleitenden Sozialregulierung ohne Demokratie nicht zu haben ist. Die Vorstellung einer ›reinen‹

Output-Legitimität ist, wie schon Abromeit zutreffend behauptet hat, eine Chimäre (Abromeit 2002: 14ff.). Damit verbindet sich die Schlussfolgerung, dass die Frage der europäischen Demokratie und Demokratisierung die vorrangige ist. Im Teil II wird deshalb zunächst eine Schneise durch die umfassende Diskussion zur Demokratisierung der EU gezogen. Dabei muss eine ganze Reihe konzeptioneller und methodischer Probleme, die die breite und kontroverse Diskussion um die europäische Demokratie aktuell bestimmen und die in der Einleitung weitgehend ausgespart wurden, plausibel adressiert werden. Was für ein politisches System ist die Europäische Union? Soll und kann sie demokratisch sein? Welches ist dafür der angemessene Maßstab und wie ist dieser zu operationalisieren? Besteht vor diesem Maßstab ein Defizit an europäischer Demokratie und welche Reformoptionen zur Verbesserung der demokratischen Performanz der EU bieten sich an?

Anschließend wird der Frage nachgegangen, ob die aktuellen Bemühungen der Kommission zur Demokratisierung zivilgesellschaftlicher Einbindung tatsächlich zu einer demokratisierten Sozialregulierung geführt haben. Dabei stützt sich die Erörterung vor allem auf eine empirische Untersuchung der Online-Konsultationen, die von der Kommission über das Webportal »Your Voice in Europe« in den vegangenen Jahren zu einer Reihe von relevanten europäischen Politikinhalten durchgeführt wurden und die so etwas wie die ›beste demokratische Praxis‹ unter den Instrumenten zivilgesellschaftlicher Einbindung darstellen (Teil III).

Ob sich über eine assoziative Demokratisierung gegebenenfalls auch Verbesserungen der europäischen ›Output-Legitimität‹ bzw. Sozialregulierung erwarten lassen, wird am Ende des Buches diskutiert (Teil IV).

II Demokratie in der europäischen Mehrebenenpolitik – Normative Standards, Defizite und Reformoptionen

»An interesting feature of the democratisation discussion in Europe, specially the blueprints for change, concerns the very understanding of democracy. Very rarely, if at all, is there more than cursory acknowledgement of the uneasy co-existence of competing visions and models of democracy which, in turn, should inform both diagnosis, prognosis and possible remedy of democratic shortcomings.« (Weiler, Joseph H.H. u.a. 1995: 5)

»Die Demokratie der EU muss […] auf ihr eigentümliches Mehrebenensystem zugeschnitten werden. Eine einfache Übertragung von Institutionen, die sich im Prozess der Demokratisierung der westlichen Nationalstaaten herausgebildet haben, ist […] wenig erfolgversprechend.« (Benz 1998: 346)

Der skeptische Duktus, den diese beiden Zitate aus der alten Debatte um die Demokratie in der europäischen Mehrebenenpolitik[4] zum Ausdruck bringen, ist sehr wohltuend. Zum einen weisen sie auf den normativen Pluralismus an Demokratievorstellungen hin. Zum anderen heben sie hervor, dass in den Nationalstaaten erprobte Institutionalisierungsformen nicht einfach als demokratische Lösungen in der europäischen Mehrebenenpolitik übertragen werden können. Wenn man diese kaum strittigen Formulierungen zum Ausgangspunkt nimmt, kann man davon überrascht sein, wie wenig brauchbare Lösungen die Debatten in den vergangenen Jahren für diese beiden Probleme hervorgebracht haben.

Warum steht eine derart steile Kritik hier zu Beginn des Demokratieteils? Weil, so die These, weder der normative Pluralismus an Demokratiekonzeptionen noch das Übertragungsproblem methodisch vernünftig angegangen beziehungsweise zureichend bearbeitet worden sind in der europäischen Demokratieforschung. Beginnen wir mit dem im Benz-Zitat benannten Übertragungsproblem. Wenn wir vor dem Problem stehen, dass die demokratierelevanten Institutionalisierungsformen aus dem Nationalstaat nicht einfach auf die EU übertragen werden können, dann müssen

---

4 In der Regel wird hier der Begriff europäische Mehrebenenpolitik verwendet. Damit soll berücksichtigt werden, dass sich die Bewertung der demokratischen Qualität in letzter Instanz als Ergebnis einer integrierten, ebenenverschränkenden Analyse ergibt. Der Begriff EU wird verwendet, wenn spezifischer der supranationale Teilbereich dieser Mehrebenenpolitik behandelt wird.

wir nach geeigneten Institutionalisierungsformen suchen. Zuvor muss dafür geklärt sein, welchen normativen Ansprüchen diese Institutionen genügen sollen. Ohne diese Festlegung kann die Debatte um angemessene demokratische Institutionen nicht vernünftig geführt werden. Das Weiler-Zitat besagt nun nicht nur, dass es diese Diskussion kaum gibt, sondern darüber hinaus, dass wir an deren zentraler Stelle auf einen normativen Pluralismus stoßen – auf unterschiedliche, vernünftige normative Demokratievorstellungen. Dass es keine eindeutige Lösung für diesen normativen Konflikt gibt und geben kann, sehen natürlich nicht alle Beteiligten so (Höreth 2009; Neyer 2009). Strittig ist beziehungsweise sollte sein, welche normativen Prinzipien, in welcher normativen Rangfolge durch welche Institutionalisierungen befördert werden sollen und können und wie diese in einer integrierten EU-Perspektive über die politischen Ebenen und Entscheidungsgegenstände in einer Gesamtordnung auszugestalten sind.

Von den vielen Problemen, die im Durchgang dieses Teils abgearbeitet werden, seien hier nur zwei kurz angetippt. Die Frage nach einem europäischen Demos, der die Attribute nationaler Demoi kopiert (jedoch diese empirisch nicht erreicht), ist der argumentative Kern in zahllosen Kritiken an der europäischen Demokratiefähigkeit. Die eigentliche Argumentationslast bestünde aber darin zu zeigen, dass der ›schwache‹ europäische Demos nicht in der Lage ist, den spezifischen europäischen Anteil an Lasten zu schultern, die ihm aufgebürdet werden. Der Beweis dafür steht jedenfalls noch aus (siehe Kapitel 2).

Mir geht es dabei vor allem darum, dass die gesamte dichotomisierende Herangehensweise am eigentlichen Problem vorbeizielt: Die europäische Politik ist nicht demokratisch oder nicht-demokratisch, sondern die Politik im europäischen Mehrebenensystem weist graduelle Unterschiede in ihrer Demokratiequalität auf, die sich durchaus über die Zeit und mit dem Maß an europäischer Integration verändern können. ›Europa oder Demokratie‹ bildet vor dem Hintergrund über die Ebenen geteilter und verschränkter Machtausübung keine klare Alternative.

Es gibt seit geraumer Zeit Versuche, jenseits der einfachen Übertragung institutioneller Vorstellungen aus der vergleichenden Demokratieforschung, die demokratische Qualität der EU zu messen und dabei auch dem Problem des normativen Pluralismus zu begegnen (Abromeit 2002; Lord 2004; 2007; 2008). Abromeit wie Lord sehen in dem Ausweis eines minimalen Demokratiekonzepts die Lösung für das normative Pluralismusproblem. Zwischen viel und wenig zu unterscheiden macht aber nur Sinn, wenn über das gleiche Gut gesprochen wird. Nehmen wir an, Vertreter eines egalitären Demokratieverständnisses wollen Institutionen realisieren, die die Präferenzen des europäischen Medianwählers soweit es geht realisieren in der EU und Vertreter eines liberalen Politikverständnisses trachten danach, individuelle Freiheitsräume zu maximieren, dann ist nicht sofort klar, wie ein minimales normatives Demokratieverständnis aussehen soll, dass nicht einseitig Partei für eines dieser Politikverständnisse ergreift. Man mag nun kritisieren, dass die zweite Konzeption gar nichts mit Demokratie zu tun hat und so das Problem wegdefinieren. Es sollte aber offensichtlich sein, dass darüber auch der normative Pluralismus einfach wegdefiniert werden würde. Sicher kann man minimale Demokratieverständnisse messen, aber wenn es einen normativen Pluralismus gibt, dann müsste man diese Minima auch in der Mehrzahl messen oder zeigen, warum ein spezifisches Demokratieverständnis normativ vorzuziehen ist.

In den folgenden fünf Kapiteln soll eine Schneise durch die verschiedenen Aspekte der Fragen zur europäischen Demokratie/Demokratisierung und eines möglichen Defizits gezogen werden. Zunächst wende ich mich den verschiedenen Positionen bezüglich der Fragen zu, ob die EU demokratisch sein kann und soll. Dabei werde ich argumentieren, dass zumindest für die (ehemalige) erste Säule der EU[5] Demokratie ein vernünftiges Ziel darstellt (Kapitel 2). Anschließend wende ich mich den wichtigsten methodischen und konzeptionellen Problemen europäischer Demokratiemessung zu, um darüber Hinweise für ein adäquates »europafähiges Demokratiekonzept« (Benz) zu gewinnen (Kapitel 3). Anschließend werde ich einen Vorschlag für ein offenes, normatives Demokratiekonzept unterbreiten (Kapitel 4) und einige allgemeine Hinweise zu dessen Operationalisierbarkeit geben (Kapitel 5). Erst vor diesem theoretischen Hintergrund kann die Frage nach der Qualität europäischer Demokratie, nach möglichen Defiziten und Reformoptionen sinnvoll angegangen werden (Kapitel 6).

---

5 Mit dem Vertrag von Lissabon ist nicht nur die EG als Name für den Bereich der binnenmarktbezogenen Politik weggefallen, sondern auch die Säuleneinteilung weitgehend obsolet geworden.

2 Beyond Moravchix – Über Defizite der europäischen Demokratie und ihrer Analyse

Andrew Moravcsik und Simon Hix sind zwei der exponiertesten Autoren in der bereits unsäglich langen und reichlich unbefriedigenden Debatte um das so genannte europäische Demokratiedefizit. Sie vertreten bekanntlich diametral entgegengesetzte Positionen. Der eine behauptet, dass sich die Frage eines europäischen Demokratiedefizits aus einer Kombination sehr unterschiedlicher Gründe gar nicht stelle. Der andere präsentiert ein sehr elegantes Argument für ein spezifisches Demokratiedefizit. Was ich mit beiden Autoren teile, ist die Grundannahme, dass die Diagnose eines europäischen Demokratiedefizits erst am Ende einer längeren Argumentation stehen kann, die vor allem auch die besonderen Rahmenbedingungen europäischer Mehrebenenpolitik zu berücksichtigen hat. Was ich aber überhaupt nicht teile, sind – neben beiden Diagnosen – die argumentativen Wege und die vorgetäuschte Eindeutigkeit ihrer Triftigkeit. In Abschnitt 2.2 werde ich zeigen, warum wir in dieser Frage kaum zu eindeutigen Ergebnissen kommen können. An dieser Stelle werden auch Moravcsiks Vorstellungen intensiver beleuchtet.

Inhaltlich steht die hier vertretene Position der von Simon Hix deutlich näher. Sie ist aber auch ein gutes Beispiel für die beanstandeten Defizite in der Argumentation. Tatsächlich nehme ich auch – wie Hix – an, dass eine (moderate) Politisierung der EU für ihre Demokratisierung ein hilfreiches Vehikel ist (Follesdal/Hix 2006; Hüller 2007a; Zürn 2006; Schmidt, V. A. 2006: insb. 268ff.). Aber Hix (2008) überzieht und überhöht diesen Punkt, wenn er schreibt: »However, one particular claim [about the democratic deficit – T.H.], that there is no competition for control of political authority at the European level, is difficult to refute. This is a big problem, as competition for political power is *the* essential element of virtually all modern theories of democratic government.« (Hix 2008: 68) Der zweite Teil dieser Aussage ist schlicht nicht haltbar. Tatsächlich spielt in Wahlen ausgetragener politischer Wettbewerb, wie er in der an Dahl anschließenden empirischen Demokratieforschung beleuchtet wird, eine wichtige Rolle. Diese verkennt aber, dass vor allem das Schweizer politische System überhaupt nicht in dieses Bild passt, weil die kompetitive Funktion der Wahlen durch die Instrumente direkter Demokratie ausgehebelt wird. In der Folge wird in der Schweiz die Regierung faktisch nicht über Wahlen abgewählt. Und ganz offensichtlich hat ein großer Teil der empirischen Demokratieforschung hier ein Validitätsproblem, wenn sie der Schweiz deshalb eine reduzierte demokratische Qualität zuschreibt. Dagegen kann natürlich argumentiert werden, die Schweiz sei mit ihrer direkten Demokratie ein Sonderfall und sonst würden die Messsysteme valide Ergebnisse hervorbringen. Das stimmt wahrscheinlich sogar. Aber die EU ist dann eben auch ein Sonderfall, der sich nicht vollständig mit den herkömmlichen Mitteln der vergleichenden Demokratieforschung in den Griff bekommen lässt.[6]

Wir müssen in zweifacher Weise über die üblichen Verfahren der vergleichenden Demokratieforschung hinausgelangen. Zum einen – und das gelingt kaum jemandem besser als Hix – darf nicht allein auf die formale Existenz bestimmter Institutionen in der EU geschaut und davon direkt auf deren demokratische Performanz geschlossen werden (siehe beispielsweise Zweifel 2002). Es muss geschaut werden, ob die damit verbundenen demokratierelevanten Funktionen auch tatsächlich in den institutionellen Hüllen zum Tragen kommen. Das Paradebeispiel dafür, dass es in der EU Probleme mit der einfachen Übertragung solcher Funktionserwartungen gibt, ist natürlich das EP. Sowohl im Hinblick auf die Kompetenzen und Funktionen des EP im Institutionengefüge der EU wie in der Nutzung der Wahlmöglichkeit durch die europäische Bürgerschaft bestehen demokratierelevante Unterschiede. Das ist, wie bereits gesagt, nicht ein Problem von Hix. Zum anderen können wir Demokratie nicht zuverlässig – das zeigt das Schweizer Beispiel – mit einer bestimmten Sorte von Instrumenten und Institutionen, denen eine überragende Bedeutung beigemessen wird, verbinden. Wahlen sind sicher in bestimmten Ländern empirisch solche Institutionen und möglicherweise sind Wahlen auch eine notwendige Bedingung für die demokratische Organisation ›komplexer‹ politischer Ordnungen. Beides spricht aber nicht prinzipiell dagegen, dass sie auch in einer demokratischen EU nur eine sekundäre Rolle spielen (werden).

Eine wichtige Konsequenz besteht darin, dass in der europäischen Demokratieforschung der Zusammenhang zwischen normativen Demokratieprinzipien und demokratischen Institutionalisierungsformen offener untersucht werden muss, als dies zumeist in der empirischen Demokratieforschung gemacht wird. Das ›Schweizproblem‹ mag in der vergleichenden Forschung legitimer Weise als Randphänomen ausgeblendet werden. Im Hinblick auf die Bestimmung der europäischen Demokratiequalität ist es aber ein zentrales Problem.

---

6 Zu den zahlreichen und wichtigen Leistungen vergleichender Ansätze in der EU-Forschung, siehe Pollack (2005: 368ff.).

Ich sehe noch ein zweites gravierendes Defizit in den europäischen Demokratiediagnosen. Manche Autoren scheinen so damit beschäftigt zu sein, eindeutige und konsistente Vorstellungen zu entwickeln, dass dabei bestimmte argumentative Knackpunkte der Kontroverse in jeweils ›passender‹ Weise geglättet werden, anstatt genau darauf und auf mögliche Ambiguitäten einen weniger ›teleologischen‹ Blick zu richten. Mit zunehmender Anzahl solcher glatten, aber umstrittenen Analysen erwächst ein gewisses Unbehagen. Der Punkt lässt sich leicht illustrieren. Die allermeisten Diagnosen zum Zustand europäischer Demokratie entwickeln explizit oder implizit eine Antwort auf die Frage: Soll die EU demokratisch sein? Das ist offensichtlich wichtig zu wissen, wenn es darum geht, die demokratische Qualität zu beurteilen. Nun finden wir seit Jahren kontroverse Antworten auf diese Frage. Was mich aber irritiert ist, wie die Beantwortung auch in aktuellen Diagnosen angegangen wird. Juristen schauen in die für sie maßgeblichen Texte und entscheiden dann entsprechend ihrer Interpretation, ob die EU Aufgaben wahrnimmt, die entsprechend dieser Texte ›demokratisch‹ zu erfüllen sind oder nicht. Das ist durchaus eine plausible Variante mit dem evaluativen Problem, das die Frage im Kern beinhaltet, umzugehen. Daneben finden wir rein oder vornehmlich instrumentelle Argumente: Die EU sei eine gute Sache, weil sie ›xy‹ befördere und damit sie diese gute Sache gut machen könne, bedürfe es auch der Demokratie (Hix 2008). Solche instrumentellen Argumente können nur soweit überzeugen, wie auch die damit verbundenen Zwecke tatsächlich gute sind beziehungsweise als solche empfunden werden. Und das lässt sich im Falle der EU wohl jenseits demokratischer Beratungen für alle beförderten Zwecke nicht zweifelsfrei sagen. In erster Linie (und mit vielen Qualifikationen) handelt es sich dabei um eine normative Frage, die sich dadurch vernünftig klären lässt, indem man versucht, aus der entsprechenden normativen Literatur die ›richtige‹ Antwort herauszuarbeiten. Tatsächlich brechen die meisten Argumente für und gegen die europäische Demokratie spätestens an dieser Stelle ab, wo eine klare normative Antwort auf die Frage erwartet wird, welche Aufgaben und Gegenstände unter welchen Bedingungen demokratisch geregelt werden sollen. Am Ende solcher Überlegungen stehen dann wenig überzeugende Grundpositionen, die darauf hinauslaufen, dass die Politikbereiche der EU wahlweise wichtig oder unwichtig seien und deshalb Demokratie wünschenswert oder nicht wünschenswert sei oder die ebenfalls in komplexen Gesellschaften wenig überzeugende

Erwartung, dass alle politischen Entscheidungen demokratisch getroffen werden sollen. Es gibt natürlich mindestens einen guten Grund, diese Frage möglichst klein zu reden. Die Antwort auf diese evaluative Frage, die am ehesten in der politischen Philosophie zu suchen wäre, ist auch dort tief umstritten. Ich bin trotzdem sicher, dass wir in der Abarbeitung der Frage der demokratischen Performanz der EU nicht auf einen Zugriff auf diese Literatur verzichten können. Bevor ich in Abschnitt 2.1 einen solchen Zugriff auf die Wünschbarkeit einer europäischen Demokratie mache, sollen in den verbleibenden Passagen der Einleitung die wichtigsten Grundpositionen der europäischen Demokratiedebatte zumindest grob kartographiert werden.

Ganz ›unparteiisch‹ (was immer das genau wäre) kann mein Blick in diesen Fragen dabei nicht sein, weil die empirische Fragestellung im dritten Teil des Buches auf drei zentralen Annahmen fußt, die in dieser Kontroverse strittig sind: Zum einen setzt die Frage nach einer *Demokratisierung* der EU voraus, dass sie an entsprechenden Defiziten leidet. Diese Frage stelle ich zurück, weil dazu zunächst zu klären ist, was Demokratie beziehungsweise Demokratisierung im Zusammenhang mit der EU bedeutet. Zum zweiten muss angenommen werden, dass die EU in ihren supranationalen Institutionen und Entscheidungsprozessen demokratisch sein *soll* (siehe 2.1) und zum dritten, dass sie dies auch sein *kann* (siehe 2.2). Alle drei Annahmen sind bekanntlich umstritten.[7] Allein zu den beiden letzten Fragen finden wir eine Unzahl an Varianten von drei Grundpositionen, die dazu in der Literatur vertreten werden (siehe Schaubild 1).

Schaubild 1: Positionierungen zur europäischen Demokratie

		Kann die EU demokratisch sein?	
		Ja	Nein
Soll die EU demokratisch sein?	Ja	1 Habermas, Hix	2 Scharpf
	Nein	3 ??	4 Moravcsik

---

7 Da die verschiedenen Positionen der Debatte mittlerweile in den besseren Lehrbüchern adäquat wiedergegeben werden, kann auf eine exzessive einleitende Darstellung weitgehend verzichtet werden (Hix 2005: 177ff.; Kohler-Koch u.a. 2004: Kap. 10; Newman 2006). Im Verlauf des zweiten Teils dieses Buches werden die meisten Positionen aber behandelt werden.

Die Grundidee zu dieser Matrix findet sich bereits bei Schäfer (2006b: 351). Seiner Benennung der Felder und selbst der Zuordnung einzelner Positionen zu diesen Feldern werden hier aber nicht gefolgt. Schäfer benennt die einzelnen Felder, so als ob es sich bei den Positionierungen im Kern um Glaubensbekenntnisse handelt (Optimisten, Pessimisten, etc.). Auch wenn es tatsächlich in vielen Ausführungen zu dieser Frage solche Elemente gibt (siehe 2.2), scheint es mir doch zu weit zu gehen, alle Positionen zur Frage des europäischen Demokratiedefizits unter Glaubensbekenntnissen abzubuchen. Dann werden die Positionen vereinfachend so präsentiert, als handele es sich bei den, den einzelnen Feldern zugeordneten, Positionen jeweils um mehr oder weniger konsistente Theorien, die von verschiedenen Autoren geteilt würden. So würden, nach Schäfer, die ›Pessimisten‹ beispielsweise eine historische Makrosoziologie in Anschluss an Stein Rokkan teilen (Schäfer 2006b: 354ff.). Das muss aber nicht so sein und das ist vor allem nicht so (siehe z.b. Peters 2005). Und schließlich wird das in Schaubild 1 offene Feld von Schäfer mit den Namen Moravcsik und Majone belegt. Ich würde allerdings bestreiten, dass sich beide Autoren sinnvoll der Position, dass eine europäische Demokratie möglich ist, zuordnen lassen. So behauptet Moravcsik seit langem, dass die Gegenstände europäischer Politik zu langweilig für eine effektive Demokratisierung sind. Entsprechend ist die EU, für die Moravcsik plädiert und die nämlich genau diese langweiligen Themen effektiv bearbeitet, nicht demokratisierbar (siehe zuletzt Moravcsik 2006). Darüber hinaus ist nach Moravcsik eine supranationale Demokratisierung der EU aber auch deshalb unnötig, weil die zentralen Entscheidungen über die Nationalstaaten hinreichend legitimiert sind und auf EU-Ebene quasi nur administrativer Vollzug stattfindet, der auch in den Nationalstaaten nicht demokratisch erfolgt (Moravcsik 1998; 2002). Wenn das Argument zuträfe, wäre die EU in seinem Sinne auch demokratisch. Stefano Bartolini (2005: 408ff.) ist ein weiterer Autor, der eine entsprechende explizite Formulierung macht und trotzdem nicht in dem Feld verortet werden sollte. Positionen sollten nur dann dem Feld zugeordnet werden, wenn sie nicht nur behaupten, dass *formal* die bekannten demokratischen Strukturen in der EU eingeführt werden können, sondern dass diese auch *effektiv* und *dauerhaft* demokratisch, wie die Autoren dies im nationalstaatlichen Rahmen erwarten würden, funktionieren würden.

In den folgenden beiden Unterabschnitten wird den beiden Fragen nach der Demokratiefähigkeit der EU (2.2) und ihrer normativen Wünschbarkeit (2.1) getrennt nachgegangen.

2.1 Soll die EU demokratisch sein?

Dazu muss zunächst geklärt sein, welche EU hier gemeint ist. Ist es die, die wir wollen oder die, die wir gegenwärtig haben oder die, die wir in der Zukunft haben werden? Die erste Variante hängt von der bevorzugten normativen Antwort auf die Finalitätsfrage der EU ab. Wenn man, wie beispielsweise Majone (2005) für eine europäische Konföderation von souveränen Nationalstaaten eintritt, bei der auf supranationaler Ebene ausschließlich wenig umstrittene administrative Aufgaben anfallen, dann stellen sich die demokratischen Probleme der EU in sehr viel geringerem Maße, als wenn man – wie beispielsweise Habermas (2008b), aber auch Hix (2008) – für einen quasi-föderalstaatlichen Zielzustand plädiert. Tatsächlich sind beide Visionen, wie ich später zeigen werde, problematisch und zwar sowohl aus empirischen wie aus normativen Gründen (siehe 3.3).

Für diesen Moment orientiere ich mich für meine Überlegungen über die Wünschbarkeit von Demokratie in der EU am Status quo der europäischen Integration. Ich versuche, die normative Frage also vor dem Hintergrund der existierenden EU zu beantworten. Soll die EU, so wie sie ist und unter der Annahme, dass sie in den kommenden Jahrzehnten im Großen und Ganzen so bleibt wie jetzt, demokratischen Ansprüchen genügen? Diese schon aus pragmatischen Gründen nötige Eingrenzung auf *einen* EU-Bezugsrahmen, sollte genau so erfolgen, weil sich zum einen das Gros der Demokratiedefizitdiagnosen darauf bezieht, zum anderen aber auch, weil empirisch große Veränderungen weder in Richtung mehr Integration durch weitreichende Vertragsänderungen noch in Richtung eines Integrationsabbaus zu erwarten sind. Veränderungen wird es hauptsächlich unterhalb der Ebene des europäischen Primärrechts geben.

Nach einer neueren Schätzung werden etwa 25 Prozent der deutschen Gesetzgebung durch die EU bestimmt (König/Mäder 2008). Andere nehmen einen deutlich höheren Anteil an. Ich glaube, dass diese Frage mit den angewandten Methoden kaum angemessen abgeschätzt werden kann, weil sich der nationale Verzicht auf Entscheidungen aufgrund restriktiver europäischer Rahmenbedingungen kaum erfassen lässt. Nehmen wir also an, dass jede vierte Entscheidung von der EU bestimmt wird. Wenn man annähme, dass sowieso alle politischen Entscheidungen demokratisch zu treffen sind, dann ergäbe auch diese Anzahl an ›europäischen‹ Entscheidungen ein Argument für die Wünschbarkeit europäischer Demokratie. Dabei würde man an die EU aber einen Demokratiemaßstab anlegen, der für moderne Gesellschaften aufgrund der schieren Menge an Entscheidungen, knapper Zeit und Aufmerksamkeiten usw. nicht durchzuhalten ist. Daher hat in die Demokratieforschung die Idee Einzug gehalten, dass es vor allem darauf ankommt, dass die ›wichtigsten‹ Entscheidungen demokratisch getroffen werden (Dahl 1989; Habermas 1992b). Nur bleibt dabei weitgehend unklar, welche Entscheidungen nun wirklich wichtig sind und welche nicht und wie man beide eindeutig voneinander trennen kann. Auch in der EU-Forschung ist genau diese Frage umstritten: Moravcsik (2002) sieht jenseits national legitimierter Entscheidungen nur ›unwichtige‹ Fragen auf EU-Ebene behandelt. Nach Majone (1998; 2005) sollten zumindest nur nicht kontroverse Politikinhalte geregelt werden (bei denen auf demokratische Autorisierung weitgehend verzichtet werden kann). Das Gros der Autoren nimmt aber die Gegenposition ein, wonach in der EU wichtige Entscheidungen, die auch in den Nationalstaaten demokratisch beschlossen werden, getroffen werden.

Um zu entscheiden, ob in der EU nun wichtige Entscheidungen getroffen werden, die der demokratischen Gestaltung bedürfen oder nicht, schlage ich einen Umweg über die politische Philosophie vor. Hier wird ein spezifisches Argument für die Wünschbarkeit von Demokratie zumindest in der ersten Säule der EU präsentiert. In aller Kürze ist der Punkt folgender: Für die so genannte erste Säule der EU, die die Schaffung des gemeinsamen Marktes und die sie begleitende Sozialregulation betrifft, kann festgehalten werden, dass auf europäischer Ebene (1) kollektiv verbindliche Entscheidungen im Hinblick (auch) auf (2) soziale Grundgüter mit (3) redistributiven Wirkungen getroffen werden beziehungsweise solche, die nicht auf allgemeine Unterstützung rechnen können. Dabei haben (4) drei starke supranationale Institutionen (Kommission, EuGH, EP) in den entsprechenden Entscheidungsprozessen großen Einfluss und es besteht bei den allermeisten Regelungen aufgrund der Geltung der qualifizierten Mehrheitsregel kein effektives nationales Vetorecht. Es ist erst die *Kombination* dieser vier Annahmen, die das Argument für die normative Wünschbarkeit supranationaler Demokratie im Bereich der ersten Säule der EU befeuert, ja normativ zwingend erscheinen lässt. Warum das so ist, soll in den verbleibenden Passagen dieses Abschnitts erläutert werden. Für Vertreter kosmopolitischer Demokratie (z.B. Archibugi 1998; 2004; Archibugi u.a. 1998; Forst 2007; Held 1995) stellt sich das Problem überhaupt nicht. Sie nehmen ohnehin an, dass eine Demokratisierung der Politik jenseits des Nationalstaats geboten ist. Es gibt aber durchaus auch Vertreter in der politischen Philosophie, für die die Geltung demokratischer Prinzipen an den Nationalstaat gebunden ist (Dahl 1999; Miller 2000; Walzer 1996). Der prominenteste Vertreter einer solchen skeptischen Position ist John Rawls. Sie bildet eine wesentliche Konstante in seinem Werk von der ›Theorie der Gerechtigkeit‹ bis zum posthum veröffentlichten Neuentwurf der ›Gerechtigkeit als Fairness‹ (siehe Rawls 1975; 1998; 2002a; 2003). Die Frage ist mit Blick auf diese Positionen dann, ob wir die EU normativ unter den weitergehenden normativen Ansprüchen, die für den Nationalstaat gelten, bewerten müssen oder unter den schwächeren normativen Ansprüchen für internationale Zusammenhänge. Im Folgenden wird nun gezeigt, dass die EU empirisch alle relevanten Bedingungen erfüllt, die für Rawls zur Geltung der höheren normativen Erwartungen, wie sie auch für den Nationalstaat zutreffen, führen. Es geht um das, was er das »Problem der politischen Legitimität« nennt: »(S)ofern das Faktum des vernünftigen Pluralismus immer für demokratische Gesellschaften kennzeichnend ist und sofern die politische Macht tatsächlich die Macht freier und gleicher Bürger ist, fragt es sich, im Hinblick auf welche Gründe und Werte – im Hinblick auf welche Gerechtigkeitskonzeption – die Bürger diese Zwangsmacht in legitimer Form gegeneinander ausüben können.« (Rawls 2003: 75)

(1) Die EU ist erstens und zumindest im Bereich ihrer ersten Säule, eine *Zwangsmacht*. Wir haben es mit kollektiv verbindlichen Entscheidungen zu tun, (a) die für die gesamte Bürgerschaft auch dann gelten, wenn bestimmte Bürger ihnen selbst nicht zugestimmt haben und (b) die gegen sie auch dann durchgesetzt werden (können), wenn sie es nicht wollen. Sie selbst können – wie auch im Fall des Nationalstaats – nicht ohne Weiteres aus dieser politischen Ordnung austreten. Damit unterscheidet sich die EU aus der Sicht ihrer Bürger von freiwilligen Assoziationen, in die sie zwar

vielleicht auch hineingeboren wurden und die vielleicht ebenfalls Zwang über ihre Mitglieder ausüben, aus denen sie aber austreten können.[8]
(2) John Rawls hat in seiner Gerechtigkeitstheorie sehr deutlich unterschiedliche normative Ansprüche mit verschiedenen Anwendungskontexten verknüpft: Für die Individuen ergeben sich, nach Rawls, normative *Verpflichtungen* (anders als natürliche *Pflichten* der Nothilfe) erst durch die Dichte beziehungsweise Verwobenheit dauerhafter und fairer *gesellschaftlicher* Kooperationen. Auch der Bessergestellte ist deshalb verpflichtet, eine fairen oder gerechten Verteilung wichtiger Güter zuzustimmen, weil seine Besserstellung von einem »System der gesellschaftlichen Zusammenarbeit abhängt« (Rawls 1975: 124). Dabei trennt Rawls nun recht schematisch solche Verpflichtungen zur Fairness, die innerhalb demokratischer Gesellschaften entstehen, von Pflichten, die sich zwischen Gesellschaften (im Völkerrecht) ergeben. Nur für den Nationalstaat können wir, Rawls folgend, anspruchsvolle normative Verpflichtungen, wie demokratische Rechte und Prozeduren, als gültig ausweisen.[9] Jenseits des Nationalstaats (beziehungsweise verwobener sozialer Kooperationszusammenhänge) bestehen, laut Rawls, solche weitreichenden normativen Verpflichtungen nicht beziehungsweise nur sehr bedingt (Rawls 2002a).[10]

Wie fügt sich nun die EU in dieses Bild ein? Entspricht sie dem Bild, welches Rawls von sozialen Kooperationen in demokratischen Gesellschaften zeichnet oder nicht? Die Mitgliedstaaten der EU entsprechen offensichtlich nicht (mehr) dem Bild mehr oder weniger politisch autonomer Gesellschaften. Durch die Vertragsschlüsse haben sich die Mitgliedstaaten der EU verpflichtet, wichtige soziale Grundgüter nicht mehr allein für ihre Bürger bereitzustellen, sondern in Zusammenarbeit mit den anderen Mitgliedstaaten für alle Unionsbürger. Insbesondere die Schaffung eines gemeinsamen Marktes und die damit verbundenen vier europäischen Grundfreiheiten untergraben die Plausibilität vollständig nationalstaatlich beschränkter gerechter Distribution sozialer Grundgüter (wie Rechte, Bildung, Einkommen, Ämter und Positionen etc.). Das heißt freilich nicht,

---

8 Die Unterscheidung zwischen freiwilligen und nicht-freiwilligen Assoziationen ist in der politischen Philosophie breit diskutiert worden. Ich orientiere mich hier an einen Vorschlag von Brian Barry (2001: Abs. 4.5 und 5).

9 Zur Beschreibung dieser mehr oder weniger autarken Gesellschaften, siehe Rawls (1998: 111ff.).

10 Natürlich ist diese Unterscheidung von Vertretern kosmopolitischer normativer Konzeptionen zurückgewiesen worden (siehe Beitz 2000; Buchanan 2000; Gutmann/Thompson 2004: 36ff.).

dass wir hieraus einen Vorrang europäischer Regelungen ableiten können oder auch nur, dass alle Bereiche europäischer Politik nach dem institutionellen Vorbild nationalstaatlicher Demokratien zu gestalten sind. Es bedeutet aber, dass die normativen Prinzipien politischer Legitimität, die für den Nationalstaat gelten, für das politische Mehrebenensystem der EU ebenfalls gelten.

(3) Wenn die getroffenen Entscheidungen im Interesse aller wären, es keine größeren re-distributiven Wirkungen gäbe und sie Pareto-Effizienz beförderten, dann bedürfte es nicht zwingend einer direkter demokratischer Legitimation (Majone 1996). Nur das ist in der ersten Säule der EU, wie Hix (2008: 90ff.) zu Recht argumentiert, nicht durchgehend der Fall und wird es zukünftig immer weniger sein. In Scharpfs Modell reiner Output-Legitimität soll die EU ebenfalls auf Umverteilung und die ›Produktion von Verlierern‹ generell verzichten. Oben ist argumentiert worden, dass es solche politischen Entscheidungen praktisch kaum geben kann. Jedenfalls müsste der europäische Integrationsprozess weitgehend rückgängig gemacht werden, damit dies die Grundlage normativer Überlegungen sein kann. Das ist gegenwärtig allein deswegen kaum abzusehen, weil wie Scharpf selbst argumentiert hat, solche Prozesse, die die europäische Uhr zurückdrehen würden, weitgehende Zustimmung unter den Mitgliedstaaten generieren müssten, was gegenwärtig nicht realistisch erscheint (Scharpf 1985).

Die Vision einer auf pareto-effiziente Problemlösungsfähigkeit beschränkte EU ist also nicht plausibel. Stattdessen geht es in der europäischen Politik immer auch um die Verteilung sozialer Grundgüter unter Bedingungen dessen, was Rawls das »Faktum eines vernünftigen Pluralismus« und die »Bürden des Urteilens« genannt hat: Wir haben es in freiheitlichen Gesellschaften unabdingbar mit einem normativen Pluralismus zu tun, den wir – egal wie viel kognitiven Aufwand wir auch betreiben – nur selten komplett aufzuheben in der Lage sein werden. Entsprechend sieht Rawls die Lösung (für den Nationalstaat) auch nicht in der technokratischen Output-Legitimität, sondern in einer Variante deliberativer Demokratie (Rawls 2002b).

(4) Der vierte Punkt behauptet gegen Moravcsik (1998), dass die Mitgliedstaaten der EU nicht allein die ›Herren der legislativen Entwicklung‹ sind (und selbst wenn sie es wären, zukünftigen Demoi diese Möglichkeit nähmen). Wären die einzelnen Mitgliedstaaten jeweils Herren der legislativen Entwicklung (einschließlich der Möglichkeit bestehende europäische

Regelungen rückgängig zu machen), dann würden nationalstaatliche demokratische Politiken möglicherweise auch für die Legitimität der europäischen Integration bürgen können. Beides ist aber nicht der Fall. Es ist überzeugend gezeigt worden, dass insbesondere die Kommission und der EuGH in der europäischen Integration legislative Entwicklungen befördert haben, die vertraglich nicht angelegt waren (Höpner 2008; Höpner/Schäfer 2008b; Schmidt, S. K. 2008). Wenn heute ein nationaler Demos eine Regierung wählt, dann kann diese sich nicht frei zu den Eckpfeilern der europäischen Ordnung positionieren und missliebige Teile autonom ändern oder dispensieren. In den Bereichen der einfachen Gesetzgebung und Entscheidung haben sie nicht einmal die Kontrolle über aktuelle Gegenstände. Zum Teil werden sie von der Kommission und dem EuGH allein entschieden, wobei in den legislativen Prozessen vor allem die Kommission eine dominante Stellung hat.

Selbst wenn all dies nicht der Fall wäre, bleibt das strukturelle Reversibilitätsdefizit europäischer Regelungen. Theoretisch müssten alle nationalstaatlichen Demokratien in der Lage sein, die europäischen Integrationsprozesse autonom rückgängig zu machen (gegebenenfalls unter Berücksichtigung von Ausgleichszahlungen für die Kosten, die den anderen Vertragsparteien durch solche Rückzieher aus der europäischen Kooperation entstünden). Dafür scheint es aber keinen umfassenden praktikablen Weg zu geben.

Fazit: Wenn die EU so ist, wie sie ist und im Bereich ihrer ersten Säule, die legislativen Aufgaben wahrnimmt, die sie wahrnimmt, dann kann schwerlich bestritten werden, dass diese politischen Entscheidungen demokratisch getroffen werden sollen. Der legitimatorische Umweg über die Mitgliedstaaten überzeugt dabei nicht als alleiniger Modus. Anders und in Anschluss an Rawls formuliert: Die EU hat ein normatives Problem politischer Legitimität.

Dieser ›Beweis‹ ist natürlich keineswegs so zwingend wie wir uns das wünschen. Zum einen kann er durch bestimmte empirische Daten in Frage gestellt werden (›Sollen impliziert können!‹). Diese habe ich im Rekurs auf die politische Philosophie bis hierher weitgehend ausgeblendet. Diesen wird aber sogleich nachgegangen (siehe 2.2). Zum anderen gibt es widerstreitende normative Konzeptionen, deren Anwendung nicht zu einem solchen Schluss käme. Es gibt etwa libertäre Grundpositionen, die Demokratie als solche im Großen und Ganzen für ein unzumutbares Zwangssystem halten. Vertreter einer solchen Grundposition werden auf im Rahmen der EU kaum bei demokratischen Zielen landen. Dagegen teilt Rawls aber gerade mit den allermeisten Kritikern einer europäischen Demokratisierung eine Reihe wichtiger (skeptischer) Grundpositionen: Demokratie mit ausgeprägter umverteilender Solidarität ist nicht nur normativ geboten, sondern auch an einen konkreten gesellschaftlichen Verpflichtungszusammenhang gebunden, den wir nicht mit allen Weltbürgern teilen. Rawls ist, wenn man so will, der normative Konsenstheoretiker für den demokratischen Rechts- und Interventionsstaat, der eigentlich skeptisch auf solche Phänomene wie die EU schaut. Aber selbst vor dem Maßstab einer solchen normativen Konzeption, erscheint eine Demokratisierung der EU als geboten – vorausgesetzt, sie kann auch demokratisch sein.

2.2 Kann die EU demokratisch sein?

Die Frage muss wieder etwas präzisiert werden: Kann die EU die Entscheidungskompetenzen ausüben, die sie gegenwärtig ausübt (und vielleicht sogar zusätzliche) und die auch (re-)distributive Auswirkungen haben, kann sie diese Kompetenzen demokratisch wahrnehmen, ohne auf Dauer ihre Stabilität (Akzeptanz, Legitimität) zu untergraben?

Unter den skeptischen Diagnosen lassen sich zwei Varianten unterscheiden: Ausgehend von unterschiedlichen makro-soziologischen Theorien wird behauptet, dass demokratische politische Integration von bestimmten gesellschaftlichen Bedingungen abhängig ist, die auf europäischer Ebene nicht gegeben sind.[11] Dieser Mangel verhindere eine dauerhafte eigenständige demokratische Integration auf EU-Ebene. Von solchen Diagnosen existieren zahllose Abarten, die sich alle aus einem einfachen Grund nicht beweisen lassen. Alle diese Argumente müssen letztlich annehmen, dass die EU den Nationalstaat mehr oder weniger ersetzt und deshalb alle integrativen Funktionen, die bisher im nationalstaatlichen Rahmen erbracht wurden, im Rahmen der EU zu realisieren sind. Tatsächlich bestehen die Nationalstaaten aber ja weiter und ihre Kompetenzen

---

11 Dabei handelt es sich wahlweise um die öffentliche Kommunikationen, eine belastbare europäische kollektive Identität, eine gemeinsame Sprache, Sozialisationsprozesse usw., die dann jeweils in bestimmten Mangelkombinationen verhindern, dass kollektiv verbindliche Entscheidungen auf europäischer Ebene von möglichen Minderheiten, die nicht für diese gestimmt haben, akzeptiert würden (Flora, Grimm, Kielmansegg, Peters, Scharpf).

und Politikgestaltungsfragen werden nur teilweise eingeschränkt. Auch wenn die EU kollektiv verbindliche Entscheidungen in bestimmten Bereichen trifft, ist sie damit noch lange kein solcher Staat, der der Gegenstand historisch validierter empirischer Urteile über gesellschaftliche Integrationsbedingungen ist. In den bekannten Argumentationsketten wird aber immer aus einem Defizit von gesellschaftlichen Rahmenbedingungen, die im Nationalstaat, nicht aber in der EU gegeben sind, auf das politische Mehrebenensystem der EU extrapoliert, in dem das gleiche Defizit auftreten müsse. Das ist kurzschlüssig. Die EU ist ein *singuläres* Phänomen, nicht vor allem weil es besondere institutionelle politische Arrangements aufweist, sondern weil sie verwoben mit den weiterhin bestehenden nationalstaatlichen Arrangements existiert. Entsprechend muss gezeigt werden, dass die angeführten Erkenntnisse auch tatsächlich für das Mehrebenensystem der EU gelten. Eine solche Plausibilitätsprüfung (mehr ist sowieso nicht möglich) hat bisher keine eindeutige Antwort, sondern nur optimistische und pessimistische Zeitdiagnosen hervorgebracht. Aus dieser Ungewissheit lässt sich nur schwerlich ein Argument gegen Versuche zur europäischen Demokratisierung ableiten und erst recht keines gegen die Fragestellung dieses Buches. Denn sollte die EU tatsächlich nicht demokratisierungsfähig sein, dann würden wir dies, vorausgesetzt wir entwickeln einen angemessenen Begriff von Demokratisierung, im Durchgang der Untersuchung auch empirisch feststellen.

Ebenfalls zu einer skeptischen Sicht auf die Demokratiefähigkeit der EU gelangen Autoren, die die legislativen Prozesse auf EU-Ebene (in ihrer Policy-Dimension) für nicht demokratiefähig halten, weil ihre Regelungsgegenstände zu langweilig, zu unwichtig, zu schwierig oder zu weit von den Bürgern entfernt sind und effektive demokratische Prozeduren vor diesem Hintergrund nicht angemessen funktionieren können (Moravcsik 2002; 2006). Dagegen ist argumentiert worden, dass die Ursachen im Hinblick auf die EU viel eher in demokratievermeidenden Modi der Politics-Dimension zu suchen seien (Follesdal/Hix 2006) sowie in unangemessenen institutionellen Arrangements, die die demokratische Performanz unnötig beeinträchtigen (siehe Kapitel 6). Da sich beide Sichtweisen nicht ausschließen, soll Moravcsiks Argumentation in den restlichen Absätzen dieses Kapitels genauer diskutiert werden.

Moravcsik (2006) hat die Frage des Demokratiedefizits zuletzt in Anschluss an die gescheiterten Referenden in Frankreich und den Niederlanden zum europäischen Verfassungsvertrag behandelt. Dabei entwickelt er zunächst den Punkt, dass europäische Politikgestaltung auf *unwichtige* und *langweilige* Gegenstände beschränkt bleibt und solche Gegenstände eine emphatische Demokratisierung nicht zuließen. Was für die Bürger dabei als ›wichtig‹ wahrgenommen wird, bestimmt Moravcsik mithilfe von Umfragedaten (wie den Eurobarometerdaten) und zeigt dann, dass diese Themen weitestgehend auf nationalstaatlicher Ebene entschieden werden und, so sein Schluss, entsprechend nur die verbleibenden unwichtigen Fragen an eine technokratische Agentur delegiert werden. Moravcsik gewinnt seine Schlussfolgerung im Kern durch einen unzulässigen, simplen Trick. Er verknüpft in seiner Relevanzanalyse subjektive Meinungen der Bevölkerung und objektive Elemente einer Beschreibung tatsächlicher EU-Kompetenzen in einer unplausiblen Weise. Denn entweder will sich Moravcsik als Konstruktivist ›outen‹, dann müsste er aber auch den ganzen konstruktivistischen Weg beschreiten und dann im zweiten Schritt nicht zeigen, dass die EU entsprechende Kompetenzen objektiv nicht hat, sondern dass die Bevölkerung glaubt, dass sie diese nicht hat beziehungsweise dass sie glaubt, dass die EU unwichtig sei. Genau das ließe sich empirisch aber nicht zeigen. Oder Moravcsik müsste das gesamte Argument in objektiver Betrachtung darbieten, also zeigen, dass die EU objektiv nur ›Unwichtiges‹ regelt. Dagegen lässt sich aber zeigen, dass die EU durchaus normativ relevante Materien entscheidet oder diese zum Teil im Zuge des europäischen Integrationsprozesses erst entstehen beziehungsweise dringlich werden (siehe oben, Abschnitt 2.1, aber auch Scharpf 1999; siehe auch die Beiträge in Höpner/Schäfer 2008a). Tatsächlich entstehen im Zuge des europäischen Integrationsprozesses (objektiv) quer liegende politische Spaltungslinien auf europäischer Ebene in Hinblick auf ideologische, ökonomische und institutionelle Konflikte. Die Idee, europäische Politik vor allem als ein Epiphänomen oder eine Ausweitung nationaler demokratischer Politik zu sehen, verschließt dann automatisch die Möglichkeit, solche Probleme und Konflikte überhaupt demokratisch zu bearbeiten.

Und wie sieht es mit der Langweiligkeit aus? Der theoretische Bezugspunkt von Moravcsik ist vernünftig: Ein Demokratisierungsgebot für die EU muss auch zeigen können, dass auf Grundlage einer empirischen Partizipationstheorie plausibel gemacht werden kann, dass die Massen in ähnlicher Weise zu rationaler politischer Beteiligung motiviert werden können, wie dies im Nationalstaat der Fall ist. Wenn nun die Themen europäischer Politik (in diesem Fall des Verfassungsvertrages) tatsächlich so langweilig wären, dass sie nicht in der Lage sind, die Aufmerksamkeit der europäischen Bürgerschaft zu generieren, dann hätte dies einen Einfluss auf die (Qualität der) Beteiligung. Und wenn wir systematisch damit rechnen müssen, dass eine adäquate Beteiligung nicht mobilisiert werden kann, dann wäre auch die EU nicht demokratisierbar.

Grob können wir mindestens vier allgemeine Bedingungen effektiver politischer Beteiligung benennen, die Moravcsik anführen *könnte*: Erstens, nur wo wirkliche *Einflusschancen* bestehen, kann auch wirkliche Beteiligung erwartet werden (siehe z.b. Zittel 2004: 63). Zweitens, steht und fällt die Beteiligung auch mit dem Interesse beziehungsweise der empfundenen *Relevanz* des behandelten Themas für die Bürger. Drittens, je geringer der Aufwand für und während der Beteiligung, desto höher die durchschnittliche Beteiligung unter sonst gleichen Umständen. Auf die Höhe des ›*Aufwandes*‹ wirken sich so unterschiedliche Aspekte wie etwa positive oder negative Anreize, die Art und der Grad der Institutionalisierung der Beteiligung oder die je individuelle Ausstattung mit prozeduralen Kompetenzen und kognitiven Fähigkeiten aus (vgl. Buchstein 1995). Im Prinzip kann ein Mangel in einer dieser drei Dimensionen die Beteiligung deutlich abschwächen. Umgekehrt können – viertens – diese Mängel allerdings ein Stück weit durch ausgeprägte (positive) *habituelle Dispositionen*, also entgegenkommende politische Tugenden, ausgeglichen beziehungsweise gemildert werden.

Zumindest mit Blick auf einige dieser Bedingungen schneidet die EU mit einzelnen Beteiligungsverfahren nicht so gut wie die Nationalstaaten ab. Die prozeduralen Kompetenzen wie die europaspezifischen habituellen Dispositionen sind im Durchschnitt niedriger als im Nationalstaat zu veranschlagen. Im Hinblick auf viele Beteiligungsmöglichkeiten dürfte auch der Aufwand für den einzelnen größer als im nationalstaatlichen Rahmen sein. Wenn man exemplarisch auf die Wahlen zum Europaparlament schaut, dann ließe sich auch leicht zeigen, dass sowohl die Einflusschancen (größere Anzahl an Wahlberechtigten) als auch die Relevanz (geringere Kompetenzen des EP) deutlich geringer als bei der Wahl nationaler Parlamente sind.

Moravcsik müsste zudem auch zeigen können, dass im Hinblick auf alle möglichen demokratischen Beteiligungsinstrumente eine adäquate Partizipation zuverlässig nicht zu realisieren ist. In diesem Zusammenhang sind aber schon die hohen Abstimmungsbeteiligungen bei den Referenden in Frankreich und den Niederlanden erklärungsbedürftig. Den offensichtlichen Erklärungspfad kann Moravcsik nicht wählen, nämlich dass im Verfassungsvertrag relevante umstrittene Themen adressiert sind, die aufgrund des faktischen Konsensprinzips im Konvent und in den Regierungskonferenzen nach den Vorstellungen signifikanter Bevölkerungsteile nicht vernünftig bearbeitet werden konnten (etwa die Frage einer Ausweitung der Positivintegration oder das zukünftige Stimmgewicht kleinerer EU-Staaten) und die französischen und niederländischen Abstimmenden gesehen haben, dass sie über das Referendum Einfluss ausüben können. Die Beweislasten für Moravcsiks Alternativerklärung sind vergleichsweise unbequem: Im Verfassungsvertrag stünde nichts substantiell Neues. Niemand habe sich für den Beratungsprozess interessiert, aber obskure Politisierungen (besser: Manipulierungen und Täuschungen) der Wählerschaft hätten zu einer breiten Beteiligung und Ablehnung an der Urne geführt. Das ist nicht sehr überzeugend.[12]

Zusammenfassend lässt sich konstatieren, dass die Fundamentalkritik einer generellen Demokratieunfähigkeit der EU nicht (mehr) überzeugen kann. Die Argumentationen, dass aufgrund mangelnder gesellschaftlicher Voraussetzungen, eine europäische Demokratie nicht in die Tat umgesetzt werden kann oder nicht dauerhaft funktionieren kann, zehrt von einem staatgleichen und nationalstaatsersetzenden Idealbild der EU, das im Hinblick auf die aktuellen Kompetenzen der EU nicht plausibel erscheint. Darüber hinaus lässt sich zeigen, dass die EU im Vergleich zu den Nationalstaaten strukturelle Startnachteile hat, bei denen es aber nicht ums Ganze geht, sondern die bei Anwendung gleicher Verfahren auf nationalstaatlicher und auf europäischer Ebene zu einer graduell schlechteren Demokratiebilanz der supranationalen Ebene führen würden. Dieses Faktum wird häufig zu einer Kritik an der Demokratiefähigkeit der EU überhöht. Das ist aber schon deshalb nicht plausibel, weil es der EU auch die Möglichkeit eröffnet, politische Beteiligungsinstrumente zu nutzen, die im Rahmen der Nationalstaaten mit erträglichem Aufwand nicht zu haben sind. Ein solches Verfahren sind beispielsweise die Online-Konsultationen der Kommission, die in Teil III untersucht werden. Allgemeiner formuliert: Wenn die empirischen Schwierigkeiten europäischer Demokratisierung vor allem

---

12 Das Instrument nationaler Referenden im Zusammenhang mit der europäischen Primärrechtsentwicklung ist in seiner heutigen Form kein ideales demokratisches Instrument und die tatsächlichen Motive der Bevölkerungen tragen durchaus auch dubiose Züge, weil sie teilweise zu weit vom Abstimmungsgegenstand entfernt liegen (Hüller 2007a). Aber bis zu einer Verschwörungstheorie muss man diese Kritik trotzdem nicht treiben.

gradueller Natur sind, dann werden sie sich auch weitgehend über eine Adjustierung demokratischer Instrumente abmildern lassen. Diese Einschätzung darf nicht als eine positive Beurteilung der aktuellen demokratischen Performanz auf EU-Ebene und der europäischen Mehrebenenpolitik missverstanden werden (siehe Kapitel 6). Gezeigt wurde nur, dass die Frage nach der Demokratie in der EU normativ und empirisch Sinn macht. Dabei sind aber eine ganze Reihe vertrackter und teilweise ungelöste Probleme der empirischen Demokratieforschung zu beachten, die sich im Hinblick auf die europäische Mehrebenenpolitik teilweise in besonderer Weise stellen. Diesen Problemen wende ich mich im folgenden Kapitel zu.

3 Grundprobleme der (europäischen) Demokratiemessung

Die zentrale These im zweiten Kapitel lautete: Sozialregulative Politiksetzung im supranationalen Rahmen der EU soll demokratisch sein. Damit stellt sich die Frage, was ›demokratisch‹ bedeutet und was es im Rahmen der EU bedeutet. Bevor ich mich diesen konstruktiven Aufgaben in den nächsten beiden Kapiteln zuwende, werde ich in diesem Kapitel einen Schritt zurücktreten und mich den grundlegenden Problemen der Demokratiemessung widmen. Dabei wird es in erster Linie darum gehen, solche Lösungen auszuweisen, die für die europaspezifische Fragestellung dieses Buches relevant sind.

Die Konzeptbestimmung und -anwendung sind die beiden grundlegenden Typen von Problemen, an denen sich solche Versuche abarbeiten müssen. Zum einen ist es unerlässlich einen Maßstab an der Hand zu haben, der bei adäquater Operationalisierung in der Lage ist, uns demokratische Qualität zu signalisieren (Konzeptbestimmung). Das Hauptproblem der Konzeptbestimmung besteht darin, aus der Vielzahl normativer Demokratiekonzeptionen die Richtige (oder die Richtigen) auszuwählen (3.1). Selbst wenn man einen Demokratiebegriff hat, muss dieser – zum anderen – am konkreten Gegenstand angemessen angewendet werden. Dabei treten ebenfalls Probleme auf (3.2). Im Folgenden werden diese allgemeinen theoretischen und methodischen Probleme der Demokratieforschung vorrangig am Phänomen der EU abgearbeitet. Tatsächlich weisen die Überlegungen aber über den Fall hinaus.

3.1 Zur Rechtfertigung eines europafähigen Demokratiekonzepts

In der empirischen Demokratieforschung ist die Bestimmung des (normativen) Demokratiebegriffs seit Jahrzehnten auf der Tagesordnung (siehe schon Gallie 1956). Wenn wir klären wollen, ob ein Land demokratisch ist oder nicht oder ob es mehr oder weniger demokratisch ist, dann muss zuvor feststehen, was ›demokratisch‹ bedeutet. Im Hauptstrang dieser Forschung wird dabei ein normativer Begriff von Demokratie verwendet.[13] Dass genau dieser normative Begriff von Demokratie umstritten ist, wird in der empirischen Forschung durchaus als »theoretische Uneinigkeit über das richtige Demokratiekonzept« konstatiert (Müller/Pickel 2007: 517).

Was mit »theoretischer Uneinigkeit« einzufangen wäre, ist der normative Pluralismus an plausiblen, im Großen und Ganzen klaren und konsistenten normativen Demokratiekonzeptionen. Nehmen wir nur die grundlegenden normativen Demokratiekonzeptionen in der politischen Theorie und politischen Philosophie und betrachten diese nur entlang zweier Fragen: 1. Wie halten sie es mit dem Verhältnis von Freiheitsrechten und politischen Gleichheitsansprüchen? In welcher Rangordnung sollen sie in einem politischen System realisiert werden? 2. Welches Willensbildungsideal wird ausgezeichnet beziehungsweise welche Präferenzen sollen bei politischen Entscheidungen zählen?

Wenn man die zeitgenössische Literatur entlang der ersten Frage aufarbeitet, erhält man grob drei unterschiedliche normative Grundpositionen, die sich in hohem Maße konsistent als politische Alternativen ausgestalten lassen.[14] In egalitären Konzeptionen wird für eine dominante Gleichheit plädiert (etwa Dahl 1989; McGann 2006) und in liberalen Konzeptionen für eine Höhergewichtung von fundamentalen Freiheitsansprüchen (z.B. Riker 1982). Dazwischen finden sich eine Reihe von Konzeptionen, die auf die eine oder andere Art versuchen, beide Ansprüche miteinander zu versöhnen (etwa Habermas 1992b; Rawls 2003). Auch wenn es immer wieder Versuche gegeben hat, zu ›beweisen‹, dass die eine oder andere Position

---

13 Mit Recht argumentiert Abromeit für einen nicht-deskriptiven, sondern *normativen Demokratiebegriff*. Dass unter sonst gleichen Bedingungen Demokratie wünschenswert ist und dass mehr Demokratie wünschenswerter ist als weniger, ist kaum umstritten und wie Dahl (1989) und Sartori (1992: Kap. 9) gezeigt haben, auch nur schwer zu bestreiten.

14 Tatsächlich bilden diese drei normativen Verständnisse eher Punkte auf einem Kontinuum verschiedener Positionen zur Rangordnung von Freiheits- und Gleichheitsnormen. Für unsere Diskussion reicht aber diese Dreiteilung völlig aus.

unhaltbar ist, lassen sich die Einseitigkeiten und Grenzen dieser Beweise in der Regel leicht benennen.[15]

Dieser Pluralismus an ›vernünftigen‹ Grundpositionen spiegelt sich – wenig überraschend – weitgehend in der Literatur zur Demokratiemessung wider (Collier u.a. 2006: 222ff.). Auch wenn das Gros der Literatur sicher unter ›dominanter Gleichheit‹ zu verorten ist (Bollen 1993; Coppedge u.a. 2008; Dahl 1989; McGann 2006), lassen sich mehrere Bewertungssysteme benennen, die sich an einem Ideal gleicher Freiheit orientieren (so z.b. Bühlmann u.a. 2008; aber auch Freedom House und Polity IV).

Aktuell hoch im Kurs steht eine Kontroverse um das angemessene Willensbildungsideal. Zumeist wird sie als Gegensatz zwischen aggregativen und deliberativen Demokratieansätzen erörtert. Worum geht es? Ausgangspunkt ist die grundlegende gemeinsame Feststellung: »Das Volk hat immer recht«. Umstritten ist in der Folge aber das *Willensbildungsideal*, das wir damit verknüpfen. Drei widerstreitende Grundpositionen gibt es hier. In einer *populistischen* Demokratie sind die empirischen Präferenzen und Ansprüche ausschlaggebend (Abromeit 2002: 165; Shapiro 2003). In einer *rationalen* oder aufgeklärten Demokratie sind es die je individuellen Willen »zweiter Ordnung« (Dahl 1989: 111f.; Offe 1997) und in einer *deliberativen* Demokratie die auf die Ansprüche aller möglicherweise Betroffenen ausgeweiteten Willen (siehe etwa Rawls 1975: Abschnitt 54; 2002b). Die Konnotationen von ›Volk‹ und ›recht‹ unterscheiden sich deutlich zwischen diesen Konzeptionen, aber keine muss den Boden der Formulierung »Das Volk hat immer recht« verlassen.

---

15 Ein neuerer sehr elaborierter Versuch dieser Art ist McGanns (2006) ›Logic of Democracy‹, der plausibel zeigen kann, dass angemessene institutionelle Anwendungen politischer Gleichheit (proportionales Wahlrecht und Mehrheitsregel im Parlament) dazu führen (würden), dass Minderheiten gute Chancen haben, ihre fundamentalen Interessen zu schützen, indem sie entsprechende Zugeständnisse bei anderen Themen machen. Dabei suggeriert der Autor aber, dass sich die normativen Ansprüche liberaler Positionen entweder empirisch erledigen oder sich aus verschiedenen Gründen nicht realisieren lassen. Das stimmt aber nicht: Es macht einen Unterschied, ob Minderheiten allen politischen Einfluss zum Schutz grundlegender (liberaler) Rechte einsetzen müssen oder ob sie auf deren gesicherter Grundlage ihre anderen politischen Präferenzen zur Geltung bringen können. Und normativ erwarten liberale Vertreter, dass kollektiv verbindliche Entscheidungen, die individuelle Freiheiten ermöglichen, aber eben auch einschränken können, auch aus individueller Perspektive als gerechtfertigt erscheinen sollen. Da scheint es dann ein sehr langer Weg zu sein, von der Feststellung, dass Konsens nicht zu haben ist und bestimmte Varianten qualifizierter Mehrheiten einen Status-quo-Bias haben, zu der Schlussfolgerung, dass die Mehrheitsregel der einzige praktikable Weg sei.

Wenn man nun die Literatur nur entlang dieser beiden Kontroversen (normative Prinzipien und Willensbildungsideal) zusammenführt, dann erhält man mindestens neun unterschiedliche Grundpositionen, denen sich jeweils normative Konzeptionen und teilweise auch empirische Messkonzepte zuordnen lassen (siehe Schaubild 2).[16]

Schaubild 2: Normative Demokratieideale für den Nationalstaat

			Normative Positionierungen im Spannungsverhältnis von Freiheitsrechten und Gleichheitsansprüchen		
			Dominante Gleichheit	Gleiche Freiheit	Dominante Freiheit
Willensbildungs-ideal: Welche Präferenzen sollen bei politischen Entscheidungen zählen?		Individuelle Präferenzen	1 Shapiro	2 (Freedom House; Polity IV)	3 Riker
		Aufgeklärte individuelle ›Präferenzen‹	4 Dahl	5 Offe	6 Hayek
		Reziprok-verallge. ›Präferenzen‹	7 Estlund	8 Rawls, Habermas (Steiner et al.)	9 Ackerman

Wenden wir uns vor diesem Hintergrund der Literatur zur europäischen Demokratieforschung zu, fällt zweierlei auf. Die Kontroverse der angemessenen Verknüpfung zwischen der ›Freiheit der Alten‹ und der ›Freiheit der Neuen‹ wird weitgehend ausgespart. Zwar findet sich eine breite Literatur zur Institutionalisierung von Grund- und Menschenrechten auf europäischer Ebene, aber in der europäischen Demokratieforschung spiegelt sie sich nicht wider. Bestenfalls werden bei der ›einfachen‹ Übertragung nationaler Indikatorensysteme für demokratische Performanz auch solche ›geprüft‹, die liberalen Grundrechten einen eigenständigen Platz zuweisen (z.B. in Zweifel 2002). Die aus normativer Sicht entscheidende Frage, ob eine solche doppelte Institutionalisierung (auf nationaler und europäischer

---

16 Die meisten dieser Ansätze habe ich woanders genauer diskutiert (Hüller 2005). Ob man mit der präzisen Zuordnung in allen Fällen einverstanden ist, ist nicht erheblich, denn es soll hier vor allem der Möglichkeitsraum plausibler normativer Konzeptionen abgesteckt werden.

Ebene) wünschenswert ist, also zu einem Mehr an effektiver Freiheit führt, wird gar nicht erst angedacht (siehe 3.2.3).

Soweit ich das überblicke, zielen alle explizit für die EU vorgeschlagenen Indikatorensysteme zur Messung demokratischer Performanz auf die Verwirklichung eines dominant egalitären Demokratieverständnisses (siehe Abromeit 2002; Galligan/Clavero 2008; Hix 2008; Lord 2004; 2008; Stie 2008). Diese Beschränkung kann bei der Messung europäischer Demokratie, wie ich später zeigen werde, gerechtfertigt werden und zwar selbst dann, wenn im Prinzip der Mittelposition zuneigt (siehe 3.2.3). Bellamy (2006a) zeigt zumindest, dass über die Institutionalisierung europäischer Bürgerrechte die demokratische Frage nicht hinreichend gelöst wird.

In der zweiten Dimension ist die Literatur weit weniger konsonant. Hier finden wir nebeneinander Ansätze die dem Feld 1 (Abromeit 2002; Decker 2000; Hix 2008; Höreth 2009; Schmitter 2000; Zweifel 2002) und dem Feld 7 (Eriksen 2000; 2006; Eriksen/Fossum 2000; Galligan/Clavero 2008; Gerstenberg/Sabel 2002; Joerges 2006; Majone 1989; Nanz/Steffek 2005; Neyer 2006; 2009; Schmalz-Bruns 1999; Stie 2008) zuzuordnen sind. Es gibt zwar EU-spezifische Argumentationen, die darauf hinweisen, dass gerade dort aufgrund der starken nationalen Spaltungslinien und den unterentwickelten sozio-kulturellen Dispositionen der europäischen Bürgerschaft deliberative Ansätze auf der EU-Ebene vorzuziehen seien, aber zwingende allgemeine oder EU-spezifische Gründe für die eine oder andere Demokratievariante sind nicht in Sicht. Können wir trotzdem entscheiden, ob wir die europäische Demokratiequalität nach deliberativen oder aggregativen Standards für politische Willensbildung beurteilen sollen? Oder gibt es integrative Konzeptualisierungsoptionen?

Das Problem der evaluativen Demokratieforschung besteht nun darin, dass sie eine plausible Bearbeitung beziehungsweise Lösung dieses normativen Pluralismus anbieten muss. Die bisherigen Versuche, eine Lösung zu präsentieren, können aber nicht überzeugen. Dass rein terminologische Zugänge das Pluralismusproblem nicht lösen, zeigt schon die Vielfalt der gerade entwickelten normativen Demokratiekonzeptionen. Historische und etymologische Zugänge (siehe etwa Kielmansegg 1977; Fuchs 2004) würden diese Vielfalt nur noch erhöhen, weil die Zahl plausibler zeitgenössischer normativer Demokratiekonzeptionen deutlich kleiner als die Zahl entsprechender historischer Konzeptionen plus die zeitgenössischen ist. Vor allem kann ein solcher historischer Zugriff eine Rechtfertigung nicht ersetzen. Eine Aufklärung etwa darüber, welche Demokratiekonzeptionen in der griechischen Antike entwickelt wurden oder darüber, was Demokratie in der griechischen Antike *war*, gibt uns keine überzeugende Auskunft darüber, was Demokratie sein *soll*. Die übliche Rechtfertigungsstrategie in der evaluativen Demokratieforschung ist eine fundamentalistische (Abromeit 2004: 78; Dahl 1989: Teil III; Saward 1998: Kap. 2). Ausgehend von einer gesetzten Ordnung normativer Prinzipien, wie Selbstbestimmung und politische Gleichheit, wird ein normativer Demokratiebegriff ausgewiesen, institutionelle Implikationen benannt usw. Wenn dies aber die einzige plausible Strategie wäre, dann kämen wir nicht über einen *konsistenten Pluralismus* hinaus. Wir hätten eine Vielzahl von empirischen Demokratiemessungen, die jeweils Unterschiedliches messen und dabei wissen, dass sie Unterschiedliches messen. Das scheint im Großen und Ganzen die Erkenntnis zu sein, auf die die empirische Demokratieforschung (abzüglich einiger spezifischer Probleme) zusteuert.

Ich bin überzeugt, dass der Pluralismus zwar hartnäckig ist, weil wir es zum Teil mit inkommensurablen normativen Verständnissen zu tun haben. Hier soll aber gezeigt werden, dass es trotzdem diesseits des ›anything goes‹ Bearbeitungsmöglichkeiten gibt, die es ermöglichen, den Korridor plausibler normativer Demokratiekonzeptionen zumindest deutlich zu verengen (so auch Barry/Rae 1975).

Ein Weg kann in dem Versuch bestehen, die Rechtfertigung der Demokratie als eine Konzeption zweiter Ordnung zu ›konstruieren‹, sprich als eine Konzeption über ›fundamentalistische‹ normative Demokratiekonzeptionen erster Ordnung (Rawls 1975; 2001; Gutmann/Thompson 1996; 2004; Hüller 2005: Kap. 3). Das theoretische Ziel bestünde dann darin, (1) alle relevanten grundlegenden Intuitionen und festen Einzelurteile, (2) alle in normativen Konzeptionen vertretenen normativen Prinzipien und (3) institutionellen Entsprechungen unter (4) Berücksichtigung dauerhafter, also unveränderlicher konkreter empirischer Anwendungsbedingungen solange mit- und gegeneinander abzuwägen, bis man zu einem kohärenten Überlegungsgleichgewicht gelangt, in dem keine alternative normative Konzeption existiert, die weniger Widerspruch auf sich zieht.

Inwieweit kann ein solcher Vorschlag, trotz dieses Problems, noch über die Feststellung eines unaufhebbaren Pluralismus hinausgehen? Wenn man wie Gallie über die Zeit hinweg alle Demokratiebegriffe und entsprechende politische Institutionalisierungen unqualifiziert aufnimmt, dann ist die Spannbreite an Vorstellungen größer als dies für die Bearbeitung des normativen Pluralismus nötig ist. Es ist daher sinnvoller in Übereinstimmung mit Rawls sich auf festere, möglichst konsistente normative Konzeptionen zu beschränken. Von allen verallgemeinerungsfähigen normativen Urteilen dürfen wir erwarten, dass sie in einem schwachen und unproblematischen Sinne vernünftig sind. Daraus ergeben sich erstens zunächst allgemeine, mehr oder weniger unstrittige konzeptionsübergreifende Filter, wie ein Gebot der internen Konsistenz und der konzeptionellen Klarheit (siehe hierzu Barry/Rae 1975: 341ff.). Zweitens können die dauerhaften empirischen Anwendungsbedingungen ebenfalls eine Filterfunktion haben. Wenn bestimmte normative Ziele in bestimmten Anwendungszusammenhängen dauerhaft und systematisch nicht erreichbar sind, dann sind es auch keine brauchbaren normativen Maßstäbe (denn: ›Sollen impliziert können‹) (Goodin 1995; Nagel 1989; Peters 2000) und müssen entsprechend adjustiert werden. Das prominenteste Beispiel aus der Demokratieforschung sind normative Konzeptionen einer partizipativen Demokratie (Barber 1994; Pateman 1970).

Es ist davon auszugehen, dass sich der normative Pluralismus auch auf diesem Wege der Filtrierung und Ausbalancierung nicht gänzlich aufheben lässt. Dann stellt sich die Frage, ob wir jenseits der Offenheit für unterschiedliche normative Konzeptionen in der empirischen Abschätzung eine bestimmte Konzeption als vorzugswürdig ausweisen können. Dafür kann zumindest in bestimmten Fällen argumentiert werden, nämlich wenn durch normative Kompromissbildung ein eindeutiges ›Optimierungspotenzial‹ ausgeschöpft werden kann. Bei Rawls oder bei Habermas wird dieses Versöhnungsziel zwischen möglicherweise konkurrierenden Prinzipien zum eigentlichen Maßstab.[17]

---

17 Bei Habermas wird das in der Formel von der Gleichursprünglichkeit privater und kollektiver Autonomie kaschiert, bei Rawls wird dies explizit als eine zentrale Aufgabe der politischen Philosophie entwickelt (Rawls 2003: 19ff.). Wichtig ist dabei, dass diese Versöhnungsstrategien nicht nach dem kleinsten gemeinsamen Nenner beziehungsweise nach einer allgemein akzeptierten Minimalkonzeption von Demokratie suchen, sondern nach einer optimalen Versöhnung der unterschiedlichen normativen Ziele. Der normative Punkt gegen Minimalkonzeptionen besteht aber darin, dass ein angemessener *normativer* Kompromiss zwischen ›dicken‹ und ›dünnen‹ normativen Verständnissen nicht durch die Schnittmenge zu bestimmen ist, weil wir dann exakt am Ende der dünnen Verständnisse landen würden und nicht in der (normativen) Mitte zwischen beiden Konzeptionen. Einfacher formuliert: Der normative Kompromiss zwischen einem ›Liberalen‹ (der vor allem persönliche Freiheitsrechte gesichert sehen will) und einem Sozialdemokratien (der darüber hinaus andere Ziele verfolgt) kann nicht darin bestehen, nur die Freiheitsrechte zu sichern.

Aufgrund der oben genannten theoretischen Komplexität beziehungsweise aufgrund der »Lasten des Urteilens« (Rawls 1998: 127ff.) werden wir am Ende solcher Überlegungen im besten Fall einen Korridor von normativ plausiblen Demokratiekonzeptionen herausarbeiten können. Wie wir es auch drehen und wenden, die eine überzeugende Antwort auf die Frage nach gerechtfertigten Demokratieprinzipien gibt es heute mit guten Gründen nicht. Für die empirische Demokratieforschung kann daraus der Schluss gezogen werden, den normativen Pluralismus ernst zu nehmen, soweit dies aus forschungspragmatischen Erwägungen erträglich ist. Das bedeutet, dass politische Systeme vor einem pluralistischen Maßstab getestet werden sollten. Wenn wir also beispielsweise nicht entscheiden können, ob ein dominant egalitäres oder liberales Demokratieverständnis oder eine Vermittlungsposition normativ angemessen ist, dann sollten wir zumindest ihre jeweiligen Realisierungen in gegebenen Anwendungszusammenhängen gleichermaßen testen und die (unterschiedlichen) Ergebnisse ausweisen und nicht, etwa durch willkürliche ›axiomatische‹ Setzungen, den Verweis auf parteiische Riesen usw., am Ende der Untersuchung eine evaluative Eindeutigkeit vortäuschen, die tatsächlich mit guten Gründen nicht untermauert werden kann.

Bis hierher konnten allein liberale Konzeptionen zurückgewiesen werden, die aber im Rahmen der Diskussionen um die angemessene Konzeptualisierung einer demokratischen EU keine große Rolle spielen. Über die spezifischen Anwendungsprobleme, die nun diskutiert werden, ergeben sich klarere Hinweise auf ein adäquates Konzept europäischer Demokratie.

3.2 Drei Anwendungsprobleme

Anwendungsprobleme stellen sich, wenn man bestimmte allgemeinere normative Konzeptionen auf konkrete Gegenstände bezieht und versucht, spezifisch gültige präskriptive Urteile auszuweisen. Manchmal wird dabei davon ausgegangen, dass man mehr oder weniger direkt die Implikationen aus einer allgemeinen Konzeptionen ›ableiten‹ könnte. Das ist aber nur selten der Fall. Plausibler ist die Vorstellung, dass sich normative Urteile und die Lösungen für existierende Anwendungsprobleme gegenseitig in praktisch relevanten normativen Konzeptionen (im Sinne des Rawls'schen Überlegungsgleichgewichts) stabilisieren müssen. Es geht hier also um einen bestimmten Typ von Überlegung: Eigentlich wissen wir, welche normative Prinzipien wir mit Demokratie verbinden und wollen nun wissen, wie wir dieses Verständnis am konkreten Gegenstand (hier: die EU) soweit es geht realisieren können. Hier werden diese Anwendungsprobleme an verschiedenen Möglichkeiten und Problemen, demokratische Performanz zu messen, abgearbeitet: Sollte ein enges oder weites Demokratieverständnis getestet werden (3.2.1)? Ist es angemessener ›Demokratie‹ und ›Nicht-Demokratie‹ als Dichotomie zu messen oder als ein graduell abgestuftes Konzept (3.2.2)? Und schließlich stellt sich die Frage, ob möglicherweise ein Problem darin besteht, dass die EU und Demokratie keine identischen Sinngrenzen haben, weil normative Demokratievorstellungen vielleicht eng mit nationalstaatlichen Institutionalisierungen verwoben sind (3.2.3).

3.2.1 Eng oder weit?

Heidrun Abromeit (2004: 77) hat argumentiert, dass in der empirischen Demokratieforschung ein *enger* Demokratiebegriff angewandt werden sollte. Das ist soweit richtig als es tatsächlich ja darum gehen muss, *demokratische* Performanz und nicht die soziale Performanz demokratischer politischer Systeme zu messen.[18] Ob demokratischere Institutionen auch in anderer Hinsicht erfolgreicher (das heißt gerechter, wohlfahrtsstaatlicher, stabiler etc.) sind oder nicht, ist im Großen und Ganzen eine andere Frage. Genauer wäre es, nicht ein enges, sondern ein sachadäquates ›Messkonzept‹ zu fordern. Sachadäquatheit schließt eine Vorstellung von Enge oder Sparsamkeit nur als untergeordnetes Kriterium ein.

Schwierigkeiten im Hinblick auf die von Abromeit (2004) gewünschte Enge bilden vor allem zwei weitere mögliche Gegenstände der Demokratiemessung: zum einen ›negative‹ Freiheitsrechte, die nicht funktional für die demokratische Qualität (im engen Sinne) erforderlich sind sowie zum anderen gesellschaftliche Demokratieermöglichungsbedingungen, die darüber entscheiden, ob demokratische Prozeduren auch faktisch genutzt werden können. Ersteres ist zentraler Gegenstand in der breiten Literatur zum Verhältnis von Demokratie und Konstitutionalismus gewesen (siehe Bellamy 2006b; Holmes 1994). Letzteres ist in letzter Zeit vor allem im

---

18 Letzteres ist ein wichtiger Zweig der vergleichenden Politikforschung (siehe z.B. Roller 2005). In unserem Zusammenhang sind diese Fragen nach einem Zusammenhang zwischen Regierungsform und wirtschaftlicher Entwicklung, Sicherheit etc. nicht relevant. Es geht schlicht um die Frage, wie demokratisch politische Systeme sind.

Zusammenhang mit dem Capabilities-Ansatz aufgenommen worden (Nussbaum, M. 1990; Nussbaum, M. C./Sen 1993; Sen 1992).

Im Hinblick auf die Frage der konstitutionellen Sicherung von ›negativen‹ Freiheitsrechten, führt Abromeits Vorschrift zur konzeptionellen Enge schlicht dazu, dass wir dominant egalitäre Konzeptionen und nicht liberale oder Vermittlungskonzeptionen messen. Solange es aber keinen Beleg dafür gibt, dass nur die egalitären normativen Konzeptionen demokratische sind oder die Ergebnisse beider Messungen übereinstimmende Ergebnisse liefern würden (was, wie die Freedom House Demokratiemessungen zeigen, nicht der Fall ist), ist diese methodische Vorschrift nichts anderes als konzeptionelle Willkür. Wenn also der Streit um die Einbeziehung der Freiheitsrechte normativ oder pragmatisch nicht eindeutig entschieden werden kann, dann sollte beides gemessen und das Auftreten möglicherweise unterschiedlicher Ergebnisse nicht durch konzeptionelle Willkür verhindert werden.

Interessant ist es nun, dieses Problem am Fall der EU zu erörtern. Bei der Messung europäischer Demokratisierung kann möglicherweise aus spezifischen Gründen für eine engere Konzeptualisierung (im Sinne Abromeits) plädiert werden. Selbst wenn es normativ überzeugende Gründe gibt, grundlegende Freiheiten auch unabhängig von ihren demokratiefunktionalen Leistungen konstitutionell zu sichern und entsprechend auch zu messen, kann doch bezweifelt werden, dass eine solche Konstitutionalisierung auf EU-Ebene zuverlässig den selben Zweck erfüllen würde. Schließlich gibt es eine solche Sicherung bereits in allen Mitgliedstaaten. Ob eine zusätzliche Verrechtlichung auf europäischer Ebene zusätzlichen Nutzen (Grundrechtsschutz) zu stiften in der Lage ist oder ob sie eher die demokratischen Gestaltungsmöglichkeiten in diesen Bereichen einschränkt und zu opaken zwischengerichtlichen Verhandlungen zwischen dem EuGH und nationalstaatlichen Verfassungsgerichten führen wird (Weiler, J.H.H. 2002: 574ff.), ist nicht ausgemacht. Möglich ist auch, dass überhaupt keine signifikanten Effekte in die eine oder andere Richtung auftreten. Daraus wird hier der Schluss gezogen, dass in der Sicherung grundlegender Freiheitsrechte nicht der Kern europäischer Konstitutionalisierung zu sehen ist und deshalb in einem Messkonzept für die Qualität europäischer Demokratie ausgespart werden sollte (siehe auch Hüller/Kohler-Koch 2008: 147ff.).

Um die Konsequenzen dieses Punktes nochmals deutlich zu machen: Es könnte also sein, dass wir im Nationalstaat beispielsweise für eine

Freiheit und Gleichheit vermittelnde Konzeption plädieren und – ohne irgendwelche Änderungen an unseren normativen Ansprüchen und ihrer Rangordnung vorzunehmen – für die EU nur die Realisierung egalitärer Ansprüche erwarten. Der mögliche Unterschied in den adäquaten Bewertungsstandards rührt allein von der Annahme einer situationsspezifischen institutionellen Arbeitsteilung her.

Bei den sozialen Voraussetzungen wirksamer Demokratie liegt der Fall anders. Abromeit scheint anzunehmen, wir würden weniger die Qualität von Demokratien als die von Wohlfahrtsstaaten messen, wenn wir die Fragen, ob die Mitglieder eines politischen Systems auch die kognitiven und prozeduralen Kompetenzen, die habituellen Dispositionen und materiellen Ressourcen für demokratische Beteiligung mitbringen, in ein Konzept zur Messung von Demokratie aufnähmen. Auf der anderen Seite hat die spätestens seit Marx prominente Kritik an rein formal gültigen Normen bei aller Unzulänglichkeit einen richtigen Kern: Niemand wird vernünftigerweise bezweifeln können, dass ein politisches System, welches Freiheits- und Beteiligungsrechte formal gewährt, die von ihren Bürgern auch faktisch in Anspruch genommen werden können, demokratischer ist als eines, in dem es diese Rechte zwar gibt, die Voraussetzungen für ihren Gebrauch aber nicht gegeben sind.

Robert Dahls (1971) Polyarchie-Studie zeigt deutlich, dass man zu signifikant unterschiedlichen Ergebnissen gelangt, wenn die faktische Nutzung des demokratischen Angebots durch die Bürger in die Untersuchung einbezogen wird. Gerade im Fall der EU ist in Hinblick auf die Ausstattungen der EU-Bürgerschaft mit prozeduralen Kompetenzen und habituellen Dispositionen größere Skepsis angebracht. Ein enges Messkonzept in dieser Frage, wie es Abromeit (2004) oder Lauth (2004) verfolgen, droht im Extremfall auch dort Demokratie zu messen, wo faktisch keine egalitäre Beteiligung möglich ist beziehungsweise wo nur leere institutionelle Hüllen bestehen. Daher sollte nicht nur das institutionell gegebene ›Demokratie-Angebot‹ in das Messkonzept aufgenommen, sondern auch die tatsächliche ›Nachfrage‹ beziehungsweise Beteiligung berücksichtigt werden. An der faktischen Beteiligung können wir – unter Berücksichtigung bestimmter theoretischer Erwägungen – ablesen, ob und in welchem Maße auch faktisch eine faire Chancengleichheit zur politischen Beteiligung besteht und zwar ohne über das Ziel (Demokratiemessung) hinauszuschießen.[19]

---

[19] Anders als in frühen Versuchen der Demokratiemessung geht es nicht einfach um die Messung der Höhe der Wahlbeteiligung, sondern um die Realisierung *irgendeiner* Variante

3.2.2 Dichotomisch oder graduell?

Die Fragestellung macht einen Unterschied. Die meisten Arbeiten aus der empirischen Demokratieforschung zielen darauf, vollständige politische Systeme zu bewerten. Dabei geht es vielen empirischen Arbeiten in der Tradition Dahls (1989) und Sartoris (1992) sowie der neueren Transitionsforschung spezieller darum, Demokratien von Nicht-Demokratien abzugrenzen und zu vergleichen. Dazu ist es sinnvoll, die normativen Demokratieerwartungen nicht zu hoch zu hängen. Liegt ein politisches System näher bei der Maxime »Das Volk hat immer recht« oder näher bei »Der Herrscher hat immer recht« (siehe Sartori 1992: 267)? Der Freedom House Index ist ein prominentes Verfahren für die Beantwortung dieser vergleichenden Fragestellung. Bei der Abschätzung von Demokratisierungsleistungen durch die Einführung einzelner Beteiligungsverfahren oder die Reform von Teilbereichen politischer Systeme innerhalb demokratischer Gesellschaften hilft ein solches Instrument jedoch nicht weiter. Es kann dabei nur darum gehen, *graduelle* Veränderungen mit Blick auf die Realisierung eines anspruchsvolleren Demokratiebegriffs zu messen. Wenn wir beispielsweise untersuchen, ob in Ländern faire Wahlen abgehalten werden, können wir einen demokratierelevanten Unterschied zwischen China und Deutschland feststellen, aber kaum zwischen demokratischen Gesellschaften. Dazu bedarf es eines Instrumentariums, das es erlaubt, graduelle Unterschiede in der Realisierung demokratischer Prinzipien (wie etwa politische Gleichheit, Rechenschaft gegenüber dem Demos und Publizität) festzustellen.

Auch wenn manche Beobachter gewisse Ähnlichkeiten zwischen den politischen Systemen der EU und Chinas ausmachen mögen, wäre es trotzdem nicht angemessen, die EU und ihre Mitgliedstaaten in vergleichender Perspektive auf ihre jeweilige demokratische Performanz zu testen. Tatsächlich bedarf es – zumindest vorrangig – eines integrativen Zugriffs auf die europäische Mehrebenenpolitik im Ganzen (inklusive nationalstaatlicher Arrangements), die dann im Hinblick auf die demokratische Performanz mit anderen demokratischen Staaten zu vergleichen wäre.

---

politischer Gleichheit in den demokratierelevanten Institutionen. Theoretisch könnte es sein, dass eine faktische Chancengleichheit selbst bei geringerer Wahlbeteiligung besser realisiert wird, sofern im Hinblick auf die tatsächliche Beteiligung sozialstratifikatorische Auffälligkeiten (also die Rolle von Bildung, Alter, Einkommen, Ethnie, Geschlecht etc.) abnimmt. Zu den möglichen Varianten politischer Gleichheit, siehe auch Hüller (2005: Kap. 5).

Dabei müsste natürlich eine Operationalisierung entwickelt werden, die jenseits der bekannten Indikatorensysteme darauf ausgerichtet wäre, die Realisierung demokratischer Prinzipien in sehr unterschiedlichen politischen Systemen vergleichbar zu machen. Eine graduelle Konzeptualisierung gebietet sich dann vor allem deshalb, weil die Relevanz der EU-Ebene nicht so hoch zu veranschlagen ist, dass mögliche Demokratiedefizite dort, automatisch dazu führen, dass das gesamte politische System undemokratisch wird. Eine graduelle Konzeptualisierung ließe im Prinzip einen solchen Schluss zu, erzwänge ihn aber nicht.

Ich werde diesen auf die europäische Mehrebenenpolitik ausgerichteten Vergleich in synchroner Perspektive hier nicht vertiefen. Mir geht es stattdessen später in diachroner Perspektive darum, die demokratiespezifischen Wirkungen von Reformen auf die EU-Ebene zu analysieren, also: Wird die EU durch die Einführung von inklusiven Policy-Deliberationen im Rahmen von Online-Konsultationen der Kommission demokratischer? Auch eine solche Fragestellung lässt sich sinnvoll nur vor dem Hintergrund eines graduellen Demokratieverständnisses untersuchen.

3.2.3 Das Problem der verrückten Anwendung

Das Problem der verrückten Anwendung ist eigentlich nur ein Spezialfall der angemessenen Konzeptanwendung, aber einer, der vor allem die Demokratieforschung gegenwärtig vor große Probleme stellt. Worum geht es? Nicht alle empirischen Untersuchungsgegenstände sind ›deckungsgleich‹ mit den Sinngrenzen der angelegten normativen Bewertungskriterien. Der Hauptgegenstand der Demokratieforschung ist das politische System von Nationalstaaten, dessen politische Institutionen auf ihre demokratische Qualität hin untersucht werden. Das ist der Standardfall der empirischen Demokratieforschung. Auf die Untersuchung dieser Gesamtsysteme kann sich die Demokratieforschung aber nicht sinnvoll begrenzen. Das Problem der verrückten Anwendung tritt nun auf, (a) wenn nur Teile eines solchen Gesamtsystems analysiert werden oder (b) wenn Prozesse und Strukturen außerhalb der Systeme zu integrieren sind.

(a) Welche Wahl- und Abstimmungssysteme mehr Demokratie versprechen als ihre Alternativen, ob durch die Einführung einer Wahlpflicht oder von Instrumenten direkter Demokratie die demokratische Qualität des Gesamtsystems gesteigert wird, sind Fragen des ersten Typs verrückter Anwendung.

Eine Bewertung von singulären Reformoptionen kann nicht losgelöst vom Anwendungszusammenhang funktionieren. Zunächst entscheidet allein der Anwendungszusammenhang darüber, ob überhaupt *Demokratisierungsbedarf* besteht. In Ländern mit generell hoher Wahlbeteiligung stellt sich etwa das Problem ungleichen politischen Einflusses via Wahlen weniger als in Ländern mit strukturell niedriger Wahlbeteiligung. Entsprechend könnte die Einführung einer Wahlpflicht auch keinen Nutzen stiften. Selbst wenn ein solcher Bedarf ausgemacht wird, kann nicht vorausgesetzt werden, dass sich die demokratierelevanten Leistungen neuer politischer Institutionen immer mit den bestehenden ›addieren‹, sprich dass sie sich problemlos *einpassen*. Sie können sich ergänzen, aber sie können auch relevante negative Konsequenzen zeitigen, also die Funktionsfähigkeit anderer demokratierelevanter Institutionen beschädigen oder untergraben. Angemessen bearbeitet wird dieses Problem nur dann, wenn die umfassende Demokratieperformanz eines politischen Systems mit und ohne den veränderten Bereich vergleichend abgeschätzt wird.

(b) Bisher ist angenommen worden, dass Klarheit darüber besteht, welches die umfassende politische Ordnung ist und damit eben auch, welches der relevante Anwendungskontext sein soll. Genau das ist aber nicht immer der Fall. Nehmen wir das Beispiel der EU. Häufig wird argumentiert, dass eine Bewertung der demokratischen Qualität schwierig sei, weil es ein System eigener Art (sui generis) sei. Das stellt die Demokratieforschung aber eigentlich nicht vor große Herausforderungen. Sie müsste sich dafür nur von der Fixierung auf die spezifischen demokratierelevanten Institutionen des Nationalstaats lösen und untersuchen, ob und in welchem Maße normative Demokratieprinzipien in den politischen Institutionen der EU realisiert werden. Das Hauptproblem liegt dann darin, dass das ideale Gesamtmodell, also die Finalitätsfrage, umstritten ist. Je nachdem, ob die EU nur eine internationale Organisation sein soll, ein föderaler Staat oder irgendeine institutionelle Figuration zwischen diesen Extremen, stellt sich die Frage nach der demokratischen Qualität zum Teil erheblich anders dar.

Nur die Option ›föderaler Staat‹, der die politischen Systeme der Nationalstaaten weitgehend ersetzt, vor allem aber normative Suprematie genießt, kann so analysiert werden, wie die vergleichende Demokratieforschung sonst auch vorgeht. Gerade weil die EU nun aber kein Staat ist, fehlt den meisten empirischen Diagnosen eine überzeugende argumentative Stütze. Der Frage, wie mit der unklaren Entität EU umgegangen werden sollte, wende ich mich im nächsten Abschnitt zu.

Im Hinblick auf eine im Wesentlichen staatlich institutionalisierte Demokratie lassen sich bestimmte normative Standards in Anschlag bringen (etwa Souveränität), die im Falle der EU offensichtlich problematisch wären (so z.B. Goodhart 2007). Auch wenn Souveränität im Zusammenhang mit liberalen Demokratien immer ein problematisches vormodernes Element innewohnt, sollte das Kernanliegen Goodharts unstrittig sein. Weder die normativen Standards noch die hauptsächlichen Institutionalisierungsformen dürfen mit dem Nationalstaat ›verwachsen‹ sein.

3.3 Das ›Gebilde‹ der EU in der Demokratieforschung

Oben ist argumentiert worden, dass die wichtigeren supranationalen Entscheidungsprozesse der EU demokratisch getroffen werden soll und die ›No-Demos-These‹ nicht zwingend gegen eine Demokratisierbarkeit der EU ins Feld geführt werden kann. Dass die ›No-Demos-These‹ richtig sein könnte und die EU möglicherweise trotzdem demokratisierbar ist (ohne instabil zu werden), hängt damit zusammen, dass die EU nicht komplett den Nationalstaaten entrückt ist und ihnen quasi als neuer Konkurrenz-Staat gegenübertritt, sondern mit ihnen in einem ›politischen Mehrebenensystem‹ verwoben bleibt.

Darin besteht nun aber genau das grundlegende praktische Problem einer demokratietheoretischen Bewertung der EU: ... denn wir wissen nicht, was die EU ist.

Dieses Motiv ist vielfach gewendet worden und hat viele ›Lösungen‹ gefunden: Demnach könnte die EU eine *Konföderation* sein, also eine Organisation korporativer Körperschaften und nicht ein Staat deren Einzelteile individuelle Bürger wären (Majone 2005: 25). Sie könnte einer anderen Diagnose zufolge auch ein *Sektoralstaat* (McCormick 2007) sein, wonach die EU in unterschiedlichen Politikfeldern unterschiedlich stark institutionalisiert sei. Dieser Zustand werde sich intensivieren, ohne dass generelle Trends zu alle Mitgliedstaaten umfassenden europäischen Politikinhalten, mit sektorübergreifenden politischen ›Paradigmen‹ ausgemacht werden könnten und ohne über die Sektoren hinweg operierende querschnittig aktiven ›Staatsorganen‹. Vivian Schmidts (2006: Kap. 1) *Regionalstaat* ist in weiten Teilen ein diagnostisches Gegenprogramm zum Sektoralstaat.

Diese Liste lässt sich beinahe beliebig verlängern: Heterarchie (Neyer 2004), Demoi-kratie (z.B. Bohman 2007; Nicolaidis 2004), Mehrebenen-

Governance, Föderalismus usw. Die meisten dieser Diagnosen sind nicht entweder eindeutig normativ (Das soll die EU sein) oder empirisch (Das ist die EU oder so wird sie sein) zu verstehen, sondern kombinieren beide Motive. Ich erspare dem Leser hier eine eigene Kreation und selbst die Bezeugung meiner Wertschätzung des einen oder anderen Vorschlags. Stattdessen sollen nur einige negative Eingrenzungen in Abarbeitung an den extremen Polen dieser Gesamtverortungen entwickelt werden:

1. Die EU ist heute mehr als die von Majone normativ favorisierte Konföderation. Erstens können sich die EU-Bürger in vielen Konflikten direkt an den EuGH wenden, der dann letztinstanzliche, bindende Entscheidungen fällen kann. Damit ist die EU heute deutlich mehr als eine reine Organisation korporativer Körperschaften. Zweitens sind seit der Einheitlichen Europäischen Akte (EEA) weite Teile der legislativen Funktion formal dem Zustimmungszwang aller Mitgliedstaaten entzogen, was die Überzeugungskraft der Ketten-Legitimität über die Nationalstaaten brüchig werden lässt. Und drittens regiert die EU heute in vielen Politikfeldern mit Vorschriften, die keineswegs eindeutig gut oder effizient sind, sondern die bei genauer Betrachtung politisch tief umstritten sind.

2. Die Vorstellungen Scharpfs oder des Bundesverfassungsgerichts (BVerfG), die letztlich ebenfalls auf einen weitgehenden Vorrang nationaler Anliegen gegenüber europäischen Regelungen beharren, sind normativ zumindest für den Bereich der ersten Säule der EU nicht überzeugend. Auch wenn unstrittig ist, dass auf europäischer Ebene durchaus harte Entscheidungen getroffen werden, ist nicht zu sehen, dass daraus tatsächlich empirische Legitimitätsdefizite erwachsen und es ist genauso wenig klar, dass die Autonomieschonungsstrategie nicht ähnliche negative Effekte auf die empirische Legitimität erzeugen könnte – nur möglicherweise jeweils in anderen Ländern. Wenn etwa die Einführung der Europäischen Zentralbank (EZB) aus deutscher Perspektive zumindest theoretisch als ein Verlust an nationalem Gestaltungsspielraum erscheinen mag, dann macht eine Europäisierung dieser Kompetenzen aus Sicht der allermeisten anderen Mitgliedstaaten trotzdem Sinn, weil Deutschland so nicht mehr in der Lage ist, in Konfliktfällen nationale Interessen über die aggregierten europäischen Interessen zu stellen. In aller Kürze ist der Punkt: Suboptimale nationalstaatliche Sonderwege lassen sich für die Bereiche, in denen der europäische Integrationsprozess (Verteilungs-)Konflikte erst erzeugt hat, bestenfalls in Ausnahmefällen rechtfertigen. Normativ gesehen ergeben sich aus dem bewussten europäischen Integrationsprozess auch Folgeverpflich-

tungen. Auf mittlere Sicht sollten Fragen der Positivintegration weitgehend demokratisch jenseits dominanter nationalstaatlicher Arenen entschieden werden. Dabei sollte ›demokratisch‹ nicht zuvörderst mit der Geltung der Mehrheitsregel verknüpft werden, sondern damit, dass konkurrierende Policy-Optionen auf die politische Agenda gebracht und öffentlich diskutiert werden und anschließend in mehrheitlich zustimmungsfähigen Prozeduren entschieden werden können.[20] Im nächsten Abschnitt wird ein prinzipienzentrierter Vorschlag für ein europäisches Demokratiekonzept unterbreitet, in denen es vor allem darum geht, ›Demokratie‹ näher zu bestimmen.

3. Auf der anderen Seite gibt es ebenfalls gute empirische und normative Gründe, die EU kurz- und mittelfristig nicht unter der Kategorie ›Föderalismus‹ abzubuchen. Empirisch hat die EU bestenfalls einige Teilbereiche eines umfassenden politischen Systems supranationalisiert und selbst dort weist das Gros der Entscheidungsverfahren und die Implementationsprozeduren sowieso eine starke Mitgliedstaatslastigkeit auf. Das ist empirisch auch weitgehend unstrittig.[21] Genau durch diese ›Schwäche‹ der EU kommen aber auch die bekannten empirischen Kritiken an der Demokratiefähigkeit der EU nicht zum Tragen (siehe Kapitel 2). Eine Föderalisierung der EU würde hier aller Wahrscheinlichkeit nach vor allem Probleme erzeugen (so auch Hix 2008: 181).

4 Ein normativer Demokratiebegriff für die EU

Zur Messung demokratischer Performanz in der EU schlage ich folgenden *normativen Demokratiebegriff* vor: Demokratisch ist eine Herrschaftsordnung, wenn ihre wesentlichen Entscheidungen öffentlich hervorgebracht werden und ein beliebiger Mechanismus den Inhalt der Entscheidungen egalitär und effektiv an die Mitglieder dieser Ordnung zurück bindet. In diesem

---

20 Wir können uns ziemlich sicher sein, dass eine breite Mehrheit in der europäischen Bürgerschaft in einer fiktiven verfassungsgebenden Versammlung nicht für die allgemeine Anwendung der Mehrheitsregel stimmen würde. Entsprechend ist es höchst zweifelhaft, ob das gleichheitsmaximierende Institut der Mehrheitsregel tatsächlich die einzige oder beste demokratische Lösung für die EU ist.
21 Zu den empirischen Unterschieden, siehe Scharpf (2007).

Kapitel wird es allein darum gehen, diesen Vorschlag zu erläutern und gegen mögliche Einwände zu verteidigen.

In Kapitel 3 wurde für einen im Hinblick auf nicht entscheidbare normative Bewertungsunterschiede offenen Demokratiebegriff, der also nicht ein spezifisches, umstrittenes Demokratieverständnis willkürlich fixiert, für eine auf die spezifischen Rahmenbedingungen der EU normative Konzeptualisierung und für einen an normativen Prinzipien und nicht an spezifischen Institutionalisierungsformen ansetzenden Demokratiebegriff argumentiert. Die wichtigste Spezifizität besteht darin, so ist oben argumentiert worden (3.2.1), dass es im Rahmen der EU gute Gründe gibt, sich an einem prozeduralen Demokratieverständnis zu orientieren.[22] Dem Problem der variablen institutionellen Realisierungsoptionen wird damit Rechnung getragen, dass drei normative Prinzipien den normativen Kern des Demokratiebegriffs bilden, die nicht an spezifische Institutionen gebunden sind. Die eigentliche Schwierigkeit besteht aber darin, klarzumachen warum genau die drei normativen Prinzipien zusammen einen angemessenen Demokratiebegriff für die EU aufspannen und in welcher Hinsicht genau diese drei normativen Prinzipien für konkurrierende Interpretationen des Demokratiebegriffs offen sein sollen. Ich werde zunächst in der Erläuterung des Vorschlags die Offenheit des Begriffs bestimmen und erst anschließend mögliche Kritiken und Alternativen erwägen.

Eine Herrschaftsordnung besteht immer dann, wenn kollektiv verbindliche Entscheidungen für Mitglieder in nicht-freiwilligen Assoziationen getroffen und durchgesetzt werden (können). Es ist umstritten, ob in einer Demokratie alle Entscheidungen demokratisch getroffen werden müssen oder nicht. Unstrittig sollte aber sein, dass zumindest alle »wesentlichen Verfassungsinhalte« (Rawls) demokratisch bestimmt werden sollen. Dazu zählen sowohl Entscheidungen über Entscheidungsregeln und -verfahren sowie (häufig verfassungsmäßig verankerte) substantielle (Grund-)Rechte als auch diese betreffende Einzelentscheidungen. In obiger Definition sind nun drei normative *Prinzipien* benannt worden, die entsprechende Entscheidungen und Ordnungen zu demokratischen machen. Diese normativen Prinzipien sollen nun präzisiert werden.

---

22 Das deckt sich zwar mit dem Mainstream der empirischen Demokratieforschung und auch mit prominenten normativen Konzeptionen. Tatsächlich ist eine solche enge Konzentration auf prozedurale Prinzipien im Nationalstaaten aber kaum zu rechtfertigen (Hüller 2005: Kap. 3).

Politische Gleichheit: Spiegeln politische Entscheidungen nur die Präferenzen und Ansprüche einzelner oder weniger Mitglieder einer Gesellschaft wider, handelt es sich nicht um eine Demokratie. Stattdessen geht es idealer Weise in einer Demokratie darum, die Präferenzen und Ansprüche aller Bürger (oder Betroffenen) nach einem anspruchsvollen Gleichheitskriterium zu berücksichtigen. In einer ›aggregativen‹ Demokratie kommt jedem Bürger eine gleichgewichtige Stimme zu und in einer deliberativen Demokratie sollen gleich gute Argumente unabhängig von ihrer Herkunft gleiche Berücksichtigung finden (siehe hierzu Christiano 1996a). Zur Bestimmung des Maßes an Gleichheit sind zwei Abschätzungen zentral: die Gleichheit der politischen Beteiligung auf den unterschiedlichen Stufen eines politischen Prozesses und die Gleichheit des Einflusses auf das Ergebnis (siehe Dahl 1989: Kap. 8).

Grob lassen sich drei anspruchsvolle Varianten politischer Beteiligungsgleichheit unterscheiden: Wenn alle Mitglieder innerhalb einer Gruppe sich tatsächlich an einem Entscheidungsfindungsprozess beteiligen, besteht in dieser Gruppe eine ideale partizipative Gleichheit. Wenn alle Mitglieder das Recht und die Möglichkeit haben, sich zu beteiligen und sich tatsächlich eine unter sozialstratifikatorischen Gesichtspunkten unauffällige Teilgruppe der Mitglieder beteiligt, besteht eine ideale oder faktische politische Chancengleichheit.[23] Sobald es in politischen Verfahren um die direkte Beteiligung von Bürgern geht, sollte untersucht werden, ob eine Chancen- oder eine partizipative Gleichheit annäherungsweise realisiert wird oder nicht. Eine ideale repräsentativ-egalitäre Beteiligung findet statt, wenn sämtliche sozialen Merkmale einer Gruppe sich in gleicher Stärke in einem repräsentativen Sample wiederfinden (soziale Repräsentation) oder wenn sämtliche relevanten Ansprüche Eingang und Aufmerksamkeit in ein Verfahren erhalten (sachliche Repräsentation) (siehe Hüller 2005: Kap. 5).

---

23 Das klingt komplizierter als es ist. Die Ausgangssituation ist, dass von allen Teilnahmeberechtigten nur eine Teilgruppe tatsächlich partizipiert. Damit nicht nur von formaler sondern von faktischer Chancengleichheit gesprochen werden kann, sollten zwei Prüfverfahren angewandt werden. Das erste fragt danach, ob sich die Gruppe der Beteiligten von der Grundgesamtheit entlang Einkommen, Alter, Geschlecht, Bildung und Herkunft signifikant unterscheidet. Sollte dies der Fall sein, muss in einem zweiten Schritt geklärt werden, ob diese Unterschiede unproblematisch sind oder nicht. Wenn bei einer allgemeinen Wahl solche Unterschiede durchschlagen, dann ist das problematisch, weil – formal gesagt – der Medianbürger anders entschieden hätte, als der Medianwähler entschieden hat. Wenn dagegen beispielsweise bei einer Volksabstimmung über das Recht auf Schwangerschaftsabbrüche überwiegend Frauen abstimmen würden, ließe sich das durchaus ohne Verletzung der Gleichheitsnorm erklären.

Die egalitäre Berücksichtigung im Entscheidungsakt würde je nach normativer Konzeption danach fragen, ob sich politische Entscheidungen mit der Position des Medianwählers decken (aggregative Demokratie), ob mit ihren subjektiv aufgeklärten Willen (rationale Demokratie) oder ob die Ergebnisse reziprok-verallgemeinerungsfähig sind (deliberative Demokratie). Auch die Vorstellungen einer ›Demoi-kratie‹ rekurrieren noch auf ein normatives Gleichheitsideal. Nur dass – am Beispiel eines aggregativen Verständnisses – das Ziel nicht darin bestünde, dem europäischen Medianwähler entsprechend zu handeln, sondern dem Willen der je nationalen Medianwähler zu folgen (siehe schon Abromeit 1998; 1999). Eine deliberative Variante der ›Demoi-kratie‹, die soweit ich sehe bisher so noch nicht formuliert wurde, würde Argumenten, die einen je nationalen (Mehrheits-)Willlen spiegeln, in europäischen Beratungsprozessen ein besonderes Gewicht beimessen. So wie auf Grundfreiheiten und Basisabsicherungen bezogene Ansprüche in nationalen Zusammenhängen höheres Gewicht beigemessen werden sollte (siehe etwa Dworkin 1984; Gutmann/Thompson 1996), könnte analog im Hinblick auf bestimmte nationale Ansprüche im Rahmen europäischer Beratungen Rücksicht zu nehmen sein.[24]

Wirksamer Bindungsmechanismus: Autorisierung, Kontrolle, Verantwortlichkeit, Responsivität oder Rechenschaft(-spflicht) sind Begriffe in normativen Demokratiekonzeptionen, die darauf zielen, politische Entscheidungen und/oder das Handeln der Entscheidungsträger an den ›Willen des Volkes‹ zu binden.[25] Eine solche Bindung kann prospektiv durch eine Delegation von Entscheidungsmacht erfolgen, retrospektiv in der Kontrolle gefällter Entscheidungen bestehen, und sie kann in Akten tatsächlicher kollektiver Selbstgesetzgebung aufgehoben sein. Je nach normativem Ideal sind nicht alle drei Mechanismen gleichermaßen geeignet, die jeweils gewünschte Bindung zu erzeugen.[26] Entscheidend ist, dass im Entschei-

---

24 Eine solche Demoi-kratie scheint in der politischen Kultur politischer Beratungsprozesse in der EU tief verankert zu sein. Sie hat freilich auch eine Reihe formal-institutioneller Bezugspunkte.
25 Zu unterschiedlichen Dimensionen und Operationalisierungsversuchen des ›Kontroll‹-Begriffs in der Demokratietheorie, siehe Lauth (2000).
26 Ein aggregatives Willensbildungsideal betont in der Regel die prospektive Autorisierung durch exogene Präferenzen in Wahlen. Sie kann aber auch durch faktische Responsivität politischer Entscheidungsträger sowie durch eine spätere Korrektur durch den Demos (sei es durch Abwahl oder entsprechende Referenden) realisiert werden. In einer deliberativen Konzeption geht es hingegen stärker um eine Responsivität gegenüber allen relevanten Ansprüchen und Gründen. Entsprechend stehen hier zumeist die Beratungspro-

dungssystem eine wirksame Bindung an die Ansprüche der Bürgerschaft besteht. Gibt es einen solchen Mechanismus nicht, handelt es sich bei dem Herrschaftssystem schlicht nicht um eine Demokratie.

Publizität: Damit es einen wirksamen Bindungsmechanismus geben kann, müssen die Mitglieder wissen, was ›die da oben‹ entscheiden. Dafür bedarf es zumindest der *Transparenz* politischer Entscheidungen, das heißt die Bürger müssen die Chance haben, sich ohne großen Aufwand über die Inhalte politischer Entscheidungen zu informieren. Darüber hinaus müssen die wesentlichen Verfassungsinhalte sowie Gegenstände und Positionen in den wichtigsten politischen Entscheidungen auch tatsächlich allgemein bekannt sein (*Publizität*).[27]

Diese drei Prinzipien haben normativ nicht den gleichen Rang. Politische Gleichheit ist das zentrale normative Demokratieprinzip. Publizität und Rechenschaftspflicht sind zumindest in dieser Konstruktion quasi Hilfsprinzipien. Sie hängen nicht zwingend am Demokratiebegriff. Aber in modernen Gesellschaften, bei denen die Bürger die wenigsten Fragen selbst entscheiden (können), sind sie unerlässliche Hilfsprinzipien.

Diese Liste kann nun mit ganz unterschiedlichen Einwänden konfrontiert werden. Sie könnte zu kurz, zu lang, falsch besetzt oder zu unspezifisch sein. Der letzten dieser Möglichkeiten wird im folgenden Kapitel 5 begegnet. Zu kurz wäre die Liste, wenn ich mit Blick auf den Untersuchungsgegenstand ein Ergebnis erhalte, welches sich bei der Verwendung weiterer demokratierelevanter Prinzipien signifikant anders darstellen würde. Oben ist bereits konzediert worden, dass es zwei weitere demokratierelevante Prinzipien geben mag, die sich auf allgemeine politische Freiheitsrechte und gesellschaftliche Demokratieermöglichungsbedingungen beziehen. Rechte gehen hier nur in die Untersuchung ein, soweit sie sich direkt auf die Untersuchungsgegenstände beziehen (also als Beteiligungsrechte, Transparenznormen etc.) und die gesellschaftlichen Bedingungen finden indirekt Eingang, weil nicht nur die formale Gewährleistung von Rechten zu untersuchen ist, sondern auch die politische Praxis. Entsprechend können wir am Ergebnis (der politischen Beteiligung) solche Mängel indirekt, aber zuverlässig ablesen. Entsprechend ist ein zusätzlicher normativer Standard überflüssig.

---

zesse im Mittelpunkt. Aber auch dies ist keineswegs exklusiv zu verstehen (siehe Gutmann/Thompson 1996: Kap. 4).

27 Zu der Unterscheidung von Transparenz und Publizität und deren Relevanz für unterschiedliche Demokratiekonzeptionen, siehe Hüller (2007b).

Gelegentlich wird Inklusion als zusätzlicher normativer Standard neben politischer Gleichheit gefordert (Dahl 1989; Young 2000). Dabei geht es dann in den meisten Interpretationen um die Frage, wer zum Demos gehört und wer aufgrund von Alter, Herkunft etc. nicht zum Demos gehören soll. Dabei ist heute ein expansives Verständnis weitgehend unstrittig. Je mehr eine Gesellschaft oder Betroffene die entsprechenden Bürgerrechte zugeschrieben werden, desto inklusiver ist eine politische Ordnung. Hier wird nun aber angenommen, dass die Gehalte dieses Standards in den drei oben entwickelten Prinzipien aufgehen und wir nichts Zusätzliches durch die Einführung eines Prinzips der Inklusion gewinnen und zudem leicht eine größere Nähe zu partizipativen Demokratiemodellen suggeriert würde, die unangemessen wäre.

Zu lang wäre die Liste, wenn mindestens eines der Prinzipien verzichtbar oder gar unangemessen wäre. Die präzise Frage lautet dann: Kann eine demokratische Ordnung als gewährleistet gelten, wenn wesentliche Verfassungsinhalte nicht unter Beachtung aller drei Prinzipien hervorgebracht worden sind? Tatsächlich wird von einigen Autoren ein schmaleres Demokratieverständnis erwogen. So wird gelegentlich auf die Untersuchung einer egalitären Praxis verzichtet und exklusiv auf formale Bestimmungen rekurriert (Abromeit), Publizität als eigenständiges Prinzip ausgeblendet (Weale 1989) oder in elitären Ansätzen das Prinzip der Rechenschaftspflicht bis zur Unkenntlichkeit verdünnt[28]. Hier wird gegen diese Vorstellungen nur argumentiert, dass unter sonst gleichen Bedingungen eine egalitäre politische Praxis signifikant demokratischer ist als eine ungleiche und transparentere/öffentlichere Politikprozesse demokratischer sind als weniger transparente und eine politische Ordnung mit wirksameren Bindungsmechanismen demokratischer ist als eine mit weniger wirksamen.

Und falsch besetzt wäre die Prinzipienliste etwa, wenn dort wo für offene Standards plädiert wird, eindeutige Festlegungen im Hinblick auf ein spezifisches Verständnis von politischer Gleichheit, von Publizität/Trans-

---

28 Das ließe sich am Beispiel Schumpeters (1942/1980: Kap. 21 und 22) zeigen. Zwar ist der Akt der Wahl in Schumpeters Demokratiedefinition zentral. Aber die Vorstellung, dass sich darin ein bewusster Bindungsakt vollzieht beziehungsweise vollziehen sollte, hält Schumpeter für absurd. Das Volk und die politische Elite erscheinen wie bei Weber oder Michels als zwei unterschiedliche Klassen, wobei erstere gar nicht in der Lage seien, die Politik angemessenen zu durchschauen und dann entsprechend ›vernünftig‹ zu handeln. Letztlich könne man Schumpeter folgend nur hoffen, dass sich eine politische Elite quasi abgehoben vom Volk reproduziert und in Wahlen darüber entschieden wird, welcher Teil dieser Elite regieren darf (Schumpeter 1942/1980: insb. 407ff., 460ff.).

parenz sowie Rechenschaftspflicht angezeigt wären oder andersherum dort wo spezifische Verständnisse vorgeschlagen werden, offenere Standards angelegt werden müssten. In manchen Fällen besteht zwar theoretischer Klärungsbedarf hinsichtlich der tatsächlich zu erwarteten demokratierelevanten Leistungen verschiedener Standards (Transparenz/Publizität oder symbolische und materielle Verständnisse von Rechenschaftspflicht). Aber eine solche Offenheit ist insofern unstrittig, als sie eher komplementäre Ergebnisse zu einer Frage zulässt. Das ist nicht immer so. In mindestens drei Fällen können die unterschiedlichen Verständnisse durchaus konkurrierend interpretiert werden: Wir haben zwar aggregative und deliberative Elemente in fast allen Demokratiekonzeptionen, aber als normative Ideale politischer Willensbildung sind sie nicht komplementär. Auch wenn ich sehe, dass gerade im Hinblick auf die EU viele Gründe für ein deliberatives Ideal sprechen, liegen hierfür keine schlagenden Gründe auf der Hand und wie oben bereits gezeigt, teilt sich die europäische Demokratieforschung in dieser Frage in zwei Lager (siehe 3.1).

Auf dem Partizipation-Repräsentation-Kontinuum sind oben drei egalitäre Verständnisse, die ebenfalls nicht vollständig spannungsfrei wären, ausgezeichnet worden. Auch hier könnte man geneigt sein, ein partizipatives oder ein repräsentatives Ideal als generell vorzugswürdig auszeichnen zu wollen. Das wird gelegentlich auch gemacht, ist aber sachlich nicht angemessen. In komplexen Gesellschaften muss es immer ein Zusammenspiel von Elementen direkter Bürgerbeteiligung und stärker repräsentativen beziehungsweise nicht-direkten Elementen geben. Nur wenn signifikante Bürgerbeteiligung vorhanden in einem politischen System ist, kann die plausible Erwartung bestehen, dass die Herrschaft im Interesse des Volkes ausgeübt wird (siehe Dahl 1989: Kap. 9). Auf der anderen Seite erzeugt jeder Beteiligungsakt für die Beteiligten auch Kosten. Über bestimmte Grenzen hinaus, ist niemand in der Lage, sich sinnvoll zu beteiligen und diese Grenzen liegen weit diesseits der Gesamtheit entscheidungsrelevanter politischer Materien. Und mit (quantitativ und qualitativ) zunehmenden Beteiligungsmöglichkeiten steigt zugleich die Ungleichheit tatsächlicher Beteiligung, so dass emphatische Demokratievorstellungen ein systematisches Ungleichheitsproblem erzeugen, dass in weniger anspruchsvollen demokratischen Verfahren nicht bestehen muss. Darüber hinaus können hohe Beteiligungserwartungen individuell auch als ungebührliche Zumutungen für die persönliche Lebensführung empfunden werden. Das läuft auf einen Trade-off zwischen Freiheit und Gleichheit hinaus.

Eine exklusive Institutionalisierungsform politischer Gleichheit würde suggerieren, dass es im Hinblick auf die Trade-offs eine bevorzugte Lösung geben würde, die wir im Vorfeld der empirischen Untersuchung fixieren könnten. Diese gibt es aber nicht. Tatsächlich können wir nur in einer offenen Analyse feststellen, wie viel partizipatorische und repräsentative Verfahren zur Realisierung egalitärer Politik beitragen. Das wiederum geht nur, wenn wir zuvor das Messinstrumentarium nicht so entwickeln, dass diese unterschiedlichen Möglichkeiten gar nicht erst ins Blickfeld gelangen.

Eine dritte, aber unberechtigte Kritik, dürfte der offene Umgang mit der Demoi-kratie-Vorstellung in der Ausgestaltung des Prinzips politischer Gleichheit sein. Die Implikationen sind in der Tat beträchtlich. Sie besagt nicht weniger als, dass sowohl die einfache Mehrheitsregel als auch stärker auf nationale Mehrheiten ausgerichtete Entscheidungsverfahren, wie sie etwas von Abromeit vertreten werden, angemessene Abstimmungsregeln in der EU sein können.

Wie kann, so lässt sich fragen, politische Gleichheit realisiert sein, wenn etwa ungleiche Stimmengewichte der europäischen Bürgerinnen und Bürger bei EP-Wahlen legitimiert werden. Für das BVerfG besteht, wie zuletzt noch einmal im Urteil zum Lissabon-Vertrag dargelegt, genau darin eines der Hauptdemokratiedefizite der EU. Es wird in dieser Position von einer Vielzahl an Demokratiekonzeptionen, die einen engen Zusammenhang zwischen politischer Gleichheit und der Anwendung der absoluten Mehrheitsregel plausibel machen können, unterstützt (Dahl 1989; McGann 2006).

Die Überlegungen zu einer Demoi-kratie stellen nicht nur diesen unmittelbaren Zusammenhang in Frage, sondern plädieren in der Regel offen für andere institutionelle Lösungen. Wie ist das mit dem Prinzip politischer Gleichheit zuvereinbaren? Wenn eine Assoziation mehrheitlich oder freiwillig (einstimmig) beschließt, andere Entscheidungsverfahren als die Mehrheitsregel anzuwenden und wenn dieser Entschluss durch mehrheitliche Entscheidung oder durch das Wahrnehmen einer Exit-Option revidiert werden kann, dann ist aus der Sicht politischer Gleichheit nichts gegen andere Entscheidungsprozeduren einzuwenden. Nur über eine egalitätskonforme Rahmung können ungleiche Entscheidungsprozeduren mit dem Prinzip politischer Gleichheit in Einklang gebracht werden. Es gibt prinzipiell zwei (und nur zwei) theoretische Wege für eine solche egalitäre Rahmung: die Bestimmung der Präferenz des Medianbürgers über die die Anwendung der absoluten Mehrheitsregel oder durch Einstimmigkeit bei individuellen Exit-Optionen.

Der vorgeschlagene Demokratiebegriff ist *offen* für unterschiedliche Willensbildungsideale und Partizipationsverständnisse: Es wird erstens nicht entlang der ersten Spalte im Schaubild 2 (siehe 3.1) entschieden, in welchem Maße die Präferenzen der Bürger aufgeklärt, gereinigt oder sogar erst im politischen Prozess entdeckt werden sollen. Zweitens wird nicht theoretisch festgelegt, wo eine solche Ordnung zwischen den Polen einer vollständig partizipativen und einer vollständig repräsentativen Herrschaftsordnung genau zu verorten ist. Der normative Standard politischer Gleichheit lässt sich stärker aggregativ oder stärker deliberativ interpretieren und je nachdem auch institutionell modifiziert anwenden. Diese Offenheit wird freilich durch eine in Teilen aufwendigere empirische Abschätzung erkauft. In dem Maße wie auf diese Offenheit verzichtet werden soll, muss das oben diskutierte Rechtfertigungsproblem (siehe 3.1) noch eindeutiger – und zwar jenseits von Willkür – gelöst werden.

Der normative Demokratiebegriff ist zudem prinzipien- und nicht institutionenzentriert. Zwar mussten auch die normativen Prinzipien ein Stück weit an den europäischen Anwendungszusammenhang angepasst werden, da bestimmte normative Prinzipien eng mit einer nationalstaatlichen Demokratievorstellung verknüpft wären (Goodhart 2007). Wenn man aber diese vergleichsweise unproblematischen Anpassungen vorgenommen hat, eröffnet sich ein Bewertungsrahmen, der im Prinzip auf unterschiedlichste Institutionalisierungsformen angewandt werden kann und dabei keinen Bias zugunsten der aus dem Nationalstaat bekannten Instrumente beinhaltet.

Es wäre offensichtlich ein Fehler, diesen Demokratiebegriff als ›minimalistisch‹ zu etikettieren, auch wenn er sicher keine umfassende oder hinreichende Bestimmung darstellt. Er ist *eng*, weil er sich auf den Kern demokratischer Prozeduren konzentriert, aber er ist zugleich auch normativ anspruchsvoll, weil er als *regulative Idee* präsentiert wird. Publizität, politische Gleichheit sowie Rechenschaftspflicht beziehungsweise Verantwortlichkeit sind Prinzipien, denen wirkliche politische Ordnungen mehr oder weniger entsprechen können, ohne dabei in der Lage zu sein, sie vollständig zu realisieren. Ein solcher idealer Demokratiebegriff ist nun gerade dafür geeignet, *graduelle* Veränderungen und Unterschiede in der demokratischen Performanz zu messen, wie es allgemein im Fall des europäischen

Mehrebenensystems angezeigt ist und wie es vor allem im Hinblick auf die spezifische Fragestellung in Teil III angemessen ist (siehe 3.2.1).

5 Zur Anwendung des normativen Demokratiebegriffs: Operationalisierungsprobleme und -strategien

Im letzten Abschnitt ist ein Vorschlag für einen engen normativen Demokratiebegriff entwickelt worden, mit dem die Erwartung verbunden wird, dass die Messung der drei damit verbundenen normativen Prinzipien politische Gleichheit, Publizität und Rechenschaftspflicht ein angemessener Weg ist, um Veränderungen demokratischer Performanz in der EU zu bewerten. Bevor in diesem Kapitel allgemeine Überlegungen zur Operationalisierung dieses Demokratiebegriffs angestellt werden können, ist eine Qualifizierung angezeigt. Wir können Demokratie in einem weiten Verständnis analysieren. Dann wäre der Begriff gleichbedeutend mit demokratischer politischer Ordnung und würde über die Legislativfunktion hinaus auch die administrativen und judikativen Institutionen in den Blick nehmen. Hier wird ein weniger weites Verständnis von Demokratie zugrunde gelegt, bei dem nur die eigenständigen demokratierelevanten Funktionen dieser Gewalten berücksichtigt werden. Was heißt in diesem Zusammenhang ›eigenständige demokratierelevante Funktionen‹? Nicht gemeint sind damit alle Legislativfunktionen, die von Gerichten oder administrativen Körperschaften ausgefüllt werden. Wenn Gerichte oder Verwaltungsorganisationen faktisch neues Recht setzen, dann muss das – im Prinzip – bei der Vermessung der demokratischen Performanz eines Systems berücksichtigt werden. Wenn die Rechtsentwicklung in der EU tatsächlich in hohem Maße vom EuGH bestimmt wird, in der Abschätzung der demokratischen Performanz aber nur auf formal für Prozesse der Rechtsetzung zuständigen Organe geschaut würde, dann wäre das empirische Ergebnis schlicht verzerrt. Die Legislativfunktion wird hier so definiert, dass sie, unabhängig von den formalen rechtlichen Vorgaben, auf alle Zusammenhänge angewandt wird beziehungsweise. werden sollte, die tatsächlich eine aktive Rolle bei der Rechtsetzung spielen. Judikative und administrative Körperschaften haben aber primär andere Funktionen und mit denen sind auch andere normative Erfolgsbegriffe verbunden. Im Fall der Judikative wären dies beispielsweise ein adäquates Kohärenzmanagement, also salopp gesagt, die Aufgabe dafür zu sorgen, dass die vielen Gesetze auch zusammen Sinn ergeben und die Aufgabe, das bestehende Recht in verschiedenen Zusammenhängen angemessen anzuwenden. Es ist völlig klar, dass Probleme in diesen Bereichen die demokratische Qualität einer politischen Ordnung untergraben können: Wenn etwa demokratisch gesetztes Recht von einem Gericht nicht angemessen angewandt wird, dann kann damit auch der demokratisch gesetzte Wille des Volkes konterkariert werden. Insofern kommen Gerichten und Verwaltungsorganisationen eigenständige demokratierelevante Funktionen zu. Diese werden bei der Verwendung des hier vorgeschlagenen Demokratiebegriffs nicht ins Blickfeld gerückt, sondern allein die demokratische Qualität der Legislativfunktion. Insofern ist der hier verwandte Demokratiebegriff ein enger, der auf Rechtsetzungsprozesse zugeschnitten ist. Auch wenn die Rechtsetzungsprozesse im Hinblick auf die demokratische Qualität in mehrerlei Hinsicht vorrangig sind, lässt sich die Verwendung eines solchen engen Demokratiebegriffs letztlich nur pragmatisch rechtfertigen (Forschungsaufwand, konkreter Analysegegenstand).

In der empirischen Analyse (Teil III) werden nun ausschließlich Beratungsprozesse im Bereich der europäischen Rechtsetzung untersucht. Entsprechend wäre es für diesen Zusammenhang unangemessen, darüber hinausreichende Standards in Anschlag zu bringen.

Damit ergibt sich die spezifischere Frage, wie mithilfe des im letzten Kapitel entwickelten Demokratiebegriffs die Performanz demokratischer Rechtsetzung abgeschätzt werden kann?

Zunächst geht es darum, einen allgemeinen, über verschiedene Institutionalisierungsformen hinweg anwendbaren Kriterienkatalog zu entwickeln und einige Operationalisierungspfade anzulegen (5.1). Anschließend wird der Vorschlag im Vergleich mit alternativen Vorschlägen weiter verdeutlicht und einige Vorzüge dieses Ansatzes entwickelt (5.2).

5.1 Zur allgemeinen Operationalisierung: Demokratische Performanz politischer Rechtsetzung

Es geht hier darum, politische Beteiligungs- und Entscheidungsprozesse umfassend auf ihre demokratische Qualität hin zu bewerten. Dahl (1989: 108ff.) hat zu diesem Zweck politische Entscheidungsprozesse analytisch in drei Aspekte zerlegt: Agendakontrolle, Beratungsprozess (im weiten

Sinne) und Entscheidungsakt. Können Bürger oder ihre Repräsentanten ihre Themen und Ansprüche auf die politische Tagesordnung setzen, können sie diese in Beratungs- und Verhandlungsprozessen artikulieren und werden diese von anderer Seite rezipiert, diskutiert und finden bei der Ergebnisbestimmung eine egalitäre Berücksichtigung? Die Relevanz jeder dieser unterschiedlichen Aspekte ist in der Demokratietheorie kaum umstritten. Je mehr die drei normativen Prinzipien in diesem idealisierten Entscheidungsprozess realisiert sind, desto demokratischer ist dieser.

Mit Blick auf die jeweiligen Prozessaspekte kann zusätzlich entlang der normativen Prinzipien danach gefragt werden, ob und in welchem Maße sie (1) im politischen System formal ermöglicht oder sogar gewährleistet werden sowie ob und in welchem Maße sie in der wirksamen (informellen) Praxis und in den Routinen in der Kommission festzustellen sind. Hierbei geht es quasi um das Angebot an Beteiligungsmöglichkeiten. Ob dieses ›Angebot‹ zu demokratischer Beteiligung (2) tatsächlich genutzt wird, ist eine andere Frage. Wiederum ist es wünschenswert, beide Fragen in Blick zu nehmen (siehe schon Dahl 1971).

Durch die Kombination der drei normativen Prinzipien, mit den drei Aspekten politischer Entscheidungsprozesse und der Unterscheidung von formellen und informellen Demokratie-›Angeboten‹ von Systemseite und der tatsächlichen Nutzung beziehungsweise Nachfrage von der Demos-Seite, lassen sich insgesamt 18 allgemeine Demokratiekriterien benennen (siehe Schaubild 3).

Insgesamt müssten diesem Schema folgend theoretisch insgesamt neun beziehungsweise 18 Kriterien getrennt untersucht und bewertet werden. Die Kriterien selbst müssen gegebenenfalls entlang unterschiedlicher normativer Grundpositionen adjustiert werden. Das kann hier nur exemplarisch erläutert werden.

So bezieht sich Kriterium A auf die Frage, ob es gewährleistet ist, dass alle relevanten Themen und Ansprüche die effektive Chance haben, auf die politische Agenda gesetzt zu werden. Dabei wären dann zunächst (1) der formale Rechtsrahmen und die informelle Praxis auf Seiten des Zentrums des politischen Systems und getrennt davon (2) die entsprechende tatsächliche Agendabesetzungspraxis zu untersuchen. Das Kriterium B bezieht sich darauf, ob diese Prozesse öffentlich nachvollziehbar sind oder nicht. Das Kriterium C verweist darauf, ob sich die ›Agendakontrolleure‹ für ihre Besetzungspraxis verantworten müssen.

Schaubild 3: Kriterien demokratischer Performanz

		Verortung im idealisierten Politikprozess		
		Agenda-kontrolle	Beratung	Entscheidungs-akt
Demokratieprinzipien	Politische Gleichheit	A(1) (2)	D(1) (2)	G(1) (2)
	Publizität	B(1) (2)	E(1) (2)	H(1) (2)
	Verantwortlichkeit / Rechenschaftspflicht	C(1) (2)	F(1) (2)	I(1) (2)

Einige der Kriterien werden sich je nach normativer Demokratiekonzeption unterschiedlich darstellen, andere aber nicht. Die größten normativen Differenzen mit Blick auf die unterschiedlichen Willensbildungsideale betreffen die Kriterien D, E und G. Es macht im Hinblick auf E nämlich einen großen Unterschied, ob sich die Bürger jeweils bloß ihre Meinung zu einer Entscheidungsmaterie bilden sollen oder ob sie diese im Diskurs mit allen anderen verteidigen und gegebenenfalls adjustieren sollen. Im ersten Fall muss ich nur die Entscheidungsalternativen kennen und rational zwischen ihnen wählen. Ein übergreifender öffentlicher Diskurs ist dabei nicht unbedingt nötig (und das heißt im Fall der EU eben auch keine europäische Öffentlichkeit im Sinne transnationaler Diskurse). Im zweiten Fall wäre genau das anders (Hüller 2007b).

Im Hinblick auf D müssen die Kriterien variabel für unterschiedliche Typen von Teilnehmern (auf die entsprechende Instrumente zielen) bleiben: Wenn sich Bürger selbst beteiligen, können diese Instrumente entlang partizipativer Gleichheit und faktischer Chancengleichheit diskutiert werden. Zielen die Instrumente aber auf eine Einbindung zivilgesellschaftlicher Assoziationen, so wäre ein repräsentatives Gleichheitsverständnis zu prüfen (siehe die Ausführungen zu politischer Gleichheit in Kapitel 4).

Bei der Untersuchung einzelner praktischer Institutionen, wie den Konsultationsverfahren oder der europäischen Bürgerinitiative, müssen nicht unbedingt alle Kriterien angewendet werden. Einige Kriterien können im Hinblick auf solche Instrumente funktional überflüssig oder sinnlos sein, wie beispielsweise das Kriterium C im Falle von ›Bürgerinitiativen‹ wie sie der Vertrag von Lissabon (Artikel 11 (4)) vorsieht. Andere sind im Hinblick auf ihre demokratiespezifischen Funktionen auf bestimmte Aspekte des umfassenderen Katalogs an Demokratiekriterien beschränkt. Da andere Instrumente auf die Erfüllung anderer Kriterien beschränkt sein können, kann demokratische Performanz auch ›arbeitsteilig‹ (komplementär) über verschiedene Einbindungsinstrumente hinweg erzeugt werden. Die demokratische Performanz eines politischen Systems ergibt sich immer nur in einer Gesamtbetrachtung aller relevanten politischen Institutionen.

Es wird hier auf eine mathematische Operationalisierung der Kriterien und auf die Aggregation zu einem Gesamtdemokratiemaß verzichtet.[29] Beim Leser würde dabei leicht eine Eindeutigkeit suggeriert, die es nicht gibt. Wie wäre zum Beispiel das Gesamtdemokratiemaß aus den neun beziehungsweise 18 Kriterien zu ermitteln – als Summe gleichrangiger Einzelkriterien, als Summe gewichteter Kriterien oder etwa als Produkt gleichrangiger oder gewichteter Kriterien? Tentativ würde ich eher für eine gewichtete Addition innerhalb der drei Aspekte des Entscheidungsprozesses plädieren und das Gesamtmaß eher als Produkt dieser drei Summen berechnen, also: $(A+B+C)*(D+E+F)*(G+H+I)$ = Gesamtdemokratiemaß.[30] Aber die demokratische Wirklichkeit ist sehr viel komplizierter, als dass sie sich mit den Mitteln der einfachen Mathematik erschließen ließe.

Veränderungen durch institutionelle Innovationen, um deren Bewertung es hier geht, können dann mit Blick auf die unterschiedlichen Kriterien mehr oder weniger positiv oder negativ ausfallen. Eine *Demokratisierung* findet eindeutig statt, wenn über die Zeit hinweg einer oder mehrere der normativen Kriterien in signifikant höherem Maße realisiert und keiner in geringerem Maße wird beziehungsweise werden. Jede signifikante Veränderung, die also pareto-superior ist, zeigt eine Demokratisierung an.

---

29 Die Mehrzahl der Ansätze zur Demokratiemessung nutzt quantitative Methoden. Einen Überblick über qualitative Ansätze findet sich bei Lauth (2004: 280ff.). Welcher Ansatz fruchtbarer ist, muss sich letztlich am Untersuchungsgegenstand erweisen.

30 Die entscheidende Frage ist, ob gänzlich nicht erfüllte Kriterien durch andere substituiert werden können oder nicht. Das ist innerhalb der Prozessaspekte (also zum Beispiel A-C) denkbar. So kann es sein, dass nach der Gemeinschaftsmethode nur die Kommission das Recht hat, Themen auf die Agenda zu setzen. Entsprechend wäre A (1) nahe bei null. Wenn nun aber die internen Prozesse transparent sind und sich die Kommissionsmitglieder politisch verantworten müssen, wäre die demokratische Qualität der Agendakontrolle (unter sonst gleichen Umständen) besser. Stellt man sich nun den Extremfall vor, dass keines der drei Prinzipien auch nur in geringem Umfang realisiert ist, dann kann die demokratische Qualität auch nicht mehr durch eine spätere umfangreiche Beteiligung (D-F) hinreichend gesichert werden.

Generell ergeben sich daraus zwei Fragen: Wann ist eine Veränderung signifikant? Und welche Schlüsse können aus ambivalenteren Ergebnissen gezogen werden?

Irgendwo zwischen der vollkommenen Realisierung (Stufe 5) und *Nicht-Realisierung* (Stufe 0) der verschiedenen Kriterien sollten bestimmte Schwellenwerte benannt werden: ein unterer Schwellenwert könnte demnach jeweils ein gewisses Mindestmaß (Stufe 1) bezeichnen, ein mittlerer Schwellenwert könnte die nationalstaatliche Durchschnittspraxis demokratischer Staaten darstellen (Stufe 2), ein nächster die beste nationalstaatliche Praxis (Stufe 3) und ein oberer Zielwert ein unter strukturell gegebenen gesellschaftlichen Bedingungen bestmögliches Ideal (Stufe 4). Signifikant wären dann nur solche Veränderungen, die eine veränderte Zuordnung zu den Schwellenwerten nach sich ziehen.

Selbst gut gemeinte Reformen können im Ergebnis ambivalent – und zwar nicht nur im Hinblick auf ihre demokratische Performanz – ausfallen.[31] Demokratierelevante Ambivalenzen im engeren Sinne werden bei einer umfassenden Untersuchung entlang der vorgeschlagenen Kriterien zunächst einmal auch systematisch entdeckt. So scheinen beispielsweise Instrumente direkter Demokratie einen Trade-off zwischen politischer Gleichheit und Rechenschaftspflicht zu provozieren. Die verbesserte Möglichkeit, die politische Elite auch zwischen den Wahlen an den Volkswillen zu binden, wird durch geringere durchschnittliche politische Beteiligungen und in der Konsequenz mit geringerer Gleichheit in der Beteiligung (im Sinne der oben entwickelten Kriterien) bezahlt. Generell würde man in solchen Situationen wohl versuchen, eine Nettobilanz signifikanter Vor- und Nachteile zu ziehen. Eine solche Einschätzung im Hinblick auf einzelne Institutionen wird dann aber auch berücksichtigen müssen, wo die gesamte politische Ordnung im Hinblick auf die fraglichen Kriterien steht. Wenn beispielsweise die Rechenschaftspflicht im Gesamtsystem defizitär ist, die politische Gleichheit über Wahlen aber weiterhin realisiert werden kann, dann ergäben sich daraus zusätzliche Gesichtspunkte zur Bewertung der ambivalenten Ergebnisse direkt-demokratischer Instrumente.

---

31 In einer umfassenden Institutionenabschätzung müsste die demokratische Performanz systematisch im Hinblick auf mögliche Spannungen und Trade-offs mit anderen normativen Kriterien untersucht werden. Wir konzentrieren uns hier allein auf die Frage, ob die EU durch neue Beteiligungsinstrumente demokratischer wird, nicht ob ihre Akzeptanz dadurch beeinflusst wird, die Anzahl ihrer Entscheidungen oder deren Qualität etc. All dies spielt hier keine Rolle.

Damit sind wir beim letzten Punkt: Einzelne, neue und reformierte Institutionen erzeugen ihre demokratischen Wirkungen immer in bestimmten gesellschaftlichen Zusammenhängen und innerhalb einer umfassenderen politischen Ordnung. Für die Untersuchung einzelner Institutionen ist deren Einbettung in das Gesamtsystem entscheidend. Nicht alle Institutionen funktionieren in allen politischen Systemen gleichermaßen demokratisierend. Es geht dabei aber nicht nur um die Einpassungsfähigkeit dieser Institutionen, sondern auch um den existierenden Reformbedarf eines Systems. Unter sonst gleichen Umständen erzeugt die gleiche demokratische Institution in weniger demokratischen Strukturen die größeren Demokratiegewinne.

Das soll im Hinblick auf die Darstellung der allgemeinen Operationalisierung des normativen Demokratiebegriffs zunächst genügen. In Teil III wird die Operationalisierung im Hinblick auf die Frage einer assoziativen Demokratisierung der EU weiter vorangetrieben. In den verbleibenden Passagen wird es darum gehen, im Vergleich zu wichtigen Aspekten anderer Indikatorensysteme das Verständnis dieses Vorschlags zu befördern, vor allem aber einige Vorzüge aufzuzeigen.

5.2 Vorzüge gegenüber alternativen Messinstrumenten

Es geht in diesem Abschnitt nicht darum, die in Kapitel 3 entwickelten Grundprobleme noch einmal abzuarbeiten und zu zeigen, wie die vorgeschlagene Operationalisierungsstrategie darauf reagiert. Den Problemen der Rechtfertigung beziehungsweise der Konzeptbestimmung (3.1) ist mit einem offenen Zugriff insbesondere auf verschiedene plausible Willensbildungs- und Partizipationsideale und – in begrenztem Maße – auch auf Finalitätserwartungen begegnet worden. Dem Problem sozialer Ungleichheiten wird durch den doppelten empirischen Zugriff auf die Demokratiekriterien begegnet. Indem jeweils in einem zweiten Schritt die tatsächliche Nutzung existierender Verfahren untersucht werden soll, werden durchschlagende soziale Ungleichheiten – unabhängig von den konkreten Ursachen – systematisch entdeckt. Und schließlich wird dem, mit dem sui-generis-Fakt verbundenen, Übertragungsproblem nationalstaatlich zentrierter Demokratiestandards dadurch begegnet, dass in dem Demokratiebegriff und in der allgemeinen Operationalisierung solche Prinzipien und Kriterien entwickelt wurden, die zwar mit dem Demokratiebegriff, nicht aber mit nationalstaatlichen Institutionalisierungsformen verwachsen sind.

Wenn wir nun die hier vorgeschlagene Operationalisierungsstrategie mit alternativen Indikatorensystemen vergleichen wollen, dann stehen wir zunächst vor dem Problem, dass wir zwar ein sehr breite und differenzierte Literatur zur (vergleichenden) Demokratiemessung mit nationalstaatlichem Fokus haben, aber nur eine sehr schmale EU-spezifische Literatur und dass uns der sui-generis-Fakt den Weg einer einfachen Übertragung nationaler Bewertungssysteme bei der Messung demokratischer Performanz verstellt.

Es reicht für die Bewertung der demokratischen Performanz nicht aus, die institutionelle Varianz aus der vergleichenden Demokratieforschung in den Blick zu bekommen, sondern es geht um eine abstraktere Grundlegung der empirischen Demokratiemessung über die dahinter liegenden normativen Prinzipien. Erst diese eröffnet den institutionellen Möglichkeitsraum europäischer Demokratisierungsoptionen. Zugleich verbindet sich nur damit die Möglichkeit, die europäische Demokratiequalität ohne nationalstaatlichen Bias zu messen.

Hier ist, wie bereits erwähnt, ein abstrakterer Zugriff auf den Demokratiebegriff gewählt worden. Den finden wir selbstverständlich auch in Teilen der empirischen Demokratieforschung (z.B. Dahl 1989; McGann 2006), vor allem aber in den normativen Demokratiekonzeptionen. Auf die abstrakteren Prinzipien wird aber im Rahmen der vergleichenden Demokratieforschung kaum noch zurückgegriffen. Stattdessen wird dominant auf die damit verbundenen institutionellen Implikationen rekurriert und untersucht, ob und in welcher Qualität sich diese finden lassen.

In den verbleibenden Passagen dieses Kapitels wird es darum gehen, die zugrunde liegende These zu unterstützen, dass herkömmliche institutionen-zentrierte Messinstrumente unerwünschte Fehler erzeugen. Der Grund dafür liegt, um es vorweg zu sagen, in der bloß einseitigen Konditionalität des Zusammenhangs zwischen demokratischen Prinzipien und Institutionalisierungsformen: Wenn wir bestimmte funktionierende Institutionalisierungsformen haben, dann befördern diese auch die Realisierung bestimmter demokratischer Prinzipien. Aber sie sind eben anders herum keine notwendigen Bedingungen im strikten Sinne. Wir können uns im Prinzip eine Vielzahl an demokratieförderlichen Institutionalisierungsformen vorstellen, die die gleichen demokratischen Funktionen ausfüllen.

Wahlen sind in der empirischen Demokratieforschung seit Anbeginn die wichtigste Institutionalisierungsform, an der die demokratische Qualität gemessen wird, sei es an der Inklusivität des Wahlrechts, an der tatsächlichen Beteiligung an Wahlen, anhand der Frage, ob und in welchem Maße Wahlen einen Wettbewerb um politische Ämter (effektiv) institutionalisieren. Die Schweiz schneidet vor diesen Maßstäben schlecht bis sehr schlecht ab. Sie hatte lange kein inklusives Wahlrecht, die tatsächliche Beteiligung ist im Vergleich zu anderen westeuropäischen Demokratien gering und die Besetzung politischer Ämter ist weitgehend unabhängig vom exakten Wahlausgang. Weitgehend unstrittig ist auch, dass dies nicht das demokratische Problem der Schweiz ist, sondern genau daran liegt, dass in der Schweiz andere Institutionalisierungsformen für die demokratische Qualität der Schweiz stehen. Das tatsächliche Bewertungsproblem, das wir im Hinblick auf die Schweiz haben, ist viel komplizierter. Letztlich haben wir es mit einem Trade-off, der gerade erst durch die Existenz direktdemokratischer Elemente entsteht, zu tun. Wir haben im Fall der Schweiz nicht eine zentrale Institutionalisierungsform (Wahlen), sondern zwei (Wahlen und die Institutionen direkter Demokratie). Und empirisch schneidet die Schweiz bei dem schwächeren, aber generellen Präferenzsignalisierungsinstrument Wahlen genau deswegen schlechter ab, weil sie daneben ein stärkeres institutionalisiert hat. Die schlechtere Gleichheitsperformanz muss mit der deutlich besseren Möglichkeit stärkerer Präferenzsignalisierung zusammen bewertet werden (siehe hierzu ausführlich: Hüller 2006: 827ff.).

Alternativ finden wir Rechte-zentrierte Ansätze in der Demokratieforschung, die sich darauf konzentrieren, die effektive Nutzungsmöglichkeit bestimmter Rechte zu messen (vor allem Freedom House). Zweifels (2002) ›Anwendung‹ dieses Indikatorensystems auf die EU zeigt sehr deutlich, die Grenzen dieses Ansatzes auf: Weil die demokratierelevanten Funktionen der EP-Wahlen gar nicht in den Blick geraten, wenn nur untersucht wird, ob es etwa ein effektives Wahlrecht gibt, dann bleibt das eigentliche Problem, dass die effektiven Wahlen kaum Demokratie bewirken, außen vor. Zudem ist, wie oben argumentiert wurde, völlig unklar, ob die doppelte Institutionalisierung von Freiheitsrechten tatsächlich zu Freiheitsgewinnen führt. Von dieser Annahme müsste man allerdings ausgehen, um den Freedom-House-Maßstab so anzuwenden, wie Zweifel es macht.

Wenn wir von den konkreteren Institutionalisierungsformen zu den allgemeineren Performanzdimensionen der Demokratieforschung übergehen (etwa Volkssouveränität, Machtkontrolle, Wettbewerb), dann ist klar, dass der oben entwickelte Ansatz allein auf die Dimension Volkssouveränität zielt. Das ist tatsächlich nicht völlig unproblematisch. Es gibt aber einige Punkte, die durchaus für eine solche Engführung sprechen. Der Hauptpunkt ist, dass sowohl Wettbewerb als auch Machtkontrolle überinklusiv sind. Unter Wettbewerbsgesichtspunkten erhalten Bayern oder Japan schlechte Demokratiezeugnisse, ohne dass es mir plausibel erschiene, allein aus dem Datum fehlenden Machtwechsels direkt auf tatsächliche Demokratieperformanz schließen zu wollen. Analog stellt sich der Fall bei der Machtkontrolle. Lauth (2006) hat vorgeschlagen, die Rechtsstaatlichkeit politischer Systeme als eine demokratierelevante Dimension zu messen. Unstrittig dürfte sein, dass bestimmte juristische Normsetzungskontrollen (Kohärenzprüfungen, Grundrechtsschutz, Gewährleistung demokratischer Rechtsgenerierung) die demokratische Qualität einer politischen Ordnung befördern. Für viele Elemente horizontaler Machtkontrolle ist aber völlig unklar, ob und in welchem Maße sie *demokratische* Leistungen erbringen.

Zwei mit dem vorgeschlagenen Demokratiebegriff und seiner Operationalisierung verknüpfte verbleibende Probleme beziehungsweise Einschränkungen sollen zum Ende nicht geleugnet werden.

Erstens gilt ganz unstrittig: Mehr wäre mehr! Wenn wir beispielsweise auf ein europaspezifisches und inhaltlich beschränktes Verständnis von Machtkontrolle zugreifen würden, dann würde sich durch eine solche Ergänzung das Messinstrument verbessern lassen. Damit hängen aber eine Reihe bisher in der empirischen Demokratieforschung überhaupt noch nicht gelöste Probleme und auch theoretische Kontroversen zusammen, die ich hier (noch) nicht lösen kann.

Zweitens ist die Anwendung eines prinzipienzentrierten Verständnisses von Demokratie zwar im Hinblick auf die Validität europäischer Demokratiemessung angemessener als die üblichen einfachen Übertragungsversuche, aber sie ist auch komplizierter in der Forschungspraxis. Dem Problem der fehlenden tatsächlichen Eindeutigkeit der Verknüpfung gelungener Demokratie mit spezifischen Institutionalisierungsformen wird letztlich durch eine offenere Prüfung der demokratischen Performanz aller möglichen Institutionalisierungsformen vor abstrakteren Demokratiemaßstäben begegnet. Dafür müssen die normativen Prinzipien im Hinblick auf die verschiedenen konkreten Institutionalisierungsformen angepasst werden. Damit wird freilich nicht einer Abschichtung normativer Ansprüche das Wort geredet werden, sondern nur gesagt werden, dass etwa die demokratische Performanz assoziativer Einbindungen mit anderen Kriterien als den Wahlen zum EP zu messen ist. Und da die EP-Wahlen in demokratierelevanten Hinsichten anders als nationale Wahlen sind, lassen sich die bekannten Kriterienkataloge auch hier nicht ohne weiteres anwenden. Zunächst müsste vor dem Hintergrund normativer Demokratieprinzipien geklärt werden, welche Demokratiepotenziale mit dem EP und seiner Wahl verbunden sein können. Das Ergebnis einer solchen demokratiefunktionalen Prüfung kann ein ganz anderes sein, als wir dies von nationalen Parlamenten in modernen Demokratien gewohnt sind. In Teil III werde ich diesen mühsameren Weg exemplarisch an der Frage des Demokratisierungspotenzials assoziativer Einbindungen in der EU beschreiten. Die Überlegungen zur konkreten Operationalisierung finden sich in den Kapitel 7 und 8.

Vor dem Hintergrund der allgemeinen Operationalisierung demokratischer Performanz in der EU kann im folgenden Kapitel endlich auf die Frage eines Demokratiedefizits der EU und die Erfolgsaussichten diskutierter Reformoptionen zugegriffen werden.

6 Noch einmal: das europäische Demokratiedefizit und Reformoptionen

In diesem Kapitel geht es darum, einen spezifischen demokratietheoretischen Blick auf die breiten und heterogenen Diskussionen um das europäische Demokratiedefizit und mögliche Reformoptionen zu richten. Dabei wird der in den vorangegangenen Abschnitten entwickelte enge, nichtminimalistische und prinzipienzentrierte Demokratiebegriff in Anschlag gebracht und in einem ersten Schritt gefragt, ob Rechtsetzungsprozesse im Rahmen der aktuellen europäischen Mehrebenenpolitik demokratisch defizitär sind (6.1). Anschließend werden Überlegungen dazu angestellt, ob und wie diese Defizite behoben beziehungsweise gemildert werden können (6.2). Aus den Ergebnissen werden schließlich einige Schlussfolgerungen über die Reformierbarkeit der europäischen Mehrebenenpolitik gezogen (6.3).

6.1 Demokratiedefizite der europäischen Mehrebenenpolitik

Im Rahmen der Fragestellung nach einem möglichen Demokratiedefizit sind im Kern drei unterschiedliche Bereiche zu untersuchen. Zunächst gilt es die demokratische Qualität der europäischen Primärrechtsetzung zu klären. In welchem Maße genügen die Entwicklungen der europäischen Vertragsentwicklungen bis hin zum Lissabon-Vertrag demokratischen Standards? Dann gilt es unterhalb der Ebene der Vertragsschlüsse zu klären, ob die Akte europäischer Sekundärrechtsetzung demokratisch generiert werden. Dabei handelt es sich um die wichtigsten strukturierenden Entscheidungen innerhalb des bereits gesetzten Vertragsrechts zur inhaltlichen Ausrichtung der verschiedenen Politikfelder sowie relevante Politiksetzungen zur Gewährleistung der demokratischen Qualität dieser Prozesse.

Im Hinblick auf beide Bereiche können mögliche Defizite primär auf der europäischen oder auf der nationalstaatlichen Ebene oder in der verschränkten Durchführung dieser Rechtsetzungsprozesse (das heißt wenn etwa die unzureichende Einbindung nationaler Parlamente problematisch wäre, wie es das BVerfG annimmt, dann wäre dies hier jeweils zu behandeln) entstehen. Und sie können entsprechend des hier vertretenen Demokratiemaßstabes sowohl in den im Rahmen der europäischen Mehrebenenpolitik gesetzten Angeboten, genauso aber in der unangemessenen Nutzung durchaus vorhandener demokratischer Rechtsetzungspotenziale zu suchen sein.

Der dritte beachtenswerte Bereich betrifft die Effekte aus der gewaltenteiligen europäischen Ordnung auf die demokratische Politiksetzung. Es geht um die Frage, ob und in welchem Maße sich die demokratische Rechtsetzung gegen ›widerwillige‹ Gerichte und administrative Einheiten sowie gegen Implementationshindernisse behaupten kann. Während die Qualität der Primär- und Sekundärrechtsetzung für die ermöglichte demokratische Qualität der EU stehen, stellen die im dritten Bereich zu behandelnden Phänomene Einschränkungen demokratischer Performanz dar.[32]

---

32 Tatsächlich haben natürlich Judikative und Exekutive wichtige demokratierelevante Funktionen. Funktionierende Gerichte und Verwaltungen sind sogar notwendige Bedingungen für funktionierende Demokratien. Aber sie stehen, wie oben argumentiert wurde, nicht für den Kernbereich demokratischer Performanz. Deshalb können diese Leistungen auf der Positivseite vergleichsweise unproblematisch ausgeblendet werden. Das gilt aber nicht für die widerstreitenden und Trägheitsphänomene die im dritten Unterabschnitt behandelt werden. Wenn etwa demokratisch gesetzte Entscheidungen in den Na-

Diese drei Bereiche sollten nun in vergleichender und ebenenverschränkender Perspektive vor einem gradualistischen Maßstab beleuchtet werden. Oben ist eine gradualistische Konzeption zur Messung von Demokratie entwickelt worden und dafür gibt es einen wichtigen Grund, der sich auch wieder im angemessenen Verständnis des europäischen Demokratiedefizits widerspiegelt. Es geht darum, welche demokratischen Funktionen in der europäischen Mehrebenenpolitik in geringerem Maße als in vergleichbaren Prozessen im Rahmen demokratischer Nationalstaaten erfüllt sind. Es geht nicht um die Frage, ob die EU eine Demokratie *oder* eine Despotie ist, sondern letztlich darum, ob Performanzdefizite gegenüber vergleichbaren Entscheidungs- und Ordnungsstrukturen der fortgeschrittenen Demokratien bestehen.[33] Entsprechend geht es auch bei den Defiziten um solche graduellen. Und es geht nicht nur um Defizite im formalen Rahmen, den die EU für Demokratie bietet, sondern eben auch um entsprechende Nutzungsdefizite.[34]

In den folgenden drei Unterabschnitten werde ich die Bereiche nacheinander behandeln. Anschließend folgen einige übergreifende Überlegungen zum Demokratiedefizit in der europäischen Mehrebenenpolitik (6.1.4).

6.1.1 Demokratiedefizite der europäischen Primärrechtsetzung?

Der aktuelle Standardweg zu Vertragsänderungen führt über internationale Regierungskonferenzen und nationale Ratifikationsprozesse.[35] Zweimal ist bisher dieser Prozess durch die Anwendung der so genannten Konvents-

---

tionalstaaten systematisch nicht implementiert würden (was nicht der Fall ist), dann würde dadurch die demokratische Performanz im Kern erschüttert.

33 Es versteht sich von selbst, dass auch die Nationalstaaten keine perfekten Demokratiebilanzen aufweisen und sich auch die demokratischsten Staaten über die vegangenen Jahrzehnte im Großen und Ganzen weiter demokratisiert haben.

34 Das wird kaum bestritten, ist in der Analyse aber leider nicht immer systematisch berücksichtigt worden. Anerkannt wird ein solches Wirkungsdefizit in der bekannten Diskussion um die second-order Wahlen zum EP, wo der Hauptpunkt ja nicht darin besteht, die Wahlprozedur zu kritisieren, sondern neben möglichen Kompetenzbeschränkungen auch das faktische Wahlverhalten zu problematisieren. Dass sich ähnliche Probleme in anderen Bereichen finden lassen, wird hingegen kaum thematisiert.

35 In ihrer Einleitung zu einem Special Issue des Journals of European Public Policy weist Falkner (2002) darauf hin, dass es faktisch auch andere Wege zur Vertragsänderung gibt, etwa durch Entscheidungen des EuGH. Das werde ich hier unbeachtet lassen, weil diese Sorten von Vertragsveränderungen vor allem als Verselbständigungsprobleme der EU-Polity zu diskutieren sind (siehe unten, 6.1.3), jedenfalls nicht als demokratische Alternativen zu Regierungskonferenzen.

methode ergänzt worden. Von den Römischen Verträgen bis hin zum Lissabon-Vertrag sind die wesentlichen Rahmenbedingungen der europäischen Integration und damit auch der Gestaltung politischer Entscheidungsstrukturen über einstimmige Entscheidungen der Mitgliedstaaten infolge nicht-transparenter Beratungen nationaler Regierungen und anschließender Ratifikation durch die nationalen Gesetzgeber verabschiedet worden. So kann der europäische Integrationsprozess als eine Folge bewusster, über nationalstaatliche Entscheidungen autorisierter Prozesse, als demokratisch legitim gedeutet werden (Moravcsik 1998). Jedenfalls schneiden die Prozesse der Primärrechtsetzung auf den ersten Blick nicht schlechter als andere internationale Abkommen ab. Thomas Christiansen (2002: 50) hat sogar argumentiert, dass die EU-Vertragsreformen über den Einfluss supranationaler Akteure, die gemeinsame europäische Anliegen einbringen, an Legitimation gewännen.

In Kapitel 2 ist nun aber gegen die Allgemeinheit dieser Zuordnung der EU zur internationalen Politik argumentiert worden, da im Rahmen der EU auch über Fragen entschieden wird, die normativ zu den Kernaufgaben nationaler demokratischer Politiksetzung gehören. Entsprechend müssen wir für wichtige Teile der europäischen Primärrechtsentwicklung – mit all den oben gemachten Qualifikationen – die Maßstäbe für nationale Verfassungsentwicklungen heranziehen. Da sich die verschiedenen Bereiche faktisch nicht sinnvoll trennen lassen, werde ich im Folgenden den Gegenstand so behandeln, dass die gesamte Primärrechtsentwicklung solchen Standards genügen soll.

Dann zeigt sich schnell, dass die europäische Standardprozedur zur Primärrechtsänderung über den Europäischen Rat in allen drei Dimensionen des demokratischen Entscheidungsprozesses Defizite aufweist. Regierungen haben zumindest formal ein Monopol zur Besetzung der Agenda der intergouvernementalen Verhandlungen im Rahmen des Europäischen Rates. In den Nationalstaaten können Verfassungsänderungsvorschläge dagegen in der Regel durch eine Vielzahl von Akteuren auf die Tagesordnung gebracht werden. Sie können aus dem Parlament heraus vorgebracht werden. Dies schließt auch Fraktionen, die bei den regelmäßigen Wahlen nur eine Minderheit der Stimmen auf sich vereinigen können, ein. In manchen Ländern kann die Verfassung auch durch Initiativen, die außerhalb der repräsentativen Institutionen gestartet werden, geändert werden. Diese wiederum können Teil des formalisierten Politikprozesses sein (siehe etwa die Volksinitiativen in der Schweiz), sie können aber auch als soziale Bewegungen das politische System zu Entwicklungssprüngen bewegen (siehe die Interpretation des Higher Lawmakings in der Geschichte der USA durch Ackerman 1991: insb. Kap. 10).

Die Beratungsprozesse in den internationalen Regierungskonferenzen sind nicht transparent (und sie können es wohl auch nicht sein, wenn man an effektiver Politiksetzung interessiert ist). Aber darin besteht ein Unterschied zu nationalen Prozessen der Verfassungsentwicklung. Zwar kennen wir auch im nationalstaatlichen Rahmen nicht-öffentliche verfassungsgebende Versammlungen. Diese sind in aktuellen Verfassungsentwicklungsprozessen in stabilen demokratischen Staaten aber die Ausnahme.

Darüber hinaus sind in den europäischen Verhandlungsprozessen allein die Regierungen repräsentiert. Während an den Beratungen nationaler Verfassungsänderungen (je nach Wahlrecht) der allergrößte Teil der Wählerschaft eine plausible Legitimationskette in den Beratungsprozess konstruieren kann, ist das im Hinblick auf europäische Regierungskonferenzen nur bedingt der Fall.

Die Entscheidung zur Setzung europäischen Primärrechts kennt maximal drei aufeinander folgende Akte: die einstimmige Entscheidung im Rat, repräsentative Ratifikationen in den Nationalstaaten sowie optional von den nationalen Repräsentativorganen eingesetzte Plebiszite (einzige Ausnahme: Irland, in der ein Referendum obligatorisch ist). Solange Volksabstimmungen der strategischen Dispositionsmasse nationaler Regierungen zuzurechnen sind, bleibt ihr Demokratiepotenzial gering. Die Regierungen können sich nämlich, wie im Falle des Lissabonner Vertrages, auch dazu entscheiden, auf Abstimmungen zu verzichten und zwar gerade weil sie negative Voten befürchten.

Das entscheidende Problem auf der Dezisionsebene liegt im zweiten Akt – den Ratifikationsprozessen. In den internationalen Verhandlungen geht es nicht darum, nationale Willensbildungsprozesse abzuschließen, sondern in hochgradig endogenen Politikprozessen sich mit anderen Regierungen auf Ergebnisse zu einigen, die aus Sicht der Regierung im ›nationalen Interesse‹ sind. Die zu nationalen Verfassungsänderungen vergleichbaren Legitimationsprozesse können dann erst im Zuge der Ratifizierung erreicht werden. Zu diesem Zeitpunkt sind aber die Abstimmungsalternativen in der Regel zu einem simplen Ja oder Nein zusammengezogen. Damit beschränkt sich das demokratische Potenzial im Vergleich zu nationalen Prozessen deutlich, wenn die ergebnisoffene Auseinandersetzung darüber abgeschnitten wird, was im ›nationalen Interesse‹ liegt und wie sich dies in den Beratungsprozessen am besten mit den Interessen anderer Staaten zu einem Politikpaket zusammenschnüren lässt.

Die strukturellen Demokratiedefizite der europäischen Primärrechtsetzung lassen sich erst richtig erfassen, wenn über die vergleichende schematische Abarbeitung der drei Dimensionen politischer Entscheidungsprozesse hinausgedacht wird. Zwei Punkte sind hier zentral:

Zum einen ist es plausibel, dass zwischen dem Modus ›Verhandlung‹ in internationalen Regierungskonferenzen und dessen intransparenter Durchführung ein struktureller Zusammenhang besteht. Wenn überhaupt noch mit 27 Verhandlungsteilnehmern mit in wichtigen Fragen sehr heterogenen Interessen Einigungen erzielt werden sollen, dann wird dies nur gelingen, wenn die Beratungen (und damit auch alle partikularen Betroffenheiten von möglichen Lösungen) bis zur einstimmigen Entscheidung nicht in der Öffentlichkeit diskutiert werden. Dass Verhandlungs- und Deliberationsprozesse aus pragmatischen Gründen von der Öffentlichkeit fern gehalten werden, ist auch im nationalstaatlichen Rahmen durchaus üblich und in bestimmten Grenzen sicher auch normativ unproblematisch (siehe z. B. Bessette 1994; Gutmann/Thompson 1996: Kap. 3). Aber hier geht es zum einen um das Problem, dass praktisch alle Beratungen über ›Verfassungsänderungen‹ unter Ausschluss der Öffentlichkeit durchgeführt werden. Zum anderen geht es auch darum, und das ist mindestens ebenso relevant, dass auch keine vernünftige öffentliche Rahmung nichttransparenter Beratungsprozesse verbürgt werden kann, weil nicht einmal eindeutige Autorisierungsprozesse existieren. Schließlich sind die Regierungen in aller Regel nicht für ihre jeweiligen europapolitischen Positionen gewählt worden.

In der Konsequenz führt die Intransparenz zu der hinlänglich bekannten Machtverschiebung von den Legislativ- zu den Exekutivorganen nationalstaatlicher politischer Systeme. Während im Bereich der Sekundärrechtsetzung diesem Problem durch weitgehende Transparenzvorschriften in der europäischen Routinepolitik begegnet werden kann, ist mit Blick auf die internationalen Regierungskonferenzen keine Lösung in Sicht.

Zum anderen erzeugt der von Scharpf (1985; 2006a) hinreichend thematisierte Sperrklinkeneffekt in der europäischen Vertragsentwicklung über die Zeit das wohl noch wichtigere Problem für die demokratische Legitimation. Bei Anwendung der Einstimmigkeitsregel in den internationalen Entscheidungen können bestehende Verträge nur geändert werden, wenn alle Mitgliedstaaten zustimmen. Wenn im Nationalstaat verfassungsändernde Beschlüsse gefasst werden, dann reichen dafür – je nach Verfassung – einfache oder qualifizierte Mehrheiten aus. Im Rahmen der EU müssen diese Hürden aber in allen Mitgliedstaaten genommen werden. Nationaler Präferenzwandel über die Zeit trifft nicht auf Entscheidungsverfahren, die die Möglichkeit der Dispensierung bestehender Verträge beziehungsweise von Vertragsbestandteilen vorsehen. Auch realistische Änderungsmöglichkeiten bestehen erst nach Überschreiten einer sehr hohen Schwelle europaweiten Präferenzwandels. Entsprechend kann gefolgert werden, dass der europäische Einigungsprozess es den nationalen Demoi nicht zugesteht, Fehler zu machen, weil diese später praktisch nicht zu korrigieren sind (so auch: Genschel/Jachtenfuchs 2009).

Das Ergebnis ist eindeutig: Verglichen mit nationalstaatlichen Prozessen der Verfassungsentwicklung ist der europäische Standardprozess der Primärrechtsentwicklung demokratisch defizitär. Im Rahmen der Entwicklung des Lissabon-Vertrages ist zum zweiten Mal die sogenannte Konventsmethode zum Einsatz gekommen, die im Kern aus einer längeren und pluralistischeren Beratungsphase besteht, die in das Standardverfahren eingefügt wird (zwischen Agenda-Setzung und den internationalen Verhandlungen). Wenn es darum geht, die aktuelle demokratische Qualität der Primärrechtsentwicklung zu bewerten, darf diese Erweiterung nicht unter den Tisch fallen. Schließlich verbinden einige Autoren damit eine signifikante Demokratisierungshoffnung (z.B. Göler 2006; Risse/Kleine 2007).

Eine genaue Fixierung der Demokratisierungswirkung, die mit der Einführung der Konventsmethode verbunden ist beziehungsweise eine Abschätzung der demokratischen Performanz der Standardmethode plus Konvent ist schwierig. Unstrittig ist, dass die Primärrechtsetzung dadurch graduell demokratischer wird (Risse/Kleine 2007). Es ist aber nicht auszumachen, inwieweit die wichtigen Entscheidungen tatsächlich im Konvent unabhängig beraten und gefällt wurden (siehe etwa Magnette/Nicolaidis 2004). Prekär ist aber offensichtlich auch die über das Verfahren erzeugte Legitimität. Schließlich ist der Verfassungsvertrag in zwei Gründungsstaaten der EU im Referendum gescheitert. Das lässt sich auch so interpretieren, dass über den mit der Konventsmethode erweiterten Entscheidungsprozess relevante gesellschaftliche Ansprüche nicht hinreichend beachtet wurden. Das Scheitern der Referenden ist im hohen Maße auch ein Scheitern der Konventsmethode, weil diese ja gerade für die demokratische Autorisierung der Vertragsinhalte stehen sollte und diesem

Autorisierungsprozess haben relevante Teile der europäischen Bürgerschaft – aus welchen Gründen auch immer – ihre Zustimmung versagt. Daraus ist für den weiteren Entscheidungsprozess bekanntlich der Schluss gezogen worden, dass eine Rückkehr zur Standardmethode unter Vermeidung nationaler Plebiszite der beste Weg ist, den Kern des Verfassungsvertrages unter neuem Namen im zweiten Durchgang zu verabschieden. Ob dieser kurzfristige ›Erfolg‹ auch dauerhafter die Legitimität der EU befördert, kann bezweifelt werden. Im Hinblick auf die demokratische Qualität der europäischen Primärrechtsentwicklung ist dies jedenfalls kein Fortschritt.

6.1.2 Demokratiedefizite der Sekundärrechtsetzung

Durch das formale Agendasetzungsmonopol der Kommission (Initiativrecht) im Bereich der einfachen Gesetzgebung der ersten Säule haben wir eine deutliche Einschränkung, wenn nicht gar Aufhebung politischer Gleichheit (egal welchem Verständnis wir folgen). Weder der Demos selbst noch irgendein von ihm gewähltes Organ hat einen direkten Zugriff auf die politische Agenda. An diesem formalen Missstand würde auch das im Lissabon-Vertrag vorgesehene Instrument des Bürgerbegehrens (Artikel 8b, Abs. 4) wenig ändern.

Im Rahmen der Vision einer technokratisch-depolitisierten, auf Output-Legitimität zielenden europäischen Sozialregulierung macht dieses Institut durchaus Sinn. Es gibt aber theoretische und empirische Zweifel an einer solchen Sichtweise. Zum einen ist oben gezeigt worden, dass die Vorstellung einer reinen Output-Legitimität eine Chimäre ist. Dann erscheint auch das Initiativmonopol im Kern als ein normativ problematischer Vermeidungsmechanismus, der politische Auseinandersetzungen über konfligierende Ansprüche erschwert, wenn nicht gar untergräbt. Daran ändert auch der Umstand wenig, dass die Kommission in der Praxis einen Großteil der beförderten Themen von anderen Akteuren übernimmt, weil es weder etwas an ihrer alleinigen Gatekeeping-Kompetenz ändert, noch verhindert, dass die Kommission die Beratungen der Gegenstände nach ihrer Facon rahmt. Zum anderen ist gezeigt worden, dass mit der Erweiterung der EU und der Reform der Kommissionssitzverteilung eine ausgeglichene ideologische Zusammensetzung der Kommission nicht mehr als Regelfall erwartet werden kann (Hix 2008: 125ff.). Daraus folgt, dass wir, mehr noch als in der Vergangenheit, für die Zukunft erwarten können, dass die Kommission parteiische Politik machen will. Entsprechend stellt sich die Frage, ob die egalitäre Repräsentation des Demos über den Rat oder das EP effektiv gesichert werden kann. Beides ist nicht der Fall. Hinter Ratsentscheidungen mit qualifizierter Mehrheit dürfte, selbst unter der vermessenen Annahme, dass die Regierungen die Präferenzen adäquat in den europäischen Politikprozess einbringen, im Ergebnis nur eine Minderheit (!) des europäischen Demos stehen. Warum ist das so? Regierungen repräsentieren im Durchschnitt bestenfalls knapp mehr als 50 Prozent der nationalen Wähler. Wenn nun etwa zwei Drittel der Regierungen, auf deren Staatsgebiet zwei Drittel der europäischen Bürgerschaft wohnen, einer europäischen Regelung im Rat zustimmen, dann spiegeln sich in den Entscheidungen etwa 35 Prozent der europäischen Bürgerschaft wider und das ist eben nur eine Minderheit der europäischen Bürgerschaft. Das heißt infolge der Ausweitung des bloß qualifizierten Mehrheitserfordernisses im Lissabon-Vertrag (siehe Art. 238 AEUV, Abs. 3 zur »doppelten Mehrheit«) droht – ganz entgegen den Erwartungen und bei Zugrundelegung des aggregativen Willensbildungsideals – die Einführung einer Minderheitenherrschaft.[36]

Dass diese Repräsentationskette über die nationalen Regierungen auch empirisch höchst fragwürdig ist, kann als Nebensache betrachtet werden, weil mittlerweile die Mehrzahl der europäischen Entscheidungsmaterien über die Anwendung (qualifizierter) Mehrheitsregeln entschieden werden kann.

Wenn im Rahmen der Sekundärrechtsetzung politische Gleichheit in ähnlicher Weise wie in den demokratischen Mitgliedstaaten verbürgt werden soll, dann bleibt, als letzter Kandidat aus den aktuellen Verfahren, das EP. Über das EP könnte zumindest für die Verfahren, die im Mitentscheidungsverfahren behandelt werden, theoretisch auch das Problem der Minderheitenherrschaft behoben werden. Ob das ungleiche Stimmgewicht der

---

36 Das Problem liegt nicht in der Anwendung einer qualifizierten Mehrheitsregel auf europäischer Ebene. Eine Einstimmigkeitsregel würde zwar die Herrschaft einer starren Mehrheit gewährleisten, verhindert aber gerade variable (themenspezifische) nationale Minderheiten einschließende Koalitionsbildungen und ist bekanntlich ein Mittel, um die Entscheidungsunfähigkeit zu befördern. Die Exklusion nationaler Minderheiten durch die Beschränkung auf die Einbindung von Regierungsvertretern ist das demokratische Problem des Rates. Inklusivere nationale Delegationen in Kombination mit dem doppelten Mehrheitserfordernis führten weder zu einer Minderheitenherrschaft noch zur Entscheidungsunfähigkeit.

europäischen Wählerschaft tatsächlich eklatant gegen das Prinzip politischer Gleichheit verstößt, lasse ich dahin gestellt. Die Einschätzung könnte unterschiedlich ausfallen, je nachdem, ob man die Vorstellung eines europäischen Demos oder die national segmentierter Demoi zugrunde legt. Das ist auch deshalb unerheblich, weil die EP-Wahlen von der (vergleichsweise kleinen) Wählerschaft und den nationalen Parteien zweckentfremdet werden. Die nationalen Parteien bieten keine europapolitischen Programme an und die Wählerschaft orientiert sich bei der Wahlentscheidung dominant an ihren retrospektiven Bewertungen nationaler Regierungen und ihren nationalen Politikgestaltungen. Im Ergebnis kann die wichtigste demokratische Funktion von Wahlen, die egalitäre Verarbeitung politischer Grundüberzeugungen in Bezug auf wichtige Entscheidungsgegenstände, nicht zuverlässig erfüllt werden.

Weder die Entscheidungen im Rat noch die im EP können politische Gleichheit gewährleisten. Zumindest im Mitentscheidungsverfahren treten beide gemeinsam als Gesetzgeber auf. Kann auf diesem Weg quasi synergetisch politische Gleichheit in höherem Maße realisiert werden? Wenn wir das Hauptproblem einmal beiseite schieben, dass weder die nationalen Regierungen noch die Mitglieder des EP dafür gewählt werden, europäische Politik zu gestalten, dann ergibt sich bestenfalls ein ›destruktiver‹ Synergieeffekt: Das EP kann eine Minderheitengesetzgebung des Rates verhindern.

Schließlich kann die Frage gestellt werden, ob über die nationalen Parlamente eine egalitäre Autorisierung und/oder Rechenschaftspflicht der Sekundärrechtsetzung ermöglicht werden kann? Die differenzierte Antwort lautet: Nein. Die Antwort ist deshalb differenziert, weil die Gründe für das Versagen unterschiedliche sind: Wir haben auf der einen Seite die Mehrzahl der Parlamente, die in der Routinepolitik vor allem Epiphänomene der nationalen Regierungen sind (etwa in Deutschland, in ›normalen Zeiten‹ in Frankreich, in Großbritannien usw.) und wir haben wenige politische Systeme, in denen dies nicht der Fall ist (etwa zu Zeiten der Minderheitenregierung in Dänemark, teilweise zu Zeiten der Kohabitation in Frankreich). Im ersten Fall sind effektive parlamentarische Autorisierungen und Rechenschaftsprozesse – ganz unabhängig von den formalen Befugnissen – aus disziplinarischen Gründen außer Kraft gesetzt, weil die Parlamentsmehrheit ›ihrer‹ Regierung nicht in den Rücken fällt (Andeweg 2007).[37] Im

---

37 Damit ist auch alles Wichtige über die Hauptstrategie des BVerfG im Lissabon-Urteil gesagt. Das angemahnte Begleitgesetz wird faktisch weitgehend nutzlos bleiben.

zweiten Fall führt das nationale Design quasi automatisch zu einer nationalstaatlich eingeengten, depolitisierten Sicht auf die europäische Politik, orientiert an der Frage, wie die nationalen Interessen in der EU am besten durchzusetzen sind. Wenn alle nationalen Parlamente, wie das dänische funktionieren würden, dann ließe sich darüber das Problem der Minderheitenherrschaft im Rat bearbeiten. Gleichzeitig bietet dieser Mechanismus aber überhaupt keinen Anreiz, die parteipolitischen Interessen mit denen der anderen nationalen Schwesterparteien zu verknüpfen, weil diese weder Sitz noch Stimme im Folketing haben. Daher spielt die adversative Politikgestaltung in Dänemark auch eine ungeordnete Rolle (Auel/Benz 2007: 65). Abgesehen von der relativen Schwächung der Regierungspositionen im Rat, die mit der engeren Bindung an das nationale Parlament einhergeht (ebenda), würde damit eine internationale Ausrichtung der europäischen Politikgestaltung befördert, die einer supranationalen und ebenenverschränkenden Politisierung eher im Wege steht als nützt.

Zu Recht argumentiert Hix (2008: 74), dass die Dokumente und Entscheidungsprozesse der EU (zumindest im Fall der Anwendung der Gemeinschaftsmethode und jenseits der Entscheidungen des Rates) weitgehend transparent sind, sogar transparenter als in vielen Nationalstaaten. Diese Transparenz, also die allgemeine Möglichkeit, Dokumente und Prozesse mit geringem Aufwand zur Kenntnis zu nehmen, führt aber nicht zuverlässig zu Publizität, zur tatsächlichen Wahrnehmung selbst wichtiger Gegenstände durch den ›Souverän‹. Im Vergleich zu nationalstaatlichen Entscheidungsprozessen und trotz größerer Transparenz, kommt die europäische Politik nicht in vergleichbarem Maße in der nationalen Massenkommunikation an und noch weniger werden sie in der europäischen Bürgerschaft rezipiert (Hüller 2007b). In der Konsequenz sind demokratierelevante Institutionen, wie Wahlen und Referenden, nur eingeschränkt funktionsfähig. Wenn die Bürger nicht wissen, was in der EU passiert, können sie auch nicht vernünftig wählen und abstimmen.

Die europäischen Entscheidungsprozesse zeichnen sich im Vergleich zu denen der Mitgliedstaaten durch ein hohes Maß an institutioneller Verschränkung aus. Für den aufmerksamen Bürger ist es dadurch sehr viel schwerer zu erkennen, wer eigentlich welchen Beitrag im Rahmen europäischer Politiksetzung geleistet hat. Die Komplexität der europäischen Entscheidungsverfahren erschwert also demokratische Autorisierungs- und Rechenschaftsprozesse selbst dann, wenn die Bürger genauso aufmerksam sind, wie bei Entscheidungen in ihrem Land. Unter sonst gleichen Umständen sollten wir annehmen, dass Prozesse in komplexeren Entscheidungsstrukturen weniger transparent als solche in einfachen Strukturen sind und dass Rechenschaft strukturell schwerer zu organisieren ist (siehe auch Andersen/Burns 1996; Schmidt, V. A. 2006).

6.1.3 Demokratiedefizite durch Verselbständigung in der europäischen Mehrebenenpolitik

Theoretisch lässt sich eine ganze Reihe von demokratieeinschränkenden Gegenprozessen erwägen. Faktisch werden im Hinblick auf die Demokratiebilanz vor allem drei Kandidaten in den Raum gestellt. Sie lassen sich auch institutionell gut verorten: Moniert wird, dass der EuGH mittels einer sehr aktiven Rechtsprechung selbst zum Gesetzgeber wird und mit einigen Entscheidungen eigenwillige, mit den Vertragstexten nur schwer in Einklang zu bringende Interpretationen des Europarechts liefert.

Ein zweiter Kritikpunkt zielt auf die Möglichkeit einer administrativen Unterhöhlung demokratisch legitimierter Rechtsetzung, vor allem durch die Kommission, aber auch durch die Beförderung unabhängiger Agenturen und die Delegation politischer Entscheidungskompetenzen an solche Agenturen.

Diese beiden Demokratiebeschränkungsdiagnosen argumentieren im Kern, dass wir es mit einer signifikanten Verselbständigung der supranationalen Politikgestaltung zu tun haben. Natürlich kennen wir solche Verselbständigungsprozesse auch aus dem Nationalstaat. Zu Recht wird aber argumentiert, dass es im Rahmen der europäischen Mehrebenenpolitik schwieriger ist, entsprechende EuGH-Entscheidungen und eigenmächtiges Verwaltungshandeln mit demokratischen Rechtsetzungsprozessen einzudämmen beziehungsweise ›enttarnte‹ Verselbständigungen rückgängig zu machen (Scharpf 1985; 2009b).

Darüber hinaus gewinnt drittens die Frage, ob im europäischen Mehrebenensystem supranationale Entscheidungen tatsächlich angemessen durch nationale Implementationen umgesetzt werden, eine zentrale Bedeutung, gerade weil die EU keinen direkten Zugriff auf die Implementationsorgane nehmen kann. Trotzdem lassen sich aus der empirischen Literatur zur Implementation europäischer Politikinhalte keine Schlüsse auf ein durch mangelnde Umsetzungen induziertes systematisches Demokratiedefizit ableiten (Knill 2005; 2006).

6.1.4 Zusammenfassung

Verglichen mit demokratischen Nationalstaaten hat die europäische Mehrebenenpolitik ein strukturelles Demokratiedefizit. Entscheidungsprozesse zur Veränderung des europäischen Primärrechts lassen sich nicht in gleicher Weise auf die Präferenzen der europäischen Bürgerschaft zurückführen wie dies bei Verfassungsänderungen in demokratischen Nationalstaaten in der Regel der Fall ist. Sie sind zumindest bei Anwendung der Standardmethode weitgehend intransparent und bieten nur sehr beschränkten Raum, die in den Regierungskonferenzen erzielten Ergebnisse zu verändern.

In den Sekundärrechtsetzungsprozessen in der europäischen Mehrebenenpolitik findet sich – wiederum verglichen mit nationalstaatlich organisierten Demokratien – keine adäquate Implementation politischer Gleichheit. Weder über Kommission oder EP, noch über den Rat, noch über die nationalen Parlamente und auch nicht über eine Kombination dieser Institutionen in den verschiedenen Varianten der Gemeinschaftsmethode lässt sich dem Prinzip politischer Gleichheit in ähnlicher Weise genügen, wie wir es aus den Nationalstaaten kennen. Trotz nahezu vorbildlicher Transparenz, gelangen relevante europäische politische Kontroversen zudem nicht hinreichend in die Aufmerksamkeit der europäischen Bürgerschaft. Das und die starke institutionelle Verschränkung europäischer Politiksetzung führt zu vergleichsweise schwach ausgeprägten demokratischen Rechenschaftsprozessen. Und schließlich wird die europäische Mehrebenenpolitik strukturell stärker von Verselbständigungsgefahren bedroht als nationale Politik.

Tatsächlich finden wir einzelne der genannten Demokratiedefizite auch in etablierten Demokratien. Die skandinavischen Demokratien können etwa politische Gleichheit besser realisieren als das Westminster-Modell, welches wiederum weniger von Verselbständigungsgefahren bedroht ist als etwa der deutsche Föderalismus. Aber es ist nicht von der Hand zu weisen, dass über die verschiedenen Bereiche hinweg, die Demokratiebilanz der europäischen Mehrebenenpolitik schlechter ausfällt als die ihrer sämtlichen Mitgliedstaaten. Und dieses Ergebnis ergibt sich nicht, weil ein spezifischer auf den Nationalstaat ausgerichteter institutionenzentrierter Demokratiemaßstab angelegt wurde.

Damit stellt sich die Frage nach den Ursachen für die vergleichsweise schlechte Demokratiebilanz der europäischen Mehrebenenpolitik. Die Entscheidungsprozesse der EU sind stark von der Kommission geprägt.

Nun pflegt die Kommission einen administrativen, auch offensichtliche Konfliktgegenstände nicht politisierenden Stil, den wir – wie Hix (2008) überzeugend zeigt, auch im Rat und im EP im hohen Maße entdecken können. Die in den Nationalstaaten übliche stärkere Politisierung führt generell zu erhöhter öffentlicher Aufmerksamkeit und Aufmerksamkeit ist wiederum eine Voraussetzung für sinnvolle demokratische Autorisierungs- und Rechenschaftsprozesse. Dagegen führt auch die bewusste Entpolitisierung auf europäischer Ebene (durch Ausblenden der kontroversen Punkte oder durch die Delegation an intransparente Verhandlungsrunden) zu ihrer relativen Unsichtbarkeit und zu anderen Ergebnissen, die eine größere Distanz zu den politischen Präferenzen der Bürger aufweisen.[38]

Die mangelhafte demokratische Qualität der europäischen Mehrebenenpolitik aber allein in der depolitisierten politischen Kultur der europapolitischen Elite festzumachen (Hix 2008), erscheint nicht überzeugend. Zum einen beschränkt sich diese Diagnose weitgehend auf die politische Kultur der Sekundärrechtsetzung, dann überschätzt sie die Erfolgsaussichten allein über eine politische Wettbewerbskultur die Verselbständigungstendenzen abzustellen und schließlich übersieht sie, dass die extreme institutionelle Verflechtung in der europäischen Mehrebenenpolitik effektive demokratische Rechenschaft auch dann schwieriger macht, wenn die politische Elite versuchen würde, klare programmatische Alternativen anzubieten und durchzusetzen.

Auch wenn es einen Mangel an politischen Wettbewerb um die inhaltliche und personelle Ausrichtung der Europapolitik zu konstatieren gibt und dies auch eine Ursache für das unzureichende demokratische Funktionieren der EU darstellt, darf zweierlei nicht vergessen werden. Erstens ist Politisierung und Wettbewerb kein Selbstzweck, den es zu maximieren gilt. Wir können durchaus demokratisch entscheiden, dass wir im Hinblick auf bestimmte Bereiche, diesen Wettbewerb suspendieren wollen. In allen funktionierenden Demokratien finden wir solche befriedeten Bereiche und es ist völlig unklar, ob intensiverer und extensiver Wettbewerb automatisch mehr Demokratie bedeutet. Zweitens ist unstrittig, dass es in einer politischen Ordnung nicht darum gehen kann, kurzfristig die Qualität demokratischer Verfahren zu maximieren, sondern solche Verfahren zu implementieren, die auch über die Zeit Legitimität verbürgen. Vor diesem Maßstab ist es dann nicht sehr wahrscheinlich, dass eine Maximierung von politi-

---

38 Zur Wirksamkeit dieser Entpolitisierungsstrategie in der EU, siehe etwa Hix (2008) und Vibert (2007).

schem Wettbewerb die multikulturelle Gesellschaft der Europäischen Union dort abholt, wo sie steht. Tatsächlich drohen für den Fall der Überdehnung von Wettbewerb und Politisierung soziale Desintegrationsphänomene. In der Konsequenz heißt dies: Zur Behebung des europäischen Demokratiedefizits ist eine *moderate* Politisierung zweckdienlich. Allein über die Verbesserung politischen Wettbewerbs wird die EU aber nicht zur durchschnittlichen nationalstaatlichen Demokratieperformanz aufschließen. Mir scheint die Hauptursache eher in einer spezifischen Reformunfähigkeit der europäischen Mehrebenenpolitik zu liegen. Die EU ist auf der Grundlage einer heute offensichtlich überholten technokratischen Gründungsvision geschaffen worden. Die demokratische Ausgestaltung ist entsprechend ein nachgeholtes beziehungsweise nachzuholendes Projekt. Wenn man sich die Entwicklung des EP exemplarisch anschaut, dann wird klar, dass dieses Projekt durchaus und mit bemerkenswertem Erfolg angegangen wurde (Rittberger 2005). Aber, so die These, diese Demokratisierungsversuche haben das alte technokratische Projekt nicht ersetzt, sondern sind im Großen und Ganzen neben die technokratische Grundstruktur getreten (die sich zudem auch selbst ausgeweitet und ausdifferenziert hat). Am Mitentscheidungsverfahren lässt sich diese These am sichtbarsten illustrieren. Die Kommission behält während des gesamten Verfahrens die Kontrolle darüber, was am Ende des Entscheidungsprozesses herauskommen kann. Sie hat nicht nur das alleinige Initiativrecht, sie kann den Rechtsetzungsprozess auch jederzeit beenden, wenn sie als ›Hüterin der Verträge‹ unerwünschte Entwicklungen sichtet. Es gibt keine nationalstaatliche Demokratie, in der einer nicht gewählten administrativen Körperschaft ähnliche Verfahrenshoheit in der Rechtsetzung vorbehalten bleibt. Das ist im Fall der EU umso unverständlicher, als ja ein sehr aktiver EuGH existiert, der durchaus in der Lage wäre, in Normkontrollverfahren vertragswidrige Überschreitungen durch die einfache europäische Gesetzgebung aufzuheben. Warum ist das aber ein Anzeichen einer spezifischen Reformunfähigkeit? Es gibt zwei zentrale ›Akteure‹ in der Entwicklung des europäischen Vertragsrechts, die Kommission und die nationalen Regierungen. Und beide haben aus institutionellem Eigennutz heraus kein Interesse daran, eine demokratische Reform der EU zu befördern, weil solche Reformen letztlich mit dem eigenen Machtverlust einhergehen würden. Weil die Interessenlage so ist, können wir sobald das Demokratiedefizit politisch virulent erscheint, weitere ›Add-on‹-Demokratisierungen erwarten. Die Einführung eines Bürgerinitiativrechts im Lissabon-Vertrag, die

Einführung von Online-Konsultationen durch die Kommission, das Experimentieren mit demotischen Beteiligungsverfahren passen in dieses Bild. Alle diese Instrumente können die europäische Mehrebenenpolitik zweifelsohne graduell demokratischer machen. Sie werden aber auch zusammen nicht das Demokratiedefizit der EU beheben. Damit sind wir schon mitten in der Frage der Reformoptionen für die europäische Mehrebenenpolitik beziehungsweise bei der Frage ihrer Reformierbarkeit.

6.2 Zur Demokratisierung der europäischen Mehrebenenpolitik: Reformoptionen

Es gibt eine Vielzahl sehr unterschiedlicher Reformvorschläge zur Demokratisierung der europäischen Mehrebenenpolitik. Nach ersten Versuchen, diese hier systematisch aufzubereiten und ihr jeweiliges Demokratisierungspotenzial abzuschätzen, habe ich von dem Plan Abstand genommen und zwar vor allem aus dem Grund, dass eine solche systematische Abschätzung aller dieser Vorschläge selbst die Länge eines Buches einnehmen würde. Dabei würden sicher einige Fragestellungen etwas anders gesetzt und Bewertungen hier und da anders ausfallen, als in den vielen guten Diskussionen zu diesem Thema, aber es stellt sich doch die Frage: Rechtfertigt am Ende der Neuigkeitswert tatsächlich den Leseaufwand? Ich bin zu der Einschätzung gelangt, dass dies nicht der Fall wäre.

Ich werde stattdessen wieder nur eine Schneise durch das Dickicht der Reformüberlegungen ziehen. Zunächst ist es hilfreich sich zu vergegenwärtigen, welche Typen von Reformüberlegungen in der Debatte um die europäische Demokratisierung nützlich sein können (6.2.1) und anschließend werde ich vor allem solche Reformoptionen präsentieren, mit denen vor dem Hintergrund der ausgeführten Defizite Demokratisierungserwartungen verbunden werden können (6.2.2 – 6.2.4). Dann werden kurz die aktuellen Reformbestrebungen beleuchtet (6.2.5), bevor abschließend ein übergreifender Blick auf diese Demokratisierungsoptionen gerichtet wird, auf mögliche Trade-offs zwischen den Strategien, vor allem aber auf das Potenzial komplementärer Demokratisierung der europäischen Mehrebenenpolitik (6.3).

6.2.1 Typen von Reformvorschlägen

Reformvorschläge zielen generell darauf, das was reformiert wird ›besser‹ zu machen als es aktuell ist. Daraus ergeben sich drei Spezifika: Reformvorschläge haben erstens einen klaren Gegenstand. Hier ist es die aktuelle europäische Mehrebenenpolitik. Und ›besser‹ impliziert zweitens, dass im Hintergrund ein klarer normativer Maßstab existiert (hier: demokratische Performanz) und drittens, dass im Hinblick auf die aktuelle Performanz ein Defizit beziehungsweise Verbesserungspotenzial besteht.

Soweit ist das Ganze trivial. Gestritten wird nun über die Frage, welche Typen von Reformoptionen entwickelt und diskutiert werden sollen, die alle drei Spezifika vorweisen können. Im Kern geht es dabei um die Frage, inwieweit und wie genau normative Vorschläge, die Reformvorschläge nun mal sind, auch empirisch wirksam sein müssen. Wir können grob drei Typen von Reformoptionen unterscheiden: (a) quasi-objektive ›realistische Utopien‹, (b) agency-zentrierte Ansätze und (c) tatsächliche institutionelle Veränderungsprozesse. Manchmal werden diese Perspektiven als Gegensätze dargestellt, die sie überhaupt nicht sind. Es macht aber auch keinen Sinn, sie einfach unter identischen Meßlatten zu vergleichen.

(a) Der Begriff der ›realistischen Utopie‹ stammt von Rawls und verweist auf den normativen Status seiner Institutionalisierungsformen einer gerechten Gesellschaft: ›Wir nehmen Menschen so wie sie sind und Institutionen so wie sie sein sollen.‹ Der Realismus bezieht dabei darauf, dass die ausgewiesenen Reformvorschläge über die Zeit hinweg funktionieren können mit Menschen, so wie sie heute sind unter Kenntnisnahme allgemeiner ›Gesetzmäßigkeiten‹. Wir können von jeder normativen Konstruktion zumindest erwarten, dass sie –nach ihrer Implementation – dauerhaft die Ziele realisieren würde, die sie verspricht. Utopisch ist sein Ansatz, weil bei den ausgewiesenen Institutionalisierungsformen strikt die Frage ihrer tatsächlichen Realisierbarkeit ausgeblendet wird.

Manche Politikwissenschaftler werden nervös, sobald Fragen der Realisierbarkeit so weitgehend ausgeblendet werden aus der Analyse. Es sollte aber klar sein, dass diese Art von Überlegung bei aller ›Ohnmacht des Sollens‹ seinen Sitz in der Analyse von Reformoptionen haben muss. Sie bildet den wichtigsten Fixpunkt am argumentativen Horizont auch handlungspragmatisch fundierter Reformoptionen. Wenn wir nicht wissen, was im Prinzip möglich ist, dann ist es schwer zu entscheiden, welche der vielen praktisch möglichen Reformoptionen am besten in die richtige Richtung weist.

(b) ›Realistische Reformoptionen‹ versuchen dagegen alle relevanten empirischen Rahmenbedingungen bis hin zu der Frage, welche Akteure als wirkungsmächtige Träger dieser Bemühungen bereits aufscheinen, zu berücksichtigen. Die ›Partikel der Vernunft‹ müssen, wie es bei Habermas heißt, bereits einen Sitz in der Wirklichkeit haben. In manchen Reformvorschlägen wird diese Perspektive besonders stark geredet (Hix 2008; Schmitter 2000).

(c) Schließlich können wir über die Entwicklung der Europäischen Union eine ganze Reihe tatsächlicher Reformen beobachten, die darauf gezielt haben, die europäische Mehrebenenpolitik demokratischer zu machen. Die Entwicklung und Reformen des EP und seiner Kompetenzen sind der sichtbarste Beleg dafür. Die Konventsmethode, Reformen assoziativer Einbindungen sowie Experimente mit ›demotischen‹ Verfahren fallen auch in diese Kategorie ›tatsächlicher Reformen‹.

Tatsächlich finden wir in der europäischen Demokratiedebatte vor allem Hybride zwischen den Typen (a) und (b) sowie (b) und (c) und dafür gibt es auch einen Grund. Anders als die meisten nationalstaatlichen Demokratien unterliegt die institutionelle Ausgestaltung der europäischen Mehrebenenpolitik einem bemerkenswerten Wandel, der aber von wenigen Akteuren dominiert wird. Damit sind Reformoptionen, die sich gegen die vitalen Interessen der Kommission und des Rates, vielleicht auch des EP richten, quasi automatisch utopisch und solche Vorschläge, die an den Vorstellungen vor allem der Kommission anknüpfen, können immer schon in der Nähe der tatsächlichen Reformen verortet werden.

6.2.2 Europäisierung der nationalstaatlichen Politik

Es gibt eine ganze Reihe von Vorschlägen, die im Kern darauf abzielen, in der europäischen Mehrebenenpolitik die Rolle nationaler Politik zu stärken. Die Vorschläge zielen dabei auf Kompetenzerweiterungen für nationale Regierungen und Parlamente, aber auch auf aktivere nationale Gerichte, die ihre politischen Ordnungen vor den invasiven Tendenzen supranationaler Politik schützt.

Im Kern weisen alle diese Vorschläge auf Lösungen zu zwei Problemen hin, auf das Problem einer möglichen Verselbständigung der supranationalen Politikgestaltung und/oder darauf, dass die nationale Legitimation der europäischen Mehrebenenpolitik zu ineffektiv ist im Verhältnis zu den mit ihr verknüpften Legitimationslasten. Umstritten ist dabei durchaus, wie hoch diese Legitimationslasten sind. In der fundamentalistischen Variante (›Alle legitime europäische Macht muss vom deutschen Volke ausgehen‹), die vom BVerfG zuletzt im Lissabon-Urteil stark gemacht wurde, sind die nationalen Legitimationskanäle exklusiv zuständig für die demokratische Legitimation der europäischen Mehrebenenpolitik. Diese Position ist in Teilen normativ problematisch, sie will aber vor allem den Verselbständigungsphänomenen mit Don-Quijote-Mitteln begegnen. Normativ problematisch ist der Vorschlag, weil ein Großteil der Probleme, die erst durch die europäische Integration entstanden sind, die also auch als gemeinsame Lasten des Integrationsprojektes von allen zu tragen sind, nach Vorgabe des Verfassungsgerichts im Modus des kleinsten europäischen Nenners verregelt werden sollen und das entspricht – für die bezeichneten Regelungsprobleme – exakt einem normativen Ideal der Minderheitenherrschaft.

Möglicherweise noch schlimmer erscheint die Tatsache, dass auf diesem Wege die Verselbständigungsphänomene in der europäischen Mehrebenenpolitik eher gestärkt werden als gemildert. Wenn wir 27 im Kern nationalstaatlich segmentierte Legitimationsprozesse Prozesse hätten, dann käme die Gestaltungsmacht auf europäischer Ebene weitgehend zum Erliegen, ohne dass für die aktuellen Verselbständigungsphänomene Lösungen existieren. Möglicherweise lässt sich so der eine oder andere heteronome Herrschaftsakt vermeiden, aber nur um den Preis einer zunehmenden ›Herrschaft der Geschichte‹.

In einer zweiten Variante kommen den nationalen Gesetzgebern – weniger anspruchsvoll – demokratierelevante Funktionen zu, die sie nicht effektiv ausüben. Die Verselbständigungstendenzen supranationaler Politik in der europäischen Mehrebenenpolitik hat vor allem drei Ursachen, die bereits entwickelt worden sind: Sie beruhen zum einen auf der generellen Schwierigkeit, bestehendes Europarecht aus den Mitgliedstaaten heraus zu ändern und zwar selbst wenn eine aktuelle Mehrheit europäischer Regierungen und ihrer Demoi dies wünschen würde. Die Verselbständigung ist hier eine Folge des Sperrklinkeneffekts im europäischen Integrationsprozess.

Eine zweite Ursache wird in der Kombination aus Kompetenzanhäufungen bei der Kommission, eigenwilliger Rechtsprechungen des EuGH sowie aktiver Tertiärrechtsetzung durch Agenturen und Kommissionsentscheidungen ohne nationale Mitwirkungen gesehen.

Und schließlich ist drittens immer wieder beschrieben worden, dass einige nationale Parlamente nicht in der Lage sind, ihre faktisch vorhandenen europapolitischen Kompetenzen zu nutzen. Das ist aber vor allem ein innenpolitisches Problem und zwar keines das für alle Mitgliedstaaten auf die gleiche Weise gelöst werden muss.

Der zweiten Ursache kommt man, soweit sie das Gericht betreffen, möglicherweise mit verschiedenen von Scharpf (2009b: 30ff.) vorgeschlagenen Instituten bei: Danach könnte entweder der Europäische Rat EuGH-Urteile mit einfacher Mehrheit erst annehmen müssen oder bereits eine qualifizierte Minderheit ein Veto gegen autonome Entscheidungen der Kommission, vielleicht auch gegen Rechtssprüche des EuGH einlegen, wodurch die Anwendung dieser Regeln zumindest in diesen Ländern dispensiert würde. Der Nutzen bleibt allerdings beschränkt und zwar auf die Vermeidung von Verselbständigungsphänomenen im Rahmen der europäischen Sekundär- und vor allem der Teritärrechtsetzung. Da der Nutzen einer solcher Regelung vor allem auf Seiten der nationalen Gesetzgeber liegt und diese das Institut mehr oder weniger autonom über den Europäischen Rat einführen könnten, kann eine solche Reform durchaus auch auf die politische Tagesordnung gelangen.

6.2.3 Politisierung der europäischen Politik

Häufig als Gegenentwurf zu der Scharpf'schen Vision einer autonomieschonenden Integration werden Vorschläge zur Politisierung der normalen europäischen Politik entwickelt. Dabei standen zunächst mono-institutionelle Vorstellungen im Vordergrund der Debatte: Über eine Parlamentarisierung oder über eine Direktwahl des Kommissionspräsidenten (Decker 2000; Hix 1998) oder über eine Einführung direkt-demokratischer Verfahren (Abromeit 1998; 1999), ließe sich eine Politisierung der europäischen Mehrebenenpolitik und in der Folge dessen demokratische Qualität wirksam befördern.

Keiner dieser Vorschläge kombiniert eine plausible Erwartung hoher demokratischer Wirksamkeit mit realistischen Umsetzungschancen. Zwar ist die parlamentarische Demokratisierung in den vergangenen dreißig Jahren am weitesten gediegen, aber weder die demokratietheoretischen Dilemmata wurden damit behoben (Abromeit 2002: 21ff.), noch funktionieren Europawahlen und das EP empirisch so wie demokratische Wahlen und Parlamente funktionieren (sollten) (Hix 2008: 69f.).

Simon Hix scheint seinen eigenen Vorschlag (siehe Hix 1998), die EU über eine Direktwahl des Kommissionspräsidenten zu demokratisieren, nicht mehr zu verfolgen. Die Realisierungschancen laufen gegen null. Es ist darüber hinaus aber vor allem unklar, ob es als wirksames Demokratisierungsinstitut taugen würde. Es gibt grob zwei Vorbilder für einen derart gewählten Präsidenten: das deutsche Vorbild eines bloß für Repräsentationszwecke zuständigen Präsidenten. Mit einem an solchen Vorstellungen anschließenden Vorschlag, verbieten sich automatisch alle Erwartungen auf Demokratisierungswirkungen. Bleibt die Vision eines eher am amerikanischen und französischen Präsidenten ausgerichteten Ideals eines einflussreichen Präsidenten. Ein solches Ideal ›passt‹ nicht zu den vergleichsweise pluralistischen Spaltungsstrukturen in der europäischen Bürgerschaft, in der vor allem die nationale Spaltungslinie die üblichen, wie etwa zwischen Kapital und Arbeit, weiter ausdifferenziert und überlagert. Es ist nicht zu sehen, wie in einer solchen Konstellation ein gewählter Präsident zugleich politisch in eine klare Richtung Einfluss ausüben soll und dabei nicht die vergleichsweise schwachen sozialen Voraussetzungen europäischer Demokratie in weiten Teilen der europäischen Bürgerschaft weiter schwächen beziehungsweise überfordern würde.

Die Vorstellungen einer direkt-demokratischen EU können nicht einmal in einem Teil der Mitgliedstaaten institutionelle Vorbilder für sich ins Feld führen. Weder die Kommission noch auch nur ein einzelner Mitgliedstaat machen sich ein solches Ideal oder wenigstens zentrale Elemente davon zu eigen. Ich bin auch nicht sicher, inwieweit eine solche Demokratisierungsstrategie die gewünschten Effekte erzielt. Dabei vertrete ich nicht die starke Kritikversion, dass das Instrument per se ungeeignet ist, sondern die schwächere, allein auf Unsicherheit abzielende Position, dass wir nicht sicher sein können, ob sich die durchaus bemerkenswerten Demokratieleistungen in der Schweiz auch bei einer Übertragung auf die EU einstellen würden.

Auf der Habenseite signalisieren die Erfahrungen mit den bisherigen Vertragsreferenden, dass mit diesen Instrumenten ein Mehr an effektiver Rechenschaft und Autorisierung, ein Mehr an öffentlicher Debatte über jeweiligen Politikinhalte einhergeht. Zudem lässt dieser Vorschlag einfach und plausibel durch Variation der institutionellen Ausgestaltung an unterschiedliche normative Vorstellungen politischer Gleichheit adjustieren: sowohl stärker auf Demoi-kratie zielende (wie es Abromeit vorschwebt), aber genauso auf majoritäre Entscheidungen zielende Prozeduren können direkt-demokratisch verfolgt werden.

Auf der Kostenseite dürfte damit aber ein strukturelles Mehr an politischer Ungleichheit in der Beteiligung einhergehen und zwar auch im Vergleich zur Schweiz. Schon die durchschnittliche Beteiligung in der Schweiz ist unter sozialstratifikatorischen Gesichtspunkten auffälliger als in demokratischen Gesellschaften ohne direkte Demokratie. Vor dem Hintergrund der durchschnittlich geringeren prozeduralen Kompetenzen in europäischen Angelegenheiten und dem deutlich höheren Ressourcenaufwand für erfolgreiche Initiativen und Mobilisierungsprozesse sind in der Konsequenz größere Ungleichheiten zu erwarten als in der Schweiz. Völlig unklar ist, ob dies in ähnlicher Weise wie in der Schweiz goutiert würde.

Zudem befördern effektive Instrumente direkter Demokratie die Zunahme an Intransparenz in der ›normalen‹ Politikformulierung sowie die Optionen für effektives Lobbying. Damit Politikinhalte möglichst referendumsfest gestaltet sind, werden sie zuvor mit allen relevanten ›Veto-Spielern‹ vorverhandelt. Es ist nun mit Blick auf die EU völlig unklar, wie sich diese institutionell beförderten Effekte auf die in der vergangenen Dekade erreichten Demokratisierungen auswirken werden, ob nicht etwa die Zunahme an Transparenz weitgehend zur Disposition gestellt würde?

Hix (2008) jüngste Vorschläge zur Politisierung der Kommission, des EP sowie des Rates weisen zumindest darauf hin, dass innerhalb der bestehenden Verträge über von den politischen Eliten induzierte Politisierung die allgemeine Aufmerksamkeit für europäischen Themen und in der Konsequenz auch die demokratische Performanz in einem Teilbereich (Sekundärrechtsetzung) verbessert werden könnte. Der Vorschlag stößt aber auf sehr enge Wirkungsgrenzen: Die Politisierung der Sekundärrechtsetzung beinhaltet keinen Mechanismus zur Überwindung von Verselbständigungsphänomenen. Zum anderen kann politische Gleichheit nur über das EP realisiert werden. Insofern ist Hix' Vorschlag auf Politikbereiche beschränkt, die im Mitentscheidungsverfahren behandelt werden. Möglicherweise leidet sein Vorschlag zudem am Münchhausen-Syndrom: Es könnte sein, dass strukturelle Hindernisse gegen eine eliteninduzierte Politisierung im Rahmen der verflechteten Entscheidungsstrukturen in der europäischen Mehrebenenpolitik bestehen: Eine radikalisierte Kohabitation dürfte empirisch in der EU der Normalfall sein und nicht ein ›Durchregieren‹ einer bestimmten Koalition über EP, Kommission und dem Rat hinweg, wie es Hix vorschwebt.

6.2.4 Demokratisierung der Primärrechtsetzung

Die bisher diskutierten Vorschläge zielten weitgehend auf die Demokratisierung der europäischen Sekundärrechtsetzung, nicht aber auf eine Demokratisierung der europäischen Vertragsrechtsetzung. Oben wurde gezeigt, dass auch im Bereich der Primärrechtsetzung Verbesserungsbedarf besteht. Der ›Sperrklinkeneffekt‹ und die Dominanz nationaler Exekutiven in der Standardprozedur zur Vertragsveränderung sind als Hauptprobleme ausgemacht worden.

Allein über die Konventsmethode und allgemeine fakultative Referenden scheint eine vernünftige Demokratisierung ebenfalls nicht zu erzielen zu sein. Die Abstimmungen im Zuge des Verfassungsvertrages stimmen in dieser Frage jedenfalls nicht optimistisch. Damit ist freilich nicht gemeint, dass die Bürgerinnen und Bürger in Frankreich und den Niederlanden dem Vertrag hätten zustimmen müssen, sondern dass die vorangegangen Prozesse offensichtlich in der Weise ungenügend gewesen sein müssen, dass wichtige Ansprüche aus der europäischen Bürgerschaft keine hinreichende Beachtung fanden, dass die Informiertheit möglicherweise auch nicht auf dem Niveau lag, wie sie ein demokratischer Prozess hätte befördern müssen. Dabei kann es durchaus sein, dass nicht alle Fragen vor einer Volksabstimmung geklärt werden können. Dann muss ein vernünftiger Beratungsprozess aber in der Lage sein, solche politische Alternativen auch der Bürgerschaft als Alternativen zu überlassen und diese nicht systematisch nach der ›Methode der Vermeidung‹ schlicht auszusparen.

Ich habe woanders argumentiert, dass über eine direkte Wahl des Konvents ein Großteil der gerade genannten Probleme mehr oder weniger zuverlässig gemildert werden würde (Hüller 2007a). Eine Wahl des Konvents würde diesen von ihren bisherigen Auftraggebern entlasten, die Bürgerschaft frühzeitig und über das gesamte Verfahren stärker mit ihren primärrechtsspezifischen Anliegen involvieren als dies aktuell der Fall ist. Ein solcher Konvent muss nicht wie ein auf Output-Legitimität zielendes Gremium am Konsensideal gebunden sein und seine Vorschläge könnten direkt in synchronen und allgemeinen Volksabstimmungen entschieden werden, wobei verfassungsrechtliche Bedenken vorher auszuräumen wären.

Es gibt eine Reihe wichtiger Detailfragen, die die Wahl selbst und die Durchführung des Konvents betreffen (Initialisierungsmodus, Zusammensetzung, Abstimmungsregel im Konvent usw.), aber auch deren Einbettung in die bisherige Standardprozedur der Vertragsänderungen, hier insbesondere die Frage, wie weitgehend die Regierungen entmachtet werden sollen. Es macht keinen Sinn, hier ein spezifisches Verständnis vorzuschlagen, weil sich je nach integrationspolitischer Grundauffassung sehr einfach demokratische als auch demoi-kratische Ausgestaltungen entwickeln lassen. Egal in welcher Variante, ähnlich wie die bereits diskutierten Vorschläge zur direkt-demokratischen Reform der EU, sind die Durchsetzungschancen einer vorgängigen Wahl eines Konvents gering und zwar desto geringer, je mehr die Regierungskompetenzen beschnitten werden sollen. Aber im Hinblick auf die demokratisierende Wirksamkeit sind die Aussichten gut.

Die schwierige Frage ist, ob sich über die demokratischere Gestaltung der Vertragspolitik dieses Mittel auch zur Einhegung der Verselbständigungstendenzen des europäischen Primärrechts, des Sperrklinkeneffekts, eignet? Es gibt theoretisch nur zwei Wege, den Status-quo-Bias der Primärrechtsetzung aufzuheben. Der ›einfache‹ Weg besteht in der durchgängigen Anwendung der Mehrheitsregel. Je weiter man von diesem Verfahren abweicht, desto stärker wird die Verharrungsmacht existierender Regeln. Die – zumindest theoretisch denkbare – Alternative besteht darin, die Gültigkeit des gesetzten europäischen Primärrechts (oder zumindest Teile davon) zeitlich zu befristen. Solche Haltbarkeitsdaten würden nachfolgende Demoi automatisch in den Stand setzen, selbst über die von ihnen gewünschte Ausgestaltung der Grundpfeiler der europäischen Integration autonom zu entscheiden und nicht in einer Herrschaft historischer Demoi gefangen zu sein. Die praktischen Probleme liegen natürlich auf der Hand: Bestimmte Fragen eignen sich aus unterschiedlichen Gründen gar nicht dafür, immer wieder zur Disposition gestellt zu werden und wenn über alle wesentlichen Fragen der europäischen Integration an einem Punkt gebündelt zu diskutieren wäre, dann würde die Instabilität der europäischen Ordnung die wahrscheinlichste Folge sein. Aber bei vielen spezifischen Fragen könnte ein Befristungshorizont auch Verbesserungspotenziale ausschöpfen, die so weitgehend brach liegen.

Es ist auch hier offensichtlich, dass die Einführung von Befristungshorizonten nicht auf der Tagesordnung der europäischen Reformpolitik steht.

6.2.5 Aktuelle Reformstrategien

Um den Überblick über die Reformoptionen abzuschließen werden hier zu guter Letzt die tatsächlichen Reformbemühungen erwähnt, die explizit auf eine Demokratisierung der EU zielen.

Neben der Zunahme der EP-Kompetenzen und der weitergehenden Abkehr vom Einstimmigkeitsprinzip im Rat, was hier explizit nicht als demokratieförderlich bewertet wird, gibt es nur eine einzige Innovation im Lissabon-Vertrag die im Kern auf eine Beförderung der demokratischen Qualität zielt: die Einführung eines europäischen Bürgerbegehrens (Art. 11 EUV, Abs. 4). Zu Recht wird dieses Instrument von den meisten Beobachtern gar nicht erst zur Kenntnis genommen. Mit hohen Zugangshürden (mindestens eine Million Unterschriften in einer »erheblichen Anzahl von Mitgliedstaaten«) und ohne zuverlässigen Erfolgspfad ist schwer zu sehen, was gegenüber dem Ombudsmann-Verfahren gewonnen werden soll. Wie wir aus der Nutzung direkt-demokratischer Instrumente wissen, ist die Wahrscheinlichkeit häufiger Begehren gering, wenn Aufwand und Ertrag in starkem Missverhältnis stehen. Ob dies im Fall des EU-Bürgerbegehrens so sein wird ist noch völlig offen, da bis jetzt nur ein Grünbuch mit Vorschlägen zur Umsetzung des Artikels existiert (Kommission 2009). Zwei (künftige) Probleme des Begehrens können aber jetzt schon zuverlässig benannt werden.

Im Grünbuch hat die Kommission vorgeschlagen, dass eine ›erhebliche‹ Anzahl von Mitgliedstaaten möglicherweise ein Drittel sei. Das wären in der EU-27 dann neun Länder. Für europaweit vernetzte Organisationen wäre eine solche Hürde (immer natürlich abhängig von der Zahl der Unterschriften) vergleichsweise leicht zu überspringen, Bürger und vornehmlich national agierende Assoziationen hätten aber praktisch keine Chance, selbst niedrige Hürden zu überspringen. In der Folge wird das Bürgerbegehren es europäisierten Organisationen sehr viel einfacher machen, Themen über dieses Instrument zu lancieren, als nicht europäisierten Assoziationen und nicht organisierten Interessen. Genau diese Organisationen, die mit dem Begehren bevorzugt werden, haben aber auch jetzt schon einen privilegierten Zugang zur europäischen Politik.

Aus dem Blickwinkel möglicher Initiatoren droht vor allem die Gefahr einer Instrumentalisierung solcher Initiativen. Da die Antragsteller im späteren Verfahren keinen Einfluss mehr auf die Inhalte nehmen können, stünde es im Belieben der Kommission und der anderen Repräsentativorgane den Willen des Volkes zu formulieren und zu ›gestalten‹. Das können sie natürlich auch jetzt schon, aber eben ohne diese ›höheren‹ Weihen. Im gesamten Grünbuch gibt es keine einzige Passage, in der sich die Kommission dazu äußert, wie die Authentizität des Begehrens geschützt werden soll. Die bereits im Weißbuch »Europäisches Regieren« angekündigte Praxis der erweiterten Einbindung zivilgesellschaftlicher Organisationen findet in den drei voran stehenden Absätzen des Art. 11 des EU-Vertrags seinen Niederschlag. Das Demokratisierungspotenzial steht im Mittelpunkt des nächsten Teils und zwar vor allem in den Kapiteln 7 bis 9.

Darüber hinaus hat vor allem die Kommission in den vegangenen Jahren auch die Idee einer partizipatorischen Demokratisierung der EU verfolgt, verstanden als die direkte Einbindung der europäischen Bürgerinnen und Bürger. Das Demokratisierungspotenzial solcher ›demotischen‹ Verfahren ist, wie ich anderswo gezeigt habe, ebenfalls gering (Hüller 2010).

6.3 Für graduelle Demokratisierungen der EU: Keine Königsstrategie in Sicht!

Von der institutionellen Zuordnung her sind die vier Typen von Demokratisierungsoptionen komplementär angelegt. Keine dieser Strategien kann allein die europäische Mehrebenenpolitik hinreichend demokratisch machen. Aber je nach Ausgestaltung kann es sein, dass vor allem die unter 6.2.2 genannten nationalen Reformoptionen nicht zu denen im Abschnitt 6.2.3 ›passen‹. Politisierung kann nur stattfinden, wenn relevante Fragen zur Entscheidung anstehen. Die unter 6.2.2 behandelten Ansätze laufen aber vor allem darauf hinaus, solche relevanten Fragen möglichst von Brüssel fernzuhalten.

Die Demokratisierung wird dann vorangebracht, so die These hier, wenn es gelingt, bei den politischen Fragen, die dem europäischen Primärrecht entsprechend supranational gestaltet werden sollen, auch einen Politisierungsgrad erreichen, der unterschiedliche Politikoptionen offen legt und Entscheidungsverfahren, die es ermöglichen, präferenzsensitive Entscheidungen zu treffen und durchzusetzen. Nationale politische und rechtliche Instanzen kann dann die beschränkte Funktion zukommen, expansionistische Tendenzen auf europäischer Ebene, aktuell und historisch bei der Kommission und dem EuGH zentriert, zukünftig möglicherweise auch beim EP, Einhalt zu gebieten, eben an den Grenzen, die das europäische Primärrecht gezogen hat.

Die unter 6.2.5 genannten Instrumente können die politischen Beratungsprozesse pluralisieren, transparenter und nachvollziehbarer machen. Über diese Kanäle können auch gesellschaftliche Präferenzen und Perspektiven in die europäischen Politikprozesse eingespeist werden. Aber sie führen auch zusammen bestenfalls zu einer partikularen Demokratisierung. Wichtige demokratierelevante Politiksequenzen (Agendabesetzung und vor allem die letztlich verbindlichen Entscheidungen) können über diese Wege nicht umfassend demokratisiert werden.

Die Demokratisierung der europäischen Primärrechtsentwicklung sollte nicht ausschließlich über verpflichtende Referenden erzeugt werden, sondern vor allem über eine demokratische Autorisierung entsprechender Politikgenerierungsprozesse (etwa Demokratisierung der Konventsmethode). Warum? Am Ende politischer Prozesse kann die Bevölkerung Vertragsentwürfe nur noch im Ganzen annehmen oder ablehnen, bestenfalls aber zwischen zwei oder drei solcher Entwürfe wählen. Wenn diejenigen, die über solche Entwürfe beraten und entscheiden aber gewählt werden, kann der Demos sehr viel präziser politische Präferenzen in diesem Prozess einspeisen.

Verpflichtende Referenden allein würden dazu führen, dass die europäische Primärrechtsentwicklung praktisch zum Erliegen käme und zwar auch dann, wenn eine deutliche Mehrheit der europäischen Bürgerschaft für bestimmte Veränderungen wäre. Das liegt nicht nur und nicht einmal in erster Linie daran, dass über die europäischen Länder hinweg so unterschiedliche Auffassungen vertreten werden, so dass diese gesellschaftlichen Spaltungen eine Vertragsrechtsentwicklung unwahrscheinlich macht, es liegt vor allem daran, dass sich dieses Instrument (unter gegebenen Bedingungen) leicht instrumentalisieren/manipulieren lässt.

III Assoziative Demokratisierung der EU?

Ausgangspunkt für diesen Teil ist die weithin geteilte Feststellung, dass die europäische Mehrebenenpolitik demokratischer werden soll. Dazu finden sich aktuell vier verschiedene Reformstrategien, die jenseits der Weiterentwicklung und Modifikation der Gemeinschaftsmethode in der EU in der vergangenen Dekade entwickelt worden sind und aktuell verfolgt werden: Durch die Konventsmethode soll die Primärrechtsetzung verbessert werden. Durch die Einführung von Bürgerbegehren, durch Experimente mit ›demotischen‹ Verfahren sowie durch eine Reform und Erweiterung der Einbindung zivilgesellschaftlicher Organisationen werden die Prozesse der Sekundärrechtsetzung bereits ergänzt oder sollen es in der Zukunft werden. Nur die Bemühungen um eine assoziative Demokratisierung der EU haben sich bereits soweit manifestiert, dass sie auch empirisch untersucht werden können. Und allein sie haben auch die Chance darauf, signifikante Erfolge in der Demokratisierung der Sekundärrechtsetzung vorzuweisen (siehe 6.2.5 sowie: Hüller 2007a; 2010).

Wenn wir also wissen wollen, ob und in welchem Maße sich die EU in den vergangenen Jahren demokratisiert hat, dann hängt die Antwort vor allem von der Frage ab, welchen Erfolg die Demokratisierungsbemühungen durch assoziative Einbindung gezeitigt haben. Das ist der Gegenstand der folgenden drei Kapitel.

Bei der Beantwortung dieser Frage steht die Politikwissenschaft vor einer ganzen Reihe von vertrackten Problemen:
1. Was wir für den Nationalstaat zu viel an plausiblen normativ-konzeptionellen Rahmen für assoziative Demokratisierung haben, haben wir für die EU zu wenig. Alle normativ anspruchsvollen Überlegungen zu einer assoziativen oder pluralistischen oder (neo-)korporatistischen Demokratisierung beziehen sich nicht nur auf nationalstaatliche Rahmenbedingungen, sondern zehren auch in wichtigen Annahmen davon. Entsprechend müssen wir nicht nur dem normativen Pluralismus an Konzeptionen assoziativer Demokratisierung Rechnung tragen, wir müssen auch klären, inwieweit sich die wesentlichen Annahmen dieser Überlegungen im Rah-

men der EU finden oder zumindest generieren lassen. Diesen Problemen widmet sich das Kapitel 7. In Auseinandersetzung mit den ›demokratietheoretischen‹ Erwartungen der Kommission werden verschiedene Konzeptionen assoziativer Demokratisierung auf ihre ›Europafähigkeit‹ untersucht.

2. Anschließend stellt sich das Problem, dass eine umfassende und systematische Abschätzung praktisch nicht zu leisten ist. In Teil II ist argumentiert worden, dass sich Demokratiemessung nicht allein auf die Bereitstellung von Beteiligungsangeboten im politischen System konzentrieren kann, sondern die tatsächliche Nutzung dieser Möglichkeiten untersuchen muss. Eine solche Untersuchung ist aber aufwendig und wäre für jedes einzelne Einbindungsinstrument zu adjustieren. Vor dem Hintergrund dieser pragmatischen Restriktionen konzentriert sich die empirische Untersuchung auf das Instrument der Online-Konsultationen der Kommission als der Fall bester (erwartbarer) demokratischer Praxis. Die verschiedenen Varianten der Online-Konsultationen der Kommission, warum sie die beste demokratische Praxis darstellen und warum diese analysiert werden sollte, sind Gegenstand des achten Kapitels.

3. In Kapitel 9 werden zunächst die allgemeinen Überlegungen zur Messung demokratischer Performanz in der EU (Kapitel 4 und 5) für die Messung der demokratischen Leistungen der Online-Konsultationen adjustiert und operationalisiert. Anschließend werden vier Fälle sozialregulativer Politikberatung genauer auf ihre demokratischen Leistungen untersucht.

7 Möglichkeiten und Grenzen einer assoziativen Demokratisierung der EU – theoretische Überlegungen

Mit der Einführung des Weißbuchs »Europäisches Regieren« erklärte die Europäische Kommission die verstärkte Einbindung der Zivilgesellschaft zu einem wichtigen Ziel auf dem Weg zu einer verbesserten demokratischen Qualität europäischer Politik. Dieses neue Verständnis der Funktion von Verbänden und Organisationen, das sich in den Aussagen und Dokumenten der Kommission deutlich nachvollziehen lässt (vgl. Bignami 2003; Greenwood 2007b: 349ff.; Kohler-Koch/Finke 2007), hat in zahlreichen institutionellen Neuerungen und Reformen seinen Niederschlag gefunden. Der daraus resultierende politische Wandel ist im Zuge der Debatte über die demokratische Legitimation assoziativer Demokratie von wissenschaftlicher Seite ausführlich diskutiert worden (zu den einzelnen Positionen, die teilweise auf sehr unterschiedlichen normativen Demokratieverständnissen beruhen, siehe u.a. Greenwood 2007b; Grote/Gbikpi 2002; Heinelt 1998; Kohler-Koch 2007; Kröger 2008; Naurin 2007; Ruzza/Della Sala 2007; Saurugger 2008; Schmidt, V. A. 2006: Kap. 5; Smismans 2006; 2008; Steffek u.a. 2006). Die bloße Übertragung bestimmter Einsichten aus verschiedenen normativen Demokratietheorien (wie der pluralistischen, der assoziativen Theorie usw.), die einen starken Zusammenhang zwischen Verbänden und Demokratie im Rahmen nationaler politischer Systeme postulieren, hat jedoch nicht nur zu einer theoretischen Aufladung der Debatte geführt, sondern auch die Erwartungen an die demokratisierende Wirkung zivilgesellschaftlicher Organisationen über das von der Kommission erwartete Maß hinaus gesteigert.

Ziel dieses Kapitels ist es, beide Sichtweisen kritisch zu hinterfragen, das heißt zum einen die Anwendbarkeit des ›nationalen‹ Ansatzes der Einbindung der Zivilgesellschaft im EU Zusammenhang, zum anderen die normative Stimmigkeit der Sichtweise der Kommission. Die ›nationalen‹ Ansätze beruhen auf spezifischen Annahmen über die Zusammensetzung der organisierten Zivilgesellschaft, den öffentlichen Raum und das Zusammenspiel mit anderen Mechanismen, die im supranationalen Rahmen eventuell nicht auf gleiche Weise gegeben sind. Die Kommission vertritt die Position, dass von der Einbindung zivilgesellschaftlicher Organisationen nur eine vergleichsweise beschränkte Demokratiewirkung ausgehen kann und dies auch nur, wenn diese Assoziationen hohen normativen Erwartungen bezüglich ihrer internen Funktionsweise genügen. In diesem Kapitel wird die Auffassung vertreten, dass wenngleich die moderaten Erwartungen der Kommission in Teilen ihre Berechtigung haben, die Forderung der Kommission nach weitgehender interner Demokratie in den zivilgesellschaftlichen Organisationen – als Voraussetzung für die Übernahme demokratierelevanter Funktionen – jedoch über das Ziel hinausschießt beziehungsweise nicht zu den vergleichsweise geringen an Assoziationen geknüpften Demokratisierungserwartungen passt.

Wie bereits erwähnt, versucht die Kommission mittels flächendeckender und intensivierter Einbindung zivilgesellschaftlicher Organisationen den politischen Entscheidungsfindungsprozess der EU zu demokratisieren. Später soll versucht werden, den Erfolg dieser Strategie empirisch zu untersuchen (Kapitel 9). Für diese Prüfung müssen wir uns auf ein realistisches Modell assoziativer Demokratisierung der EU stützen. Dabei ist völlig unklar, ob die durchaus vorhandenen, aber für den nationalstaatlichen Rahmen entwickelten Modelle einfach übertragen werden können. Die Kernfrage dieses Kapitels lautet daher: *Welche demokratischen Funktionen können zivilgesellschaftliche Organisationen innerhalb des EU-Entscheidungsprozesses einnehmen?*

Im Folgenden soll zunächst die Haltung der Kommission zu der Frage, inwiefern zivilgesellschaftliche Partizipation demokratiefördernd wirkt, rekonstruiert werden (7.1).[39] Da diese Position jedoch nicht immer eindeutig und auch in der Literatur nur unzureichend behandelt worden ist, werden in einem zweiten Schritt die möglichen demokratischen Funktionen zivilgesellschaftlicher Beteiligung skizziert (7.2). Im Anschluss daran werden drei normative Konzeptionen assoziativer Demokratie vorgestellt, die auf je unterschiedliche Weise die Realisierung dieser Erwartungen modelliert haben. Diese Modelle werden jeweils vor allem auf ihre Europafähigkeit hin überprüft (7.3–7.5). Es wird sich zeigen, dass alle drei Ansätze zwar im nationalen Zusammenhang plausibel sind, ihre Anwendung auf den EU-Rahmen aber schwerwiegende Probleme bereitet. Der letzte Abschnitt beschäftigt sich mit den Konsequenzen bezüglich der Rollen der Zivilgesellschaft innerhalb europäischer Demokratisierungsprozesse (7.6).

7.1 Demokratisierung der EU über zivilgesellschaftliche Partizipation – Die Position der Europäischen Kommission

Die Beteiligung der organisierten Zivilgesellschaft an der europäischen Politik wurde im vergangenen Jahrzehnt weitreichend reformiert. Zunächst wurden die *Verfahrensregeln* geändert, um den Zugang zur europäischen

---

39 Es ist nicht auf den ersten Blick offensichtlich weshalb sich die Analyse auf die Haltung der Kommission zu dieser Frage beschränkt, da zivilgesellschaftliche Organisationen auch in vielen anderen Zusammenhängen tätig sind (siehe Greenwood 2007a; Hüller 2008b: 366ff.). Mindestens drei Gründe sprechen allerdings für diese Beschränkung: Erstens spielt die Kommission die zentrale Rolle in der europäischen Politik, vor allem indem sie die politische Agenda bestimmt und Politikvorschläge initiiert. Zweitens fehlt der Kommission eine unabhängige demokratische Legitimation und insofern könnte man die Einbindung von Verbänden gewissermaßen als Legitimationsersatz betrachten, der der Kommission einen größeren politischen Einfluss verschafft. Drittens sind die Aktivitäten der Verbände ohnehin über verschiedene formelle und informelle Kanäle auf die Kommission ausgerichtet.

Politik für zivilgesellschaftliche Organisationen zu erleichtern. Gleichzeitig wurde eine größere Transparenz der legislativen Vorhaben und Arbeitsprogramme der Kommission sowie relevanter Dokumente und politischer Prozesse sichergestellt.[40] Durch diese Reformen haben sich die Möglichkeiten für politische Aktivitäten insgesamt verbreitert. Zudem hat die Kommission eine Richtlinie für den Umgang mit zivilgesellschaftlichen Organisationen erarbeitet, die deren Konsultation innerhalb wichtiger legislativer Prozesse obligatorisch macht (wenn auch nicht einklagbar) (Kommission 2002b). Über die obligatorischen Folgenabschätzungen muss die Kommission jedoch Rechenschaft darüber ablegen, inwiefern der erhaltene Input tatsächlich Eingang gefunden hat. In einem weiteren Schritt hin zu mehr zivilgesellschaftlicher Beteiligung wurden neue Instrumente eingeführt, wie zum Beispiel die – mittlerweile bereits regelmäßig genutzten – offenen Online-Konsultationen (siehe Kapitel 8 und 9).[41]

Diese Reformen finden sich im Ansatz bereits im Weißbuch »Europäisches Regieren« vorgezeichnet (Kommission 2001). Die drei wesentlichen Ziele, die mit der Einbindung der Zivilgesellschaft verbunden werden, sind (1) mehr Expertise, (2) schrittweise Demokratisierung der europäischen Politik und (3) Beförderung von »Dienste[n], die den Bedürfnissen der Bevölkerung entgegenkommen« (Kommission 2001: 19; siehe auch Kohler-Koch 2009). Ich konzentriere mich hier ausschließlich auf den Aspekt der Demokratisierung: Aus Sicht der Kommission soll die organisierte Zivilgesellschaft eine Vermittlerrolle spielen, indem sie »den Belangen der Bürger eine Stimme verleiht« (Kommission 2001: 19). Gleichzeitig, so der Gedanke der Kommission, verschaffen die Organisationen den Belangen der Bürgerschaft bei der Kommission Gehör und bringen Europa somit seinen Bürgern ein Stück näher (›Kommunikationspolitik‹).

Die Kommission schreibt der organisierten Zivilgesellschaft dabei nur ein eingeschränktes Demokratisierungspotenzial zu, das lediglich ergänzend zu den wichtigeren Beiträgen der Vertreter der Mitgliedstaaten und des EP zum Tragen kommt. In der Literatur zur zivilgesellschaftlichen Demokratisierung der EU finden sich zum Teil weit umfassendere Erwartungen an das demokratisierende Potenzial der Zivilgesellschaft (siehe etwa Nanz/Steffek 2007; Warleigh 2001). In empirischen Untersuchungen wird

---

40 Zum Arbeitsprogramm (und Wirkungsmessung) siehe http://ec.europa.eu/governance/impact/practice_en.htm. Bzgl. des öffentlichen Zugangs zu Dokumenten siehe EC Verordnung 1049/2001 und den derzeitigen Bewertungsprozess dieser Verordnung.
41 Siehe http://ec.europa.eu/yourvoice/.

die Kommission gelegentlich für die Maßstäbe kritisiert, die sie an zivilgesellschaftliche Organisationen anlegt. Was wäre demnach ein angemessener normativer Standard für zivilgesellschaftliche Partizipation in der EU? Dieser Frage soll im Folgenden systematisch nachgegangen werden.

Zuvor wende ich mich allerdings einem interessanten Nebenaspekt der erwünschten zivilgesellschaftlichen Beteiligung zu. Um demokratiefördernd zu wirken, so die Aussage der Kommission, müssen Organisationen über bestimmte interne Qualitäten verfügen: »Größere Einbindung bedeutet aber auch größere Verantwortung. Die Zivilgesellschaft muss selbst die Grundsätze guten Regierens, insbesondere Verantwortlichkeit und Offenheit, beachten.« (Kommission 2001: 21; siehe auch Kommission 2008). Ohne die Intentionen der Kommission hier ausführlich interpretieren zu wollen, lässt sich feststellen, dass die Transparenzinitiative und die damit verknüpften Instrumente vor allem die Aufgabe haben, die Demokratiefähigkeit zivilgesellschaftlicher Organisationen zu ›kontrollieren‹ (Mitgliederverzeichnis, Verhaltensregeln, etc.). Drei mögliche Zwecke werden von der Kommission – in unterschiedlichen Zusammenhängen – mehr oder weniger explizit formuliert:[42]

(a) Wenn zivilgesellschaftliche Organisationen im Politikprozess mitwirken, muss deutlich sein, wen diese Organisationen repräsentieren. Wenn viele Organisationen für viele Bürger sprechen, kann dies als demokratisches oder repräsentatives Substitut für die mangelnde Sichtbarkeit der europäischen Bürger im politischen Prozess gelten. In den Worten der Vizepräsidentin der Kommission, Margot Wallström (2007: 9): »Our existing system of consultation with selected NGO […] may need improvement to ensure that the NGOS we consult are as representative as possible of citizens' interests and concerns.«

(b) Wenn zivilgesellschaftliche Organisationen partizipieren, müssen sie intern einem demokratischen Mindeststandard entsprechen (Offenheit, Transparenz, Partizipation und interne Verantwortlichkeit). Nur wenn die Organisationen auch intern demokratisch sind, können sie zur Demokrati-

---

42 Weder soll die tatsächliche Konzeption der Kommission über zivilgesellschaftliche Partizipation und ihre Geschichte hier empirisch konsistent rekonstruiert werden (siehe Bignami, 2003; Kohler-Koch/Finke, 2007), noch soll eine präzise Zusammenfassung und Diskussion der wesentlichen Dokumente geliefert werden. Sogar die neueste Entwicklung, die Transparenzinitiative, hat bereits breite wissenschaftliche Beachtung gefunden (siehe Cini 2008; Greenwood 2009).

sierung des legislativen Prozesses beitragen. Dies scheint die plausibelste Interpretation des obigen Zitats aus dem Weißbuch zu sein.

(c) Wenn zivilgesellschaftliche Organisationen in deliberativen Politikprozessen partizipieren, ist die Kommission verpflichtet, diese Prozesse vor strategisch motivierter Informationsverschmutzung (Manipulation, Korruption, etc.) zu schützen. Solche Strategien würden den demokratischen Zweck der Einbindung unterminieren. Das Einholen bestimmter Informationen über die zivilgesellschaftlichen Teilnehmer ist in dieser Sicht notwendig, um authentische Beratungsprozesse zu gewährleisten. Auf dieser logischen Grundlage beruht die Tranzparenzinitiative der Kommission, in der zwischen ›gutem‹ und ›schlechtem‹ Lobbyismus unterschieden wird.

Im Prinzip eignen sich alle drei Leitideen, um die Demokratisierung der EU über assoziative Einbindung zu fördern. Die ersten beiden Ideen scheinen mir aber keine angemessenen ›Theorien‹ für die von der Kommission vorangetriebene Einbindung der Zivilgesellschaft zu sein. Ein bestimmtes Maß an interner Demokratie (2) wäre eine notwendige Bedingung wenn, und nur wenn, die Entscheidungsfindung gänzlich an zivilgesellschaftliche Gruppen delegiert würde (was weder in tatsächlichen Entscheidungsverfahren der Fall ist, noch von der Kommission so vorgesehen ist). Solange sich die zivilgesellschaftliche Einbindung allein auf die Beratungsdimension beschränkt, würden Vorgaben bezüglich der internen Demokratie der ZGO die Beteiligung zumindest für bestimmte Assoziationen erschweren, ohne dabei eine relevante demokratische Funktion zu erfüllen. Die katholische Kirche beispielsweise erfüllt die Standards der internen Demokratie der Kommission nicht, dennoch sollte daraus nicht gefolgert werden, dass sie ihre Mitglieder weniger repräsentieren kann als demokratisch verfasste Religionsgemeinschaften. Sie ist nämlich trotzdem eine freiwillige Assoziation, die ihren Mitgliedern nicht die effektive Austrittsmöglichkeit abschneidet und natürlich auch von unten nach oben laufende Konsultationsprozesse kennt. Es ist also überhaupt nicht sicher, ob interne Demokratie tatsächlich eine notwendige Bedingung für die Repräsentativität der Positionen zivilgesellschaftlicher Organisationen darstellt.

Im Gegensatz dazu ist die zweite Konzeption, dass der zivilgesellschaftliche Beitrag zum Entscheidungsprozess repräsentativ für die Haltung und Sichtweisen der Mitglieder der Organisationen sein soll, zwar theoretisch wünschenswert, aber − wie ich später in Übereinstimmung mit Thomas

Christiano und Theda Skocpol argumentieren werde – auf der europäischen Ebene unrealistisch und sollte deshalb im Ansatz der Kommission zur zivilgesellschaftlichen Demokratisierung der EU keinen Bezugspunkt darstellen und tut es in der Regel auch nicht. Die Kommission scheint aber nicht nur ein schmales Verständnis demokratischer Leistungen darzubieten, sondern scheint der Sicht zuzuneigen, dass selbst diese beschränkten Erwartungen nur mit der Einbindung intern demokratischer Assoziationen erreicht werden können. Genau mit dieser doppelten Einschränkung wird, so meine These, unnötigerweise Demokratisierungspotenzial verschenkt: Gute Argumente in Beratungsprozessen hängen immer an ihren Autoren und je inklusiver Beratungsprozesse sind, desto besser können Probleme und Konflikte von allen Seiten beleuchtet werden. Natürlich müssen die politischen Entscheidungen in erster Linie dem Prinzip politischer Gleichheit genügen. Selbst wenn die zivilgesellschaftlichen Organisationen diese nicht verbürgen können, können sie andere wichtige demokratierelevante Leistungen einbringen, wie die kompetitive argumentative Durchdringung politischer Fragen. Kurz gesagt: Es besteht kein strikter Zusammenhang zwischen der egalitären Repräsentativität in Beratungsprozessen und inklusiver Deliberationen. Und wenn egalitäre Repräsentation über die Einbindung der Zivilgesellschaft nicht zu erzielen ist, kann ein vergleichsweise exklusiver Zugang für zivilgesellschaftliche Organisationen zu europäischer Politikberatung trotzdem weitere (unnötige) Beeinträchtigungen demokratischer Performanz nach sich ziehen.

Theoretisch kann das Problem der doppelten Einschränkung auf zwei Arten gelöst werden: Eine Strategie wäre, repräsentativen und intern demokratischen Organisationen mehr Einfluss im gesamten Entscheidungsprozess zuzugestehen. Die zweite Möglichkeit besteht darin, die Zugangsbeschränkungen zu den öffentlichen Foren zu lockern. Wenn es empirisch zutrifft, dass europäische zivilgesellschaftliche Organisationen nicht oder nur unzureichend den egalitären Prinzipien entsprechen, kann in der EU-Praxis nur die zweite Strategie dem Problem der doppelten Einschränkung entgegen wirken.

Eine solche Strategie führt zu der oben ausgeführten dritten Interpretation. Die angewendeten Instrumente zivilgesellschaftlicher Einbindung ›passen‹ zwar zu der rein beratenden Funktion, die den ZGO zugewiesen wird, stimmen jedoch nicht mit der Rhetorik der Kommission bezüglich der internen Demokratie überein, die schon im Weißbuch »Europäisches

Regieren« und nun auch im Zuge der Transparenzinitiative gefordert wird. Meiner Ansicht nach stellt der Abbau von Zugangsbeschränkungen den sinnvollsten Weg zu einer konsistenten, demokratieförderlichen Kommissionsstrategie dar, wobei dafür Sorge getragen werden muss, dass Manipulationen verhindert werden. Das heißt, wir müssen wissen, wer die Partizipierenden sind (die Ziele der Organisation, transparente Finanzen), nicht mehr und nicht weniger. Wenn politische Deliberationen iterative Prozesse sind, kann davon ausgegangen werden, dass bei bekannten Akteuren die Anwendung manipulativer Strategien eher die Ausnahme ist, da sie bei Entdeckung in künftigen Deliberationen bestraft würden. Zudem werden die Beiträge zivilgesellschaftlicher Organisationen im Beratungsverfahren von der Kommission ›gefiltert‹ und bewertet. Diese Evaluationsprozesse werden zwar aufwendiger, aber zugleich einfacher je pluralistischer und kompetitiver die Beiträge sind. Niedrigere Partizipationshürden sollten (alle anderen Parameter gleichbleibend) also zu einer pluralistischeren Zusammensetzung der Policy-Beratung führen.

Das Argument, dass allein die dritte der möglichen Leitideen der Demokratisierung über assoziative Einbindung auf europäischer Ebene gangbar ist, ist noch nicht schlüssig bewiesen worden, denn das strukturelle Gleichheits- beziehungsweise Repräsentativitätsdefizit wurde bisher nur behauptet. Dem werde ich mich aber erst in der Auseinandersetzung mit den verschiedenen Modellen zuwenden. Im letzten Abschnitt dieses Kapitels wird dann nochmals auf die Lockerung der restriktiven Zugangsbeschränkungen für zivilgesellschaftliche Organisationen in den Beratungsinstrumenten der EU zurückgekommen werden. Zuvor möchte ich mich weiter der Suche nach einem geeigneten normativen Modell der zivilgesellschaftlichen Beteiligung widmen. Dazu muss geklärt werden, was assoziative Demokratisierung bedeuten kann und bedeuten sollte. Im nächsten Abschnitt werden mögliche demokratische Funktionen kurz skizziert.

7.2 Demokratische Funktionen zivilgesellschaftlicher Organisationen

Aus analytischen Gründen definiere ich zivilgesellschaftliche Organisationen in diesem Kontext sehr breit als alle (freiwilligen) Vereinigungen, die nicht staatlich sind (beziehungsweise im Kern nicht dem politischen System angehören) oder eng mit dem Staat verbunden sind (Parteien); die nicht primär privater Natur sind (Familien) und deren Hauptzweck nicht

Profiterzielung ist (Unternehmen). Diese breite Definition entspricht im Übrigen dem Verständnis der Kommission (Kommission 2001: 14) und ist damit zumindest für den Zweck geeignet, ihre assoziationsdemokratischen Vorstellungen zu kritisieren. Wenn eine der im Folgenden diskutierten normativen Konzeptionen eine enger gefasste Definition zivilgesellschaftlicher Organisationen verwendet, werde ich auf diese eingehen. Eine generell restriktivere Definition hingegen würde dazu führen, dass einige der von den Autoren zugeschriebenen demokratischen Funktionen übersehen werden.

In der Literatur finden sich mindestens zwei Stränge, die eine Verbindung zwischen Demokratisierung und Zivilgesellschaft ziehen. Man könnte sie unter *assoziative Demokratie* und *assoziatives Leben* subsumieren. Assoziative Demokratie umfasst generell die Einbindung von zivilgesellschaftlichen Organisationen in das politische System, sei es die Delegation von autoritativer Gewalt an einzelne nicht-staatliche Akteure oder an bestimmte ›repräsentative‹ Gruppen von Organisationen (Korporatismus, Gruppen-Pluralismus). In einer anderen Version von assoziativer Demokratie übernehmen zivilgesellschaftliche Akteure vermittelnde Funktionen, zum Beispiel wenn sich staatliche Akteure im Entscheidungsprozess wesentlich auf die Beiträge aus der Zivilgesellschaft stützen (auf Expertise und Forderungen) oder wenn die Organisationen andere wichtige Aufgaben erfüllen, zum Beispiel Information der Bürger.

Der zweite Strang *assoziatives Leben* konzentriert sich weniger auf die Demokratisierung des politischen Systems direkt, als auf die demokratiefördernde Wirkung des zivilgesellschaftlichen Lebens und damit auf die formativen Effekte von aktiver Mitgliedschaft in Vereinigungen auf (andere) politische Aktivitäten, auf politische Kompetenzen und ›Tugenden‹.

Die oben diskutierten Vorstellungen der Kommission gehören sämtlich dem ersten Typ an. Entsprechend beschäftige ich mich hier auch nur mit (bestimmten Aspekten aus) dem ersten Literaturstrang (für einen Überblick über verschiedene institutionelle Rahmen und mögliche demokratische Funktionen siehe Cohen/Rogers 1995a; Fung 2003; Warren 2001).

Im Unterschied zu den Vorstellungen einer partizipativen Demokratie werden die gewünschten Demokratieeffekte in Konzeptionen assoziativer Demokratie nicht mit der direkten Einbindung der Bürgerschaft in den politischen Prozess verbunden, sondern mit der von Vertretern zivilgesellschaftlicher Organisationen. Für die Konzeptualisierung demokratischer Performanz macht dies einen wichtigen Unterschied. Aus normativer Sicht ist letztlich der Demos (die Bürger oder die betroffenen Personen) mit seinen Ansprüchen und Präferenzen der einzige relevante Bezugspunkt und nicht der Wille von Organisationen. Wenn zivilgesellschaftliche Organisationen zentrale Demokratiefunktionen im politischen Entscheidungsprozess übernehmen sollen, brauchen wir eine zweidimensionale Analyse: Eine Dimension, die sich auf die politische Interaktion zwischen dem Zentrum des politischen Systems und den zivilgesellschaftlichen Organisationen konzentriert und eine zweite, die die Interaktion zwischen Demos (wie auch immer man diesen definiert) und den zivilgesellschaftlichen Organisationen in den Fokus rückt (siehe Hüller/Kohler-Koch, 2008 für eine analytische Anwendung dieses grundlegenden Models auf die EU). Ganz offensichtlich wird die zweite Dimension in der Mehrzahl der empirischen Untersuchungen bisher vernachlässigt und auch in der theoretischen Modellierung häufig ausgeblendet. Die drei unten diskutierten Konzepte berücksichtigen jedoch beide Dimensionen.

Grob lassen sich zwei verschiedene Demokratisierungsmechanismen unterscheiden. Aus der *top-down*-Perspektive auf das politische System beobachten zivilgesellschaftliche Organisationen in möglichst systematischer Weise mehr oder weniger transparente, aber dennoch für die Mehrheit der Bürgerschaft nicht vollkommen durchsichtige politische Prozesse und leiten relevante Informationen, Erklärungen und Kritik an dem was ›da oben‹ passiert an ihre Mitglieder oder an die Allgemeinheit weiter. Dieses *assoziative Monitoring* ist darauf ausgerichtet, politische Prozesse öffentlicher und damit verantwortlicher machen (siehe z.B. Fung 2003: 522; Steffek 2010).

Demokratisierung kann auch umgekehrt wirken, indem eine auf größere Egalität ausgerichtete ›Input-Kette‹ oder ein *bottom-up*-Mechanismus durch dazwischen geschaltete zivilgesellschaftliche Gruppen gestärkt wird. Wenn mitgliederstarke Organisationen oder solche mit einer breiten unterstützenden Basis in verschiedenen lokalen Kontexten arbeiten, ist es plausibel, dass ihre Repräsentanten relevante Informationen und unterschiedliche Perspektiven einnehmen (Williams 1998; Young 2000). So können sie relevante, weil unbekannte Expertisen, Forderungen und eine Bandbreite an Meinungen in den Entscheidungsfindungsprozess einbringen. Dadurch kann die Wissensbasis (über relevante politische Präferenzen, Forderungen und Lösungsvorschläge) ausgebaut werden, was wiederum eine Vorbedingung für egalitäre Deliberationen und Entscheidungen ist (siehe Fung 2003: 523ff.).

Der Effektivitätsgrad der beiden Mechanismen ist größtenteils eine empirische Frage. Es wäre unzureichend, nur zu belegen, dass zivilgesellschaftliche Organisationen eine Vielzahl an Themen und Forderungen einbringen. Vielmehr müsste gezeigt werden, dass diese Organisationen in einem bestimmten Maß repräsentativ für den Demos sind.[43] Zudem kann der zivilgesellschaftliche Input nur dann als demokratischer Mehrwert gelten, wenn er tatsächlich auf den Entscheidungsprozess Einfluss nimmt[44] oder die Organisationen signifikant dazu beitragen, dass die Entscheidungsträger Verantwortlichkeit zeigen.

Die Konnotationen der *bottom-up-* und *top-down*-Mechanismen sind vielleicht näher an aggregativen Demokratievorstellungen angesiedelt, aber es muss auch in den deliberativen Konzepten assoziativer Demokratie eine Verbindung existieren zwischen dem Demos und den repräsentativeren Akten der Entscheidungsfindung – wie auch immer vermittelt und deliberativ durchdrungen (für verschiedene Varianten siehe Christiano 1996b; Cohen/Rogers 1995a; Habermas 1992b: Kap. VIII; Nanz/Steffek 2007). Und wichtiger noch: Beide Mechanismen müssten in der Praxis der europäischen Politik sichtbar sein und Wirkung zeigen.

Die Kommission und ein Großteil der in der Einleitung zitierten Literatur zeigen sich optimistisch, was die Bedeutung demokratischer Funktionen von zivilgesellschaftlichen Organisationen und deren Beteiligung an der EU-Gesetzgebung betrifft. Die demokratische Theorie teilt diesen Optimismus jedoch nicht. Im Allgemeinen spielen zivilgesellschaftliche Organisationen in normativen Demokratievorstellungen weder die wichtigste (Shapiro 2003; Weale 2007a), noch eine durchgängig positive Rolle (vgl. schon Rousseaus Angst vor gesellschaftlichen Partikularismen).

Natürlich sind »associational autonomy« (Dahl) oder »freedom of association« (Gutmann) zentral für ein demokratisches Gemeinwesen, ebenso wie die indirekten demokratischen Funktionen der »Schulen der Demokratie« ihre Berechtigung haben mögen. Normalerweise beschränken sich

---

43 Es existiert seit den 60-er Jahren eine breite kritische Literatur vor allem zu den möglichen demokratischen Schwächen des Gruppenpluralismus und Neo-Korporatismus sowie zu den Eigeninteressen von Organisationen (für Überblicke, siehe Kelso 1978; Schlozman 1984; Winter/Willems 2000).

44 Es ist sicherlich sehr schwierig, den erwünschten Einfluss zu spezifizieren. Nanz und Steffek (2005) optieren aus pragmatischen Gründen für »Responsivität«. Da aber nach allgemeingültigen Entscheidungen gefragt ist, müssen wir entweder annehmen, dass alle zivilgesellschaftlichen Forderungen dem entsprechen (was nicht plausibel ist) oder die erwünschte Responsivität muss qualifiziert werden.

jedoch Erwartungen bezüglich direkter demokratischer Funktionen auf dem Gebiet der Legislative auf politische Parteien (siehe z.b. Weale 2007a).

Politische Institutionen mit legislativen Funktionen, die zivilgesellschaftlichen Organisationen zentralen Raum geben, werden in der Regel ebenfalls für andere Qualitäten jenseits der demokratischen Performanz geschätzt, wie zum Beispiel Effizienz (Neo-Korporatismus, Politiknetzwerke, dezentralisierter Experimentalismus).[45]

Die Verbindung einer prinzipienzentrierten normativen Demokratievorstellung (siehe Kapitel 5) mit der Zuschreibung wichtiger demokratischer Funktionen von zivilgesellschaftlichen Organisationen im Bereich der Setzung wesentlicher politischer Entscheidungen findet sich in der Literatur vergleichsweise selten. Das liegt daran, dass nur wenige Autoren davon überzeugt sind, dass politische Gleichheit in einem anspruchsvollen Verständnis über zivilgesellschaftliche Organisationen wirksam in politischen Ordnungen verankert werden kann, politische Gleichheit aber unabdingbar ist für alle plausiblen Demokratieverständnisse. Daher finden wir Varianten dieser grundlegenden Idee auch in so unterschiedlichen Konzeptionen, wie Schumpeters *Kapitalismus, Sozialismus und Demokratie* und Patemans *Participation and Democratic Theory*.

Wichtige demokratische Funktionen in der Gesetzgebung sind oben in drei (zumindest analytisch) voneinander zu trennende Dimensionen unterteilt worden: Kontrolle der Agenda, Prozesse der Meinungs- und Willensbildung und abschließende Entscheidung (siehe Kapitel 5). Wenn sich die Funktion von zivilgesellschaftlichen Organisationen nur auf Agenda-Setting und/oder Deliberation beschränkt, wird ihr Demokratisierungspotenzial hier als eingeschränkt bezeichnet, wenn sie darüber hinaus Funktionen bei der abschließenden Entscheidung einnehmen sollen, werden sie im Folgenden *umfassende* Demokratiekonzeptionen genannt.

In den folgenden drei Unterabschnitten wird die Anwendbarkeit der normativen Ansätze assoziativer Demokratie von Habermas, Cohen/Rogers und Christiano auf das EU-Umfeld untersucht. Warum gerade diese drei und nicht andere der zahlreicheren Konzeptionen assoziativer Einbindung? Dafür gibt es mehrere Gründe: Ein wichtiger Gesichtspunkt ist, dass alle drei genannten Ansätze zivilgesellschaftlichen Organisationen wichtige *demokratische* Funktionen zuschreiben, zumindest auf nationaler Ebene und

---

45 Für die EU siehe z.b. die Literatur zur OMK und ihre theoretische Unterfütterung aus der amerikanischen pragmatischen Tradition (z.b. Gerstenberg/Sabel 2002; Sabel/Zeitlin 2007).

ihre normativen Vorstellungen bei allen Unterschieden unter dem oben entwickelten Demokratiebegriff ihren Platz finden. Doch es gibt auch wichtige Unterschiede, die einen Vergleich lohnenswert machen: Die drei Ansätze können als ›repräsentativ‹ für sehr verschiedene Visionen von der Demokratisierung durch zivilgesellschaftliche Partizipation gesehen werden. Die Analyse der Konzepte sollte uns daher ein annäherungsweise vollständiges Bild über die strukturellen Möglichkeiten und Einschränkungen zivilgesellschaftlicher Demokratisierung liefern. Die wichtigsten Unterschiede zwischen den Ansätzen sind folgende:

(a) Demokratisierungsreichweite. Zunächst lassen sich die drei Ansätze in Anschluss an die obige Unterscheidung zwischen eingeschränkten und umfassenden Demokratisierungszielen verorten. Der Ansatz von Cohen/Rogers ist zumindest in einer Lesart der umfassendste, insofern als die Autoren die Idee vertreten, politische Entscheidungsfindung vollständig ›outzusourcen‹, also vom Staat zu trennen, dem allein die Aufgabe einer demokratiesichernden Rahmung der entstaatlichten Politiksetzung zukommt. Christianos Ansatz ist in dieser Hinsicht am eingeschränktesten. Er fokussiert allein auf demokratieförderliche Leistungen zivilgesellschaftlicher Organisationen in der Beratungsdimension. Habermas befindet sich in der Mitte der beiden anderen Positionen. Eine Einbindung in formale Entscheidungsprozesse sieht er aber ebenfalls nicht vor.

(b) Zahl der beteiligten Organisationen. In der Debatte über die verschiedenen Visionen assoziativer Demokratie lassen sich mit Blick auf die Zahl der beteiligten Organisationen zwei Stränge ausmachen. Im neokorporatistischen Strang repräsentieren einige wenige Organisationen die wichtigsten gesellschaftlichen Forderungen, im pluralistischen Strang vertritt idealerweise eine Vielzahl sehr unterschiedlicher Organisationen alle relevanten Forderungen und Perspektiven. Habermas' und Christianos Konzeptionen beinhalten Versionen der letzteren Sichtweise, das Cohen/Rogers-Modell ist in der ersteren Tradition zu verorten.

(c) Partizipatorische und repräsentative Demokratie. Die Debatte um partizipatorische und repräsentative Demokratie hat viele Facetten. Partizipatorische Demokratie umfasst zwei wesentliche normative Bestrebungen, nämlich erstens direkte, egalitäre Herrschaft des Bürgers in allen relevanten sozialen und politischen Belangen und zweitens die Annahme, dass die tatsächliche Partizipation prägende positive Effekte hinsichtlich der Entwicklung politischer Fähigkeiten und Werte mit sich bringt (siehe z.B. Pateman 1970). Es ist offensichtlich, dass weder extreme Versionen des partizipatorischen wie des repräsentativen Ideals plausible Konzeptionen von Demokratie bieten. Die Vorstellungen sind sowohl aus normativer wie aus empirischer Sicht stark kritisiert worden (siehe bereits Walzer 1970). Dennoch kann es keine funktionierende Demokratie ohne ein deutliches Maß an tatsächlicher Bürgerbeteiligung geben (siehe Dahl 1989: Teil III).

Neue Ansätze der »participatory governance« (Grote/Gbikpi 2002) sind zu Recht dafür kritisiert worden, dass sie zivilgesellschaftliche Beteiligung und demokratische Funktionen im ursprünglichen Sinne der partizipatorischen Demokratie miteinander verbunden haben. Eine plausible Theorie fehlt jedoch noch immer (Greven 2007). Die normativen Visionen der drei im Anschluss diskutierten Ansätze bewegen sich in der Mitte der beiden Extreme, wobei die Modelle von Habermas und Cohen/Rogers näher am partizipatorischen Modell sind und Christiano eher zu einer repräsentativen Demokratievorstellung tendiert.

(d) Aggregatives oder deliberatives Ideal der Willensbildung. Die Modelle von Habermas und Cohen/Rogers lehnen sich eng an das deliberative Ideal der Willensbildung an, während Christiano eher zu der aggregativen Sichtweise neigt. Für die folgende Diskussion der assoziativen Demokratisierung der EU spielen die Unterschiede in dieser Frage jedoch keine Rolle.

Zusammenfassend ist festzuhalten, dass die drei Ansätze verschiedene Positionen hinsichtlich einer Reihe von wichtigen Aspekten der assoziativen Demokratievorstellung vertreten. Die Auswahl deckt keinesfalls alle Varianten dieser Konzeption ab, so fehlt beispielsweise die Version der Verhandlungsdemokratie à la Schmitter, in der Verhandlungen als eine dritte Form der Willensbildung angesehen werden. Die Annahme, dass sich Verhandlungsmacht so auf die teilnehmenden Organisationen verteilen lässt, dass dem demokratischen Gebot der politischen Gleichheit Genüge getan ist, ist jedoch nicht plausibel. Ebenso ist es fragwürdig, ob stabile demokratische Ordnungen überhaupt über iterative Verhandlungsprozesse abgebildet werden können.

Vor dem bisher dargestellten Hintergrund wende ich mich jetzt der Frage zu, ob diese Konzeptionen aufschlussreich sind für das Verständnis einer europäischen Demokratisierung über zivilgesellschaftliche Partizipation. In den nächsten Abschnitten werden die drei vorgestellten Ansätze einzeln daraufhin betrachtet.

7.3 Das zweigleisige Modell demokratischer Politik: Habermas

In »Faktizität und Geltung« hat Jürgen Habermas (1992b: Kap. VII und VIII) ein »zweigleisiges Modell« deliberativ-demokratischer Politik entwickelt. Im *Routinemodus* bearbeitet das Zentrum des politischen Systems (Regierung, politische Parteien und Parlament, Gerichte und Verwaltungen) gewöhnliche Probleme und Konflikte. Im *Konfliktmodus* hingegen sieht Habermas eine Rolle für ›uneigennützige‹, dem Gemeinwohl verpflichtete Organisationen, die eine deliberative und Agenda-Setting Funktion übernehmen. Über öffentliche Kommunikationen werden wichtige Probleme und Konflikte von zivilgesellschaftlichen Akteuren mehr oder minder systematisch auf die politische Tagesordnung gebracht. Der autochthone, nicht-vermachtete Charakter dieser assoziativen Zusammenhänge wird mit der Erwartung verknüpft, dass diese Akteure in besonderer Weise zur deliberativen Qualität öffentlicher Beratungen beitragen, die in der Folge auch Resonanz im Zentrum des politischen Systems erzeugen können. Demokratische Gleichheit in den öffentlichen Kommunikationen kann in dieser Sicht mit der inklusiven zivilgesellschaftlichen Einbindung verbunden werden, weil diese quasi umfassend auf gesellschaftliche Ansprüche und Perspektiven zugreifen kann. Zudem können die öffentlichen Kommunikationen von den Bürgern aufmerksam verfolgt werden. Sie sind offen für relevante Themen, verschiedene Perspektiven und Positionen oder sollten es sein. Der kontingente politische Einfluss dieser Deliberationen hängt wiederum von der Offenheit und Empfänglichkeit der Beratungs- und Entscheidungszusammenhänge im Zentrum des politischen Systems ab.

Habermas' *bottom-up*-Ansatz der zivilgesellschaftlichen Beteiligung bereitet mit Blick auf die Anwendung auf die EU einige Schwierigkeiten: Erstens ist unklar wie die Einbindung aller relevanten Organisationen und ihrer Positionen auf dem ›freien Markt‹ der öffentlichen Kommunikation in der EU gewährleistet werden kann. Wenn »[d]ie Zivilgesellschaft sich aus jenen mehr oder weniger spontan entstandenen Vereinigungen, Organisationen und Bewegungen zusammen[setzt], welche die Resonanz, die die gesellschaftlichen Problemlagen in den privaten Lebensbereichen finden, aufnehmen, kondensieren und lautverstärkend an die politische Öffentlichkeit weiterleiten« (Habermas 1992b: 443), dann haben wir es auf der EU-Ebene mit mindestens zwei aus empirischen Gründen problematischen Annahmen zu tun, nämlich dass es sich bei ihnen um »spontan entstandene Vereinigungen« handelt und dass diese Vereinigungen Einstellungen und Perspektiven aus dem privaten Bereich oder genauer gesagt dem Demos (zuverlässig) widerspiegeln. Habermas zeigt sich diesbezüglich selbst sehr skeptisch, was die supranationale Ebene betrifft (siehe Habermas 2007: 437ff.).[46]

Zweitens weist Habermas' Modell der Öffentlichkeit einen zentralen Platz in einer demokratischen politischen Ordnung zu. Genau diese Öffentlichkeit, die Anliegen ›von unten‹ aufnimmt und verarbeitet und die von den Bürgern aufmerksam zur Kenntnis genommen wird und insofern demokratische Erwartungen erfüllen kann, ist derzeit für den europäischen Zusammenhang nicht hinreichend ausgebildet. Das Hauptproblem ist nicht, dass politische Deliberationen prinzipiell nicht über politische und kulturelle Grenzen hinweg über die verschiedenen komplementären Institutionen der Massenkommunikation stattfinden könnten. Das ist theoretisch denkbar. Tatsächlich ist es aber so, dass die in Habermas' Demokratiekonzeption der Öffentlichkeit zugeschriebenen Erwartungen im hohen Maße normativ sind, die empirisch nur unzureichend eingeholt werden können. Zudem ist es wenig wahrscheinlich, dass diese Leistungen ein zufriedenstellendes Maß erreichen, wenn nationale Eliten mit einem nationalen Publikum in einem nationalen Format europäische Themen diskutieren (Hüller 2007b: 572ff.).

Drittens, und entgegen Habermas' Erwartungen, ist empirisch gezeigt worden, dass die öffentliche Kommunikationen der freiwilligen zivilgesellschaftlichen Organisationen im Allgemeinen weniger deliberativ und weniger auf reziproke Verallgemeinerungsfähigkeit ausgerichtet sind als bei anderen politischen Akteuren (Gerhards u.a. 1998). Da die Mitgliedschaft dieser Vereinigungen vergleichsweise homogen ist und relativ niedrige Exit-Kosten bestehen, verfügen die Repräsentanten dieser Organisationen nur über einen begrenzten Spielraum, innerhalb dem sie auf die legitimen Positionen anderer Parteien eingehen können (siehe Warren 2001). Insofern scheint Habermas' eingeschränkter Fokus auf bestimmte zivilgesellschaftliche Träger der Demokratieerwartungen generell ungeeignet zu sein.

---

46 Habermas zielt gleichzeitig auf eine Art egalitärer Einbindung und *bottom-up*-Aktivität autochthoner Organisationen. Dieser erste Kritikpunkt weist bereits darauf hin, dass auf EU-Ebene ein Zielkonflikt zu erwarten ist. Als praktische Konsequenz daraus könnte sich die politische Theorie für den »staatlichen Ausbau« zivilgesellschaftlicher Beteiligung offener zeigen, wobei die egalitäre Einbindung verstärkt würde auf Kosten eines weniger authochtonen Charakters der partizipierenden Organisationen.

Viertens beruht Habermas' für den Nationalstaat konzipiertes Modell auf einer strengen Unterscheidung zwischen einem weitgehend machtbasierten Handlungsmodus innerhalb des Routinemodus der Politik und einem deliberationszentrierten Modus innerhalb und zwischen den zivilgesellschaftlichen Organisationen in der Öffentlichkeit. Für die EU ist dies noch weniger plausibel als es für bestimmte nationale politische Systeme sein mag. Der Kommission fehlt eine direkte demokratische Autorisierung und sie kann demnach weder auf ein solches legitimierendes Verfahren bauen, noch auf starke Präferenzsignale demokratisch legitimierter ›Prinzipale‹. In der Konsequenz wäre zu erwarten, dass die Legitimität der Kommission viel stärker von der epistemischen Qualität der Politikgestaltung und einer sichtbaren Überparteilichkeit abhängt als die der Hauptakteure in nationalen politischen Systemen (für eine radikale Position dieser Art siehe Majone 1999). Das Zentrum-Peripherie-Modell aus *Faktizität und Geltung* stellt in dieser Hinsicht schon eine Aufweichung der ursprünglich noch klareren Gegenüberstellung zwischen kommunikativ und systemisch integrierten gesellschaftlichen Bereichen dar. Ich bezweifle aber, dass das Modell ein guter Ausgangspunkt für EU-spezifische Überlegungen zur Verortung möglicher demokratischer Leistungen zivilgesellschaftlicher Organisationen ist.

7.4 Assoziative Demokratie: Cohen/Rogers

Mit der Idee, politische Entscheidungsfindungsprozesse mehr oder weniger vollständig an repräsentative Organisationen zu übergeben, wobei durch konstruktives staatliches Eingreifen Ungleichheiten zwischen den Vereinigungen beseitigt oder neutralisiert werden und Entscheidungen direkt innerhalb der Verhandlungen zwischen den Organisationen getroffen werden, geht Cohen/Rogers' Ansatz (1995a) einen deutlichen Schritt weiter als Habermas in Richtung einer assoziativen Demokratie. Dieses Modell kann als eine demokratisch aufgewertete Version der alten pluralistischen Theorie gesehen werden, die aufgrund ihrer demokratischen Defizite stark kritisiert worden ist. Mein Interesse hier gilt einem plausiblen analytischen Rahmen, um das demokratische Potenzial zivilgesellschaftlicher Partizipation bewerten zu können. Insofern ist es sinnvoller, die plausibelste normative Konzeption der pluralistischen Theorie aufzugreifen, als die alten Theorien ausführlich zu beleuchten, nur um zu zeigen, dass man auf der EU-Ebene die gleichen wohlbekannten empirischen Defizite der Ungleichheit der Ressourcen, der Partizipations- und Einflussmöglichkeiten beobachten kann wie auf nationaler Ebene (siehe z.b. Saurugger 2008: 1280ff.). Deshalb müssen wir uns an einem normativen Modell abarbeiten, dass – wie die Überlegungen von Cohen und Rogers – zumindest von den praktisch vermeidbaren Mängeln nicht betroffen ist (ähnlich: Eising 2001).

Cohen/Rogers' Konzeption ist in anderer Hinsicht als die von Habermas unzureichend: Erstens stellt sich die Frage, ob selbst die besten repräsentativen zivilgesellschaftlichen Deliberationen ein geeignetes Mittel sind, um den ›Willen des Volkes‹ herauszukristallisieren oder zu konstruieren. Zivilgesellschaftliche Organisationen vertreten eine (im Vergleich zu politischen Parteien) enge Bandbreite an eher speziellen Positionen. Zusammengenommen können zivilgesellschaftliche Organisationen in der Masse viele wichtige Themen ins Rollen bringen, Argumente und Perspektiven liefern und so zu einem »deliberative uptake« (Bohman) in gesellschaftlichen Auseinandersetzungen beitragen. Wenn Entscheidungsprozesse nur spezifische, isolierte politische Fragen beträfen, wäre diese Form der Deliberation vielleicht sogar hinreichend repräsentativ. Nahezu jede politische Entscheidung basiert jedoch auf einer Vielzahl miteinander verwobener Fragen und Ansichten, und es ist unklar, ob die Summe der einzelnen, eng gefassten Sichtweisen, die in einem deliberativen Rahmen zusammengeführt werden, zu einem Ergebnis gelangen, das man mit Recht als demokratisch bezeichnen kann. Demokratische Repräsentation ist nur dann gegeben, wenn die Bürger zusätzlich selbst darüber entscheiden, wie die wichtigsten ihrer Ziele und Zwecke geordnet werden sollen. Diese Art von übergreifender Repräsentation kann über Wahlen und Parteisysteme erfolgen, jedoch nicht über Systeme assoziativer Demokratie. Wenn dieses Argument valide ist, kann zivilgesellschaftliche Beteiligung nur bei sehr stark eingegrenzter Kompetenz oder allein auf der Ebene des Agenda-Settings und der Deliberationen zusätzlich zur Demokratie beitragen, nicht aber auf der Stufe der Entscheidung.

Sogar wenn wir den ersten Kritikpunkt außer Acht lassen, ist es zweitens schwer nachzuvollziehen, wie das Cohen/Rogers Modell institutionalisiert werden soll. Es gibt zwei Möglichkeiten, wie Verhandlungen zu einem Ergebnis gebracht werden können, entweder durch Einvernehmen oder durch eine Mehrheitsregulung. Im assoziativen Modell gibt es keine numerische Repräsentation der Mitgliederschaft. Im besten Fall sind verschiedene Positionen und Perspektiven repräsentiert, insofern ist numerische Gleichheit kein sinnvoller Ansatz. Je offener solche Prozesse sind (das heißt je mehr Organisationen partizipieren und je mehr pluralistische Sichtweisen eingebracht werden), umso unwahrscheinlicher ist es, dass die tatsächlichen Verhandlungen im Einvernehmen ausgehen. Cohen/Rogers schlagen als theoretische Lösung vor, einige wenige Organisationen zu beteiligen, die jeweils über eine große und aktive Mitgliedschaft verfügen und bei denen Mitgliedschaften möglichst nicht exklusiv auf eine Assoziation beschränkt ist, sondern viele Bürgerinnen und Bürger in mehreren der beteiligten Assoziationen eingebunden sind (Cohen/Rogers 1995b: 61). Die starke Anbindung der zivilgesellschaftlichen Repräsentanten an den Demos würde die egalitäre Legitimierung einer solchen Konzeption sicherstellen. Leider existiert (a) auf der EU-Ebene keine einzige zivilgesellschaftliche Vereinigung, die diesen Kriterien entspräche, ist es (b) unmöglich, eine solche Vereinigung autoritativ ins Leben zu rufen und sind (c) auch keine derartigen Bemühungen ›von unten‹ zu beobachten.

Drittens sind Cohen und Rogers wegen einer ›konstruktiven Überfrachtung‹ ihres Modells kritisiert worden. Letztlich ist es der ›Staat‹, der den zivilgesellschaftlichen Verfahren einen Rahmen geben, sie finanzieren und organisieren muss. Abgesehen von der grundsätzlichen Frage, was die Motivation des Staates sein sollte, eine solche assoziative Demokratisierung zu unterstützen, die zugleich eine Selbstentmachtung darstellt, ist es auch zweifelhaft, ob es überhaupt möglich ist, die ›richtigen‹ Vereinigungen über einen langen Zeitraum auszusuchen und zu finanzieren (Eising 2001: 322ff.; Offe 1995; 1998). In sehr viel kleinerer Münze, versucht sich die Kommission an dieser Aufgabe. Wir werden später sehen, dass mit dieser konstruktiven Rolle auch Probleme entstehen (siehe 7.5).

7.5 Der dualistische Ansatz demokratischer Repräsentation: Christiano

Thomas Christianos (1996b) dualistischer Ansatz stellt eine Verbindung her zwischen repräsentativen politischen Systemen und dem Demos, innerhalb der politische Grundüberzeugungen und zentrale Präferenzen über ein funktionierendes pluralistisches Parteiensystem vermittelt und spezifische Interessen und Ansprüche über zivilgesellschaftliche Organisationen (im weiten Sinne) in den politischen Entscheidungsfindungsprozess eingebracht werden. Wie Habermas weitet Christiano die Rolle zivilgesellschaftlicher Organisationen nicht auf die Stufe der tatsächlichen Entscheidungen aus, sondern legt das Augenmerk auf ihren Beitrag im Rahmen inklusiver Beratungen im Vorfeld. Assoziative Einbindung kann zu den deliberativen Prozessen beitragen, indem neue Themen und Perspektiven, Positionen und Argumente eingebracht werden, die die existierenden ergänzen oder ersetzen.

In Christianos dualistischem Modell hat die Einbindung der Zivilgesellschaft eine komplementäre demokratische Funktion, indem sie in den Beratungsprozessen die Perspektiven, Informationen und Argumente erweitert. Es bleibt die Aufgabe von Wahlen und des Parteiensystems, die egalitäre oder repräsentative Kontrolle der Agenda sicherzustellen sowie die egalitäre Verantwortlichkeit des Entscheidungsprozesses zu gewährleisten. Innerhalb dieses Rahmens kann nach Christianos Vorstellungen die Zivilgesellschaft eingeschränkte demokratische Funktionen übernehmen, die über den Hauptkanal nicht zu realisieren sind.

Worin liegt also die Schwierigkeit, wenn wir Christianos Ansatz auf die EU anwenden? Es ist überzeugend begründet worden, dass Europawahlen und das europäische Parteiensystem aufgrund ihrer national segmentierten Institutionalisierung und der Tatsache, dass sie von den Bürgern als nachrangig empfunden werden, nicht adäquat funktionieren (siehe 6.1.2). Das bedeutet, dass der von Christiano postulierte demokratische Hauptmechanismus in der EU nicht funktioniert. Daraus könnte man schließen, Demokratie sei auf EU-Ebene generell eine Utopie.[47]

Dieser Sicht ist jedoch entgegenzuhalten, dass selbst wenn Europawahlen in demokratischer Hinsicht nicht richtig funktionsfähig sind, die Frage offen ist, ob und in welchem Maß diese Funktionen von anderen politischen Institutionen ausgefüllt werden können. Vielleicht können verschiedene Institutionen (in einer Art Arbeitsteilung) zusammenwirken und die Funktionsprobleme des europäischen Parlamentarismus ausgleichen. Die Frage ist also: Kann es eine demokratische ›Kontrolle‹ der politischen Agenda, demokratische Deliberationen und Entscheidungsfindung geben, ohne (oder mit schlecht funktionierenden) politischen Parteien? Im vorherigen Kapitel ist gezeigt worden, dass es zumindest keinen Grund gibt, warum die EU nicht deutlich demokratischer sein könnte.[48] Ob, wie und in

---

47 Siehe Weale (Weale 2007a: Kap. 10; 2007b) für eine klare Argumentation dieser Art.
48 Die Schweiz ist ein solcher Fall. Durch die Einbindung aller relevanten Parteien in die Regierung wird der Wettbewerbscharakter von regelmäßigen Wahlen unterminiert und eine niedrige Wahlbeteiligung ist die Folge. Die relative Bedeutungslosigkeit von Wahlen

welchem Maße zivilgesellschaftliche Organisationen diese demokratischen Funktionen in einem solchen Modell übernehmen können steht im Mittelpunkt des gesamten Teils III.

Wenn aber zivilgesellschaftliche Organisationen (mit der Kommission und einer abgeschwächten EU-Version von Wahlen und Parlament) als solche für die demokratische Qualität stehen sollen, wäre das Maß ihrer internen demokratischen Qualität keine hinreichende Voraussetzung. Vielmehr müssten ihre tatsächliche Mitgliederbasis und ihre interne politische Kommunikation, sowie ihre Beiträge zu und Aufnahme von öffentlicher Kommunikation empirisch reflektiert werden. Ob das Volk durch vermehrte assoziative Einbindung wirklich die Herrschaft übernimmt, hängt nicht zuletzt von den kontingenten Antworten auf diese Fragen ab (siehe auch Hüller/Kohler-Koch 2008).

7.6 Zivilgesellschaft und Demokratie in der EU – Schlussfolgerungen aus der Untersuchung von drei normativen Konzeptionen

Die Ergebnisse dieses Kapitels lassen sich wie folgt zusammenfassen: Eine einfache Übertragung der drei normativen, für den nationalstaatlichen Rahmen entwickelten Modelle assoziativer Einbindung auf die EU-Ebene ist nicht möglich. Der Konzeption von Habermas fehlen im EU-Umfeld die institutionelle Infrastruktur (Öffentlichkeit) sowie die spezifischen gesellschaftlichen Akteure (nicht-vermachtete, autochthone Vereinigungen). Daher ist der zweite Teil seines Ansatzes, die Verbindung zwischen ›Zivilgesellschaft‹ und ›Öffentlichkeit‹, die kausal für die demokratische Leistungsfähigkeit ist, auf der EU-Ebene nicht funktionsfähig und wird es auch in absehbarer Zukunft nicht werden. Habermas selbst scheint zumindest dem die Zivilgesellschaft betreffenden Teil dieser Schlussfolgerung zuzustimmen.[49] Die Anwendung der Konzeption von Cohen/Rogers scheitert an der mangelnden Existenz flächendeckender europäischer zivilgesellschaftlicher Organisationen, was die Idee einer umfassenden Demo-

---

in der Schweiz wird aber durch die breite Anwendung von Instrumenten der direkten Demokratie ausgeglichen.

49 Habermas eigene Empfehlungen für mehr Demokratie in der EU zielen auf die Einführung einer europäischen Verfassung, einschließlich eines direkt gewählten Präsidenten, Referenden (2008a: 85ff.), und die Europäisierung nationaler Öffentlichkeit (2008a: 188ff.), jedoch nicht auf die Ausdehnung zivilgesellschaftlicher Einbindung (2007: 437ff.).

kratisierung, also staatliche Entscheidungsprozesse durch zivilgesellschaftliche zu ersetzen, unmöglich macht – zumindest als demokratische Vision. Und selbst Christianos eingeschränkte dualistische Konzeption demokratischer Beteiligung hat auf europäischer Ebene seine strukturellen Grenzen. Der Hauptmechanismus seines Ansatzes, die Bindung der politischen Entscheidungsträger (politische Parteien und das Parlament) an den Demos, funktioniert nicht, weil die europäischen Bürger ihre Möglichkeiten, die Mitglieder und Kandidaten des Europäischen Parlaments zu autorisieren und zur Verantwortung zu ziehen, nicht ausreichend wahrnehmen.

Welche Schlüsse lassen sich vor dem Hintergrund dieser negativen Ergebnisse für das Ziel der Demokratisierung der EU über die Einbindung zivilgesellschaftlicher Organisationen ziehen? In Abschnitt 7.2 wurde zwischen umfassenden und eingeschränkten Varianten assoziativer Demokratisierung unterschieden. Es bleibt eine empirische Frage, ob zivilgesellschaftliche Organisationen eine signifikante Rolle beim Agenda-Setting spielen und wichtige deliberative Funktionen übernehmen können und ob somit eine eingeschränkte Vision für den EU-Rahmen plausibel sein kann. Wenn die Mängel bei der Anwendung der beiden anderen Modelle repräsentativ für die umfassenderen Ansätze sind (wovon ich ausgehe), dann sind die Schwierigkeiten, die einer umfassenden Demokratisierung der EU über die Einbindung der Zivilgesellschaft entgegenstehen, auf absehbare Zeit nicht überwindbar.

Ein zentrales Argument gegen die ›europäisierten‹ Versionen der Modelle von Habermas und Cohen/Rogers war, dass auf der EU-Ebene keine geeigneten zivilgesellschaftlichen Organisationen existieren. Dies führt zu der Frage, welche Arten von Vereinigungen tatsächlich oder potenziell partizipieren und ob und im Hinblick auf welche Kriterien wir mit der Einbindung dieser real existierenden Assoziationen realistische Demokratisierungshoffnungen verbinden können (a). In Anschluss an die EU-spezifischen Probleme von Christianos dualistischem Modell kann gefragt werden, ob ein alternatives Modell entwickelt werden kann, das ganz im Sinne der Kommission, die zivilgesellschaftlichen Einbindungen bei ihr ansiedelt und darüber eine signifikante Demokratisierung zu induzieren trachtet (b).

(a) Partizipationsmuster. Prima facie scheint die Annahme plausibel, dass eine Vielzahl von fragmentierten Organisationen eher demokratische Aufgaben erfüllt als einige wenige, eher konzentrierte Großorganisationen.⁵⁰ Erstere lassen eine größere Bandbreite an Perspektiven und Positionen erwarten und damit einen umfassenderen Input für deliberative Prozesse. Die meisten Vertreter der assoziativen Demokratietheorie halten jedoch die wenigen aber umfassenderen Organisationen mit einer breiten und aktiven Mitgliederschaft aufgrund der stärkeren Rückbindungsmöglichkeiten an signifikante Teile des für besser geeignet.⁵¹ Außerdem nimmt die Wahrscheinlichkeit einer Einigung mit der steigenden Anzahl der partizipierenden Organisationen ab (siehe 7.4).

Empirisch finden wir in der EU sowohl beide Partizipationsmuster als auch Mischformen innerhalb der verschiedenen Konsultationsinstrumente. Je nach konkretem Thema und Konsultationsinstrument variiert der Erfolg, die bekannten Aktivitätsungleichheiten zivilgesellschaftlicher Organisationen (im weiten Sinne) abzumildern (Fazi/Smith 2006; Greenwood 2007a: Kap. 2; Quittkat/Finke 2008; siehe auch unten, Kapitel 8).

Das Hauptproblem scheint jedoch die fehlende Verbindung zwischen den Vertretern der zivilgesellschaftlichen Organisationen und den Mitgliedern vor Ort zu sein. Derzeit gibt es keine Belege (geschweige denn Datenmaterial) für intensive interne egalitäre Deliberationen innerhalb der partizipierenden Organisationen. Die Annahme ist plausibel, dass in den Beratungen und Stellungnahmen dieser Organisationen lediglich eine kleine Verbandselite involviert ist. Und die zivilgesellschaftlichen Organisationen, selbst die Großorganisationen, sind dabei von dem von Cohen und Rogers propagierten Ideal weit entfernt. Der allgemeine Wandel von Mitgliederorganisationen hin zu professionell geführten, mitgliederarmen, auf politischen Einfluss ausgerichteten Organisationen (Skocpol 2004) kann für die EU aus drei Gründen folgenreich sein: Erstens existieren historisch gewachsene Mitgliederorganisationen auf EU-Ebene nicht, sie müssten erst geschaffen werden und das entgegen dem genannten empirischen Trend. Zweitens ist in der Regel der Abstand zwischen der Elite und den einfachen Mitgliedern in europäischen Organisationen noch größer als in natio-

---

50 Die Unterscheidung von fragmentierteren und konzentrierteren Mustern zivilgesellschaftlicher Partizipation in politischen Systemen ist in der vergleichenden Forschung Standard (siehe z.B. Abromeit/Stoiber 2006: Kap. 4; Lijphart 1999: Kap. 9). Die Formulierung der Annahme ist freilich offen für mögliche Trade-offs, etwa zwischen Demokratie und Entscheidungseffizienz. Außerdem stellt sie lediglich eine Hypothese dar, die empirisch geprüft werden kann.
51 Umfassende Organisationen haben im Allgemeinen eine heterogenere Mitgliedschaft und müssen daher in ihren internen Deliberationen eine größere Bandbreite an Perspektiven und Positionen in Einklang bringen.

nalen. Insofern ist nicht zu erwarten, dass Einbindungs- und Deliberationsmechanismen die gleiche demokratisierende Wirkung haben. Drittens, da die europäischen Bürger sich weit weniger für europäische als für nationale Themen interessieren, ist es sehr unwahrscheinlich, dass die tatsächliche Partizipation in Bezug auf EU-Angelegenheiten so hoch ist wie bei nationalen Belangen. Ein Unterschied in den internen Deliberationen der zivilgesellschaftlichen Organisationen ist nicht zu erwarten.

Zwei Schlussfolgerungen lassen sich ziehen: Erstens, da die ›wenigen großen‹ Mitgliederorganisationen, die die europäische Bürgerschaft in ihrer Gesamtheit repräsentieren würden, nicht existieren, gibt es auch keinen Grund, warum eine pluralistische Einbindung zugunsten effizienterer Entscheidungsprozesse unter Beteiligung der wenigen Großorganisationen eingeschränkt werden sollte. Dieser Effizienzgewinn lässt sich überhaupt nicht demokratisch absichern. Entsprechend stellt sich auch die Frage ›Pluralismus‹ oder ›Neokorporatismus‹ auf europäischer Ebene nicht.

Zweitens, wenn auch ein pluralistischer Input durch zivilgesellschaftliche Organisationen politische Gleichheit nicht gewährleisten kann, ist es aus demokratischer Sicht ungerechtfertigt, nur die Stimmen von Organisationen beziehungsweise ihrer Vertreter zuzulassen. Das demokratische Potenzial zivilgesellschaftlicher Beteiligung an politikgestaltenden Deliberationen liegt in der Eröffnung neuer Perspektiven und Anliegen, beziehungsweise darin, diese an die politische Elite heranzutragen und dieses Potenzial können Stellungnahmen von Individuen genauso haben. Es obliegt der ›politischen Elite‹ (Kommission, Europäisches Parlament, Mitgliedstaaten, etc.) diesen Input deliberativ und demokratisch zu nutzen.

Vor diesem Hintergrund lassen sich auch die Fragen beantworten, welche Art von demokratiebezogenen Einschränkungen von zivilgesellschaftlichen Organisationen zu rechtfertigen sind oder welche Strategie geeignet ist, um die doppelte Einschränkung (siehe 7.1) zu vermeiden. Da eine umfassende Demokratisierung und hier insbesondere der egalitäre Zugriff auf den Demos und dessen Ansprüche und Präferenzen über zivilgesellschaftliche Einbindung auf EU-Ebene nicht zu realisieren ist, sollten die begrenzten konsultativen Möglichkeiten für zivilgesellschaftlichen Input nicht durch überhöhte Erwartungen an die internen Strukturen der Organisationen unnötigerweise noch weiter eingeschränkt werden. Es ist wichtig, die europäischen politischen Prozesse vor Manipulation und Fehlinformation zu schützen, aber es ist zu viel verlangt, interne Demokratie oder Repräsentativität von den Organisationen zu erwarten, insbesondere im Hinblick auf die eingeschränkten demokratischen Funktionen, die diese Organisation tatsächlich erfüllen können und weil es für den politischen Prozess keinerlei egalitären Gewinn bedeuten kann.

(b) Optionen für assoziative Demokratisierung? Im Sinne von Christianos eingeschränkter Demokratieerwartung ist argumentiert worden, dass zivilgesellschaftliche Organisationen bestimmte Komplementärleistungen erbringen könnten. Die Konkretisierung dieser Möglichkeit stellt uns vor zwei Probleme: Die europäischen Entscheidungsverfahren sind von der Kommission dominiert und die Kommission selbst ist nicht hinreichend demokratisch legitimiert. Damit stellt sich erstens die Frage wie administrative und zivilgesellschaftliche Organisationen zusammen überhaupt zuverlässig für ein Mehr an Demokratie stehen können? Zweitens mag eine Antwort darauf sein, auf die neutrale oder zumindest demokratiefördernde Ideologie der Kommission hinzuweisen, aber eine solche Begründung könnte von anderen Kompetenzen und Motivationen, die der Kommission ebenfalls zugeschrieben werden (zum Beispiel als »Hüterin der Verträge«), unterminiert werden. Es existiert nämlich keine klare ›Arbeitsteilung‹, durch die Versuche zur Förderung demokratischer Qualität vor dem Einfluss anderer Interessen und Ziele der Kommission geschützt würden. Das heißt im Hinblick auf die Einbindung zivilgesellschaftlicher Organisationen: Die Kommission selbst setzt die Themen und Fragen auf die politische Agenda, sie entscheidet über finanzielle Förderungen zivilgesellschaftlicher Organisationen, sie zählt und bewertet die aufkommenden Überlegungen aus der Zivilgesellschaft, und sie entscheidet letzten Endes, welche davon Eingang finden in den weiteren Beratungs- und Entscheidungsprozess und welche nicht.

Abgesehen von einer allgemeinen Skepsis, ob es einzelne Akteure gibt oder überhaupt geben kann, die solch eine altruistische oder zumindest neutrale Politik zum Wohle der Demokratie vorantreiben, weist viel darauf hin, dass die Kommission in der Tat kein solcher Akteur ist und auch nicht sein kann. Es wäre ein wichtiger Teil einer demokratischen Debatte, für Kritik an den relevanten Strukturen der europäischen Mehrebenenpolitik und der vertraglich fixierten Integrationsziele offen zu sein. So sollten zum Beispiel »die Verträge« kritisch diskutiert werden können. Der Interessenskonflikt für die Kommission ist offensichtlich, wenn sie gleichzeitig dafür verantwortlich wäre, pluralistische Beratungen zu organisieren und die Verträge zu behüten.

Zivilgesellschaftliche Einbindung auf europäischer Ebene kann höchstens zu einer *partikularen Demokratisierung* führen, das heißt vor allem zu inklusiveren politischen Deliberationen und einem pluralistischeren assoziativen Monitoring der europäischen politischen Prozesse. In welchem Maß diese partikulare Demokratisierung tatsächlich auf die Einführung der Reformen zurückzuführen ist, ist sowohl vom Angebot entsprechender Beteiligungsinstrumente abhängig als auch vom gesellschaftlichen Willen, als Bürger und über Organisationen tatsächlich zu partizipieren. Es ist ein Versäumnis der existierenden empirischen Literatur, dass die wenigen Aspekte und Mechanismen innerhalb derer zivilgesellschaftliche Organisationen demokratisierende Funktionen in der EU einnehmen *können*, nicht ausreichend beleuchtet, mit einer Analyse komplementärer Funktionen anderer Institutionen kombiniert und beides zu einem breiten Bild über die Demokratisierung der EU zusammengefügt worden ist. Im folgenden Kapitel werde ich zeigen, dass die Online-Konsultationen im hohen Maße dem gewünschten Angebot entsprechen. Anschließend wende ich mich dann der empirischen Abschätzung der demokratischen Performanz dieses Instruments zu (Kapitel 9).

8 Die Online-Konsultationen der Kommission im politischen System der EU

Das Kapitel hat zwei Funktionen. Da das Instrument der Online-Konsultation der Kommission noch nicht sehr bekannt ist und bisher keine allzu große Beachtung gefunden hat, soll zunächst einmal kurz in seine Spielarten eingeführt werden (8.1). Anschließend geht es darum zu zeigen, warum die Online-Konsultationen der Kommission im Hinblick auf die Frage einer assoziativen Demokratisierung der EU ein lohnendes Forschungsobjekt sind – im Vergleich zu anderen Instrumenten assoziativer Einbindung, aber auch im Vergleich zu anderen Einbindungsmöglichkeiten innerhalb der europäischen Mehrebenenpolitik (8.2).

8.1 Was sind die Online-Konsultationen der Europäischen Kommission?

Seit dem Jahr 2000 führen die verschiedenen Generaldirektionen (GD) der Kommission policy-spezifische Konsultationen zu wichtigen Arbeitsfeldern und Entscheidungsmaterien durch, bei denen die Adressaten (auch) über das Internet antworten können. Für einen Überblick unterschiedlich ausgestalteter Konsultationsprozesse und die Entwicklung der Nutzung dieses Instruments durch die Kommission, siehe Quittkat (2008) und Quittkat/Finke (2008).

Ausgangspunkt der Konsultationsverfahren ist jeweils ein Konsultationsdokument, das auf der entsprechenden Internetseite der Kommission »Your Voice in Europe«[52] in der Regel in allen Amtssprachen der EU-Mitgliedstaaten veröffentlicht wird.

Jenseits dieses allgemeinen Rahmens variiert die genaue Ausgestaltung der einzelnen Prozesse. Unterschiede gibt es vor allem im Hinblick auf die Art der Gegenstände, das kommunikative Design, den Zugang, die Transparenz der Stellungnahmen und die Dauer des Verfahrens:

Gegenstände. Im Rahmen von Online-Konsultationen werden praktisch alle Typen europapolitischer Issues (mit Ausnahme der Entwicklung des europäischen Primärrechts) erörtert. Es gibt Konsultationsprozesse zur strategischen Ausrichtung ganzer Politikfelder (Zukunft des Arbeitsrechts, der Meerespolitik, der Energiepolitik usw.), zur institutionellen Reform (zum Weißbuch »Europäisches Regieren«, zur Transparenzinitiative oder zur Kommunikationspolitik) und zu spezifischen Politikinhalten (Rauchverbot, Werbeeinschränkungen etc.). Dabei finden sich sowohl Themen, die bereits im Kompetenzbereich europäischer Politiksetzung sind, aber auch solche, mit denen die Kommission offensichtlich versucht, die politische Agenda zu besetzen und neue Kompetenzbereiche zu erschließen (etwa in den Bereichen demographischer Wandel, Bildung und Sozialpolitik). Je nach behandelter Materie und Ausrichtung der Fragen richten sich die einzelnen Konsultationen mehr oder weniger an Experten, Interessenvertreter sowie die europäische Bürgerschaft.

Kommunikative Designs. Alle Konsultationen haben zum Ausgangspunkt ein Konsultationsdokument. Je nach Konsultation erwartet die Kommission anschließend drei Typen von Stellungnahmen: Im ersten Modus soll im Multiple-Choice-Verfahren auf vorgegebene Fragen geantwortet werden,

---

52 http://ec.europa.eu/yourvoice/

im zweiten soll auf Leitfragen eines Konsultationsdokuments frei geantwortet werden (semi-strukturiert) und im dritten Modus lässt das Dokument weitgehend unbestimmt, welche Aspekte des Konsultationsdokuments aufgegriffen werden. Die Modi werden dabei durchaus auch in einem Konsultationsdokument kombiniert.

Zugang. Die Beteiligung an den Konsultationsprozessen kann durch die Kommission formal beschränkt sein oder nicht. *Offen* nenne ich dabei diejenigen Konsultationen, die sich nicht an spezifische Adressaten, sondern an die gesamte europäische Öffentlichkeit richten. In ihrem Zugang *beschränkt* sind Online-Konsultationen, wenn die Kommission den Teilnehmerkreis selbst bestimmt.

Transparenz der Stellungnahmen. Ich unterscheide drei mögliche Fälle der Veröffentlichung der eingehenden Antworten, die auch empirisch zu beobachten sind. Je etwa zur Hälfte der Fälle werden die eingegangenen Stellungnahmen nach dem Ende des Konsultationsprozesses veröffentlicht oder sie werden gar nicht veröffentlicht. In seltenen Ausnahmen werden die Stellungnahmen sofort nach ihrem Eintreffen bei der Kommission veröffentlicht, so dass nicht nur die Kommission im Nachhinein über die Beiträge reflektieren kann, sondern auch die anderen Beobachter und Teilnehmer die Möglichkeit haben, noch im laufenden Konsultationsprozess in einen horizontalen argumentativen Austausch einzutreten (siehe etwa die Konsultationen zur zukünftigen Meerespolitik oder zur Transparenzinitiative).

Dauer des Verfahrens. Online-Konsultationen sollen mindestens acht Wochen dauern. Mit der Dauer ist der Zeitraum zwischen der Veröffentlichung und dem Start der Möglichkeit auf die Konsultationen zu antworten bis zum Ende dieser Möglichkeit gemeint. Die meisten haben auch in etwa eine solche Dauer. Nur sehr wenige Konsultationsprozesse haben eine geringere Dauer. Einige haben aber eine (deutlich) längere Dauer.

Je nach Ausgestaltung dieser Verfahrensaspekte und je nach Gegenstand eignen sich diese Konsultationen, so jedenfalls meine These, in unterschiedlichem Maße für eine Demokratisierung der EU. In Hinblick auf Zugang, Transparenz und kommunikatives Design ist dabei der Versuch gemacht worden, empirisch die *beste demokratische Praxis* in den Blick zu bekommen (siehe 8.2). Der Einfluss der Verfahrensdauer auf die Beteiligung ist empirisch kontrolliert worden und im Hinblick auf die Gegenstände habe ich in der Fallstudie technische, nicht-politisierte und politisierte Verfahren vergleichend untersucht (siehe 9.2.1).

Das soll zunächst für eine grobe Einführung in das Instrument der Online-Konsultationen und seine Einbindung in den von der Kommission bestimmten Politikberatungsprozess genügen. Es gibt nun aber in der europäischen Mehrebenenpolitik nicht nur die Kommission, sondern eine ganze Vielzahl potenzieller institutioneller Anknüpfungspunkte für zivilgesellschaftliche Einbindung und es gibt neben dem Instrument der Online-Konsultationen eine ganze Reihe alternativer Einbindungsinstrumente. Daher stellt sich quasi automatisch die Frage: Warum macht es Sinn die Online-Konsultationen in den Blick zu nehmen, wenn das Potenzial einer assoziativen Demokratisierung der EU abgeschätzt werden soll?

8.2 Warum die Online-Konsultationen der Kommission?

Wenn über die Einbindung oder den Einfluss nicht-staatlicher Akteure in die politischen Entscheidungsprozesse der EU gesprochen wird, dann sollten zunächst einmal allein auf EU-Ebene die sieben Orte innerhalb des politischen Systems der EU ausgemacht werden, bei denen solche Einbindungen nicht-staatlicher Akteure mit Beratungsfunktion stattfinden (können): die Kommission mit ihren Generaldirektionen, das Europäische Parlament mit seinen Mitgliedern und Ausschüssen, die regulativen Agenturen der EU, die Komitologieausschüsse und nicht zuletzt der Rat der Europäischen Union. Prinzipiell gehören zudem der EuGH und der Europäische Rat in diese Liste, auch wenn hier über die Zugänglichkeit für nicht-staatliche Akteure sehr wenig bekannt ist. Über nationale und internationale Institutionen wären weitere direkte und indirekte Einbindungen in ein umfassendes Bild einzufügen (Coen 2007; Greenwood 2007a: Kap. 2; Lehmann 2003).

An allen diesen (potenziellen) ›Einbindungsorten‹ für nicht-staatliche Akteure gelten unterschiedliche formale Regelungen des Zugangs zu Dokumenten, Verfahren, etc., und es existieren jeweils spezifische Konsultationsinstrumente. Dabei sind der Rat und die Komitologieausschüsse bisher vergleichsweise abgeschottet gegenüber direkten Einbindungen nichtstaatlicher Akteure. Bei den regulativen Agenturen stellt sich das Bild differenziert dar. Manche sind zu regelmäßigen, breiten Konsultationen formal verpflichtet (zum Beispiel EFSA), andere nicht. Am anderen Ende hoher Zugänglichkeit und Transparenz stehen das Europäische Parlament und vor allem die Kommission selbst.

Die Europäische Kommission bietet ein vielfältiges Bild der Einbindung zivilgesellschaftlicher Organisationen (Fazi/Smith 2006; Mazey/Richardson 2006; Quittkat 2008; Quittkat/Finke 2008), in dem die Online-Konsultationen nur ein Instrument unter vielen und zudem ein relativ junges sind. Warum, so ist zu fragen, werden sie hier in den Mittelpunkt der empirischen Untersuchung gerückt. Die drei Hauptpunkte werden in den folgenden drei Unterabschnitten entwickelt: Wenn es um eine Demokratisierung europäischer Legislativprozesse geht auf der Grundlage bestehender vertraglicher Rahmenbedingungen, dann kann dies am besten über eine Anbindung bei der Kommission geschehen (a). Unter dieser Vorgabe stellen die Online-Konsultationen unter allen Einbindungsinstrumenten, die beste demokratische Praxis dar (b) und aufgrund unserer Fragestellung und der bekannten theoretischen Kontroversen um das europäische Demokratiedefizit sind sie damit ein *crucial case*, der besondere Beachtung verdient (c).

(a) Warum sollten die Instrumente der Kommission zur ZGO-Einbindung in den Mittelpunkt gerückt werden? Es ist keineswegs selbstverständlich, dass man sich auf die Instrumente zur Einbindung zivilgesellschaftlicher Organisationen bei der Kommission konzentriert und solche bei anderen Organen der EU unberücksichtigt lässt. Im Hinblick auf den empirischen Einfluss solcher Organisationen gibt es nämlich durchaus andere Orte, an denen ihre Wirkungsmacht hoch, wenn nicht sogar höher als bei der Kommission ist (Beyers 2004; Beyers u.a. 2008; Coen 2007; Dür 2008; Eising 2007; Eising/Kohler-Koch 2005). Über den EuGH können sie etwa versuchen insbesondere im Bereich der europäischen Grundfreiheiten bestimmte Ziele durchzusetzen, ohne dass die Kommission involviert wäre (Alter/Vargas 2000; Wernicke 2007). Und es gibt die Position, dass gerade im sozialregulativen Feld die Bildung einflussreicher europäischer Spitzenverbände daran scheitert, dass die nationalstaatlich organisierten Verbände ihren jeweiligen Interessen über nationalstaatliche Regierungen stärkeren Einfluss verschaffen können (Eichener 2000: 22).

Wir brauchen die Frage, über welche Kanäle welche zivilgesellschaftlichen Organisationen empirisch den größten Einfluss haben, hier nicht klären. Denn hier geht es bestenfalls in einem sehr spezifischen Sinne um Einfluss und zwar um demokratischen Einfluss in einer supranationalisierten Perspektive. Wenn Interessen über den EuGH durchgesetzt werden, dann mag das legitim sein, er ist aber nicht im Kernbereich demokratischer Rechtsetzungsprozesse anzusiedeln. Wenn zivilgesellschaftliche Organisationen über nationale Regierungen Einfluss nehmen, kann auch das legitim sein, aber es trägt nicht zu einer Demokratisierung der supranationalen Politik bei. Es ist im Gegenteil eher dem Programm einer Autonomie schonenden europäischen Integration ›verpflichtet‹. In Kapitel 2 habe ich aber argumentiert, dass *auch* eine Demokratisierung der supranationalen Ebene normativ geboten ist. Das Potenzial einer solchen supranationalen Demokratisierung wird hier untersucht und dazu trägt diese Art an Einfluss wenig bei.

Wenn man nun die formalen Kompetenzen und Einbindungsangebote im Bereich der supranationalen Politikgenerierung anschaut, dann könnte bestenfalls das Europäische Parlament ein Ort sein, an dem auch die gewünschte Sorte von Einfluss generiert werden kann. Im Vergleich gibt es dann aber klare Gründe, sich auf die Kommission und die Online-Konsultationen zu konzentrieren. Anders als die Kommission steht das EP der Vorstellung einer assoziativen Demokratisierung auch deshalb skeptisch gegenüber, weil es die legitimatorischen Funktionen mit sich selbst verbindet und damit die Einbindung zivilgesellschaftlicher Organisationen immer auch als Konkurrenz zur Kompetenzausweitung des EP betrachtet wird. Außerdem bietet das EP zivilgesellschaftlichen Organisationen kein vergleichbares Instrument der inklusiven Einbindung in Policy-Deliberationen. Wenn es darum gehen soll, die beste demokratische Praxis in den Blick zu nehmen (siehe c.), dann bietet es sich an, bei der Kommission nach geeigneten Verfahren zu suchen (siehe auch Kapitel 7). Und schließlich ist gezeigt worden, dass die supranationalen Themen von ZGO eher an die Kommission lanciert werden und nicht an das Parlament (Earnshaw/Judge 2006).

(b) Online-Konsultationen als bestes demokratisches Einbindungsinstrument der Kommission Im Zuge der Beratungen um das Weißbuch »Europäisches Regieren« (Kommission 2001) hat die Kommission drei Pfade der gewünschten Einbindung nicht-staatlicher Akteure gelegt. Auf der einen Seite soll die Einbindung zivilgesellschaftlicher Akteure einen Beitrag zur Demokratisierung der EU liefern (Kommission 2002b), auf der anderen Seite soll die Kommission offen sein für ›*sound knowledge*‹ externer Experten und dadurch die Qualität ihrer eigenen Entscheidungen verbessern (Kommission 2002c). Darüber hinaus soll beides in Folgeabschätzungen unter folgender Fragestellung zusammengeführt werden: Wie kann die Kommission die von ihr maßgeblich bestimmten legislativen Prozesse verbessern?: Die systematisch eingeholte Expertise von außen und breite frühzeitige zivilgesellschaftliche Konsultationen sollen in einem Prozess der *Selbstreflexion* der

Kommissionsaktivitäten integriert werden.⁵³ Diesen Prozess muss die Kommission für alle legislativen Prozesse und Themen ihres Arbeitsprogramms seit 2005 verbindlich durchführen. In den Folgenabschätzungen soll die Kommission demnach darüber reflektieren, warum sie einen bestimmten Gegenstand auf die politische Tagesordnung gesetzt hat, wie sie das gesamte Verfahren angelegt und durchgeführt hat und auch darüber, wen sie wie und warum daran beteiligt hat und wie sie mit entsprechenden Beiträgen umgegangen ist. Dabei gilt der Grundsatz, nicht-staatliche Akteure großzügig einzubinden. Die mit den Folgenabschätzungen verbundene symbolische Rechenschaftspflicht der Kommission dürfte ein Hauptgrund für die faktische Ausweitung der Anwendung offener Online-Konsultationen sein, die sich in den vergangenen Jahren beobachten lässt.

Nicht-staatliche Organisationen sind eingebunden in den politischen Entscheidungsprozessen auf EU-Ebene, aber auch bei deren Implementierung (insbesondere von EU-Programmen). Die Zuordnung einzelner Institutionen zu den Kategorien ›Entscheidungsprozess‹ und ›Implementation‹ beziehungsweise Legislativ- und Exekutivfunktion ist in einigen Fällen problematisch, allen voran bei der sog. Komitologie⁵⁴ und dem Agenturwesen⁵⁵, die eigentlich Exekutivorgane sind, aber auch politische Entschei-

---

53 Siehe hierzu die grundlegende Mitteilung zur besseren Rechtsetzung (Kommission 2002a: 2f.) sowie die Kommissionsseite zum Instrument der Folgenabschätzungen: http://ec.europa.eu/governance/impact/docs/key_docs/com_2002_0275_en.pdf
54 Hier wird ein enger Begriff von Komitologie verwendet, der sich auf Implementationsausschüsse beschränkt (ähnlich: Huster 2008: Kap. 2). Die Einbindung zivilgesellschaftlicher Akteure in Komitologieausschüsse widerspricht dem depolitisierten ›Geist‹ dieser Ausschüsse und ist deshalb gering (siehe Bergström 2005: 29.ff). In seltenen Fällen werden Experten beteiligt, ansonsten musste bisher der Umweg über die nationalstaatlichen Vertreter gewählt werden. Durch die jüngst erhöhte Transparenz der Ausschüsse und vor allem durch die Stärkung der Kontrollfunktion des Europäischen Parlaments (Bradley 2008) werden sich zukünftig weitere Ansatzpunkte für zivilgesellschaftliche Organisationen ergeben. Manchmal werden die in Gesetzgebungsverfahren eingebundenen Ausschüsse auf »Expertengruppen« reduziert (siehe z.B. Huster 2008). Es gibt tatsächlich aber eine ganze Reihe in ihrer Zusammensetzung sehr unterschiedlicher ›Ausschüsse‹, die formell oder informell in die Gesetzgebungstätigkeit durch die Kommission eingebunden werden (siehe schon Guéguen/Rosberg 2004).
55 Für einen Überblick über die regulativen Agenturen in der EU, siehe etwa Majone (2006). Hier werden unter regulative Agenturen die meisten der europäischen Exekutivagenturen verstanden, also alle der Kommission unterstehenden Verwaltungseinheiten mit politikspezifischen Aufgaben innerhalb der ersten Säule der EU. Ein Überblick über alle Exekutivagenturen findet sich unter: http://europa.eu/agencies/community_agencies/index_de.htm. Zumindest in einigen dieser Agenturen müssen bei bestimmten Gegenständen verpflichtend umfassende Konsultationen vorgenommen wer-

dungen wesentlich bestimmen. Entsprechend sollten diese Bereiche nicht völlig aus dem Blick geraten, selbst wenn sie nicht im Zentrum einer demokratischen Legislativtätigkeit stehen und stehen können.

Die Einbindung zivilgesellschaftlicher Akteure kann weiterhin nach klaren formellen Vorgaben oder aber informell erfolgen.[56] Die wichtigsten Institutionen, in denen Einbindungen zivilgesellschaftlicher Organisationen (in sehr unterschiedlichem Maße) zu beobachten sind, sind im Schaubild 4 abgetragen.[57]

Aus normativer demokratietheoretischer Sicht sind offensichtlich die dem Feld 1 zugeordneten Institutionen von besonderer Relevanz. Empirisch mag die Beteiligung an der Implementation einen wichtigen Unterschied machen, aber wenn vorgängige legislative Prozesse nicht hinreichend demokratisch sind (was immer das im Einzelnen heißen mag), dann lässt sich dieser Umstand auch nicht mehr nachträglich im Implementationsprozess korrigieren. Informelle Institutionen mögen ebenfalls wichtige wünschenswerte, sogar unerlässliche Funktionen im politischen Prozess haben. Aber sie stehen nicht für die *demokratische* Performanz von politischen Entscheidungsprozessen. Sie schließen für sich genommen soziale Inklusivität, Transparenz und Rechenschaftspflicht mehr oder weniger zuverlässig aus.

Entsprechend liegt hier, bei der Suche nach ›best possible democratic practice‹, der Fokus auf solche Beteiligungen zivilgesellschaftlicher Organi-

---

den. Ein Beispiel dafür sind die Verfahren zur Risikobewertung innerhalb von Marktzulassungsverfahren für genetisch veränderte Lebensmittel.

56 Die Unterscheidung formeller und informeller Prozesse und Institutionen der Einbindung zivilgesellschaftlicher Organisationen klingt klarer als sie sich in der Praxis zeigt. Je mehr klare und verbindliche Vorgaben es darüber gibt, wer, wann, wie von der Kommission zu beteiligen ist und wie von ihr mit dem Input umzugehen ist und je mehr dies auch praktisch umgesetzt wird, desto formeller ist ein Einbindungszusammenhang. Je weniger eine solche praktisch wirksame Einbindung auf solchen Vorgaben beruht, desto informeller ist sie.

57 Drei Erläuterungen: Erstens erhebt das Schaubild in keiner Weise Anspruch auf Vollständigkeit. Es ist im Gegenteil selektiv. Für umfassendere Darstellungen, siehe Fazi & Smith (2006) oder Guéguen & Rosberg (2004). Zweitens soll keinesfalls suggeriert werden, dass die Hauptfunktion der genannten Institutionen in der Einbindung zivilgesellschaftlicher Organisationen besteht, noch dass in allen Ausprägungen dieser Institutionen eine solche Einbindung stattfindet. Behauptet wird nur: Es gibt in allen diesen Institutionen entsprechende Einbindungen. Drittens sind bestimmte Institutionen mehreren Feldern zugeordnet. Das liegt daran, dass beispielsweise unter den über 1200 konsultativen Ausschüssen und Expertengruppen sowohl stärker informelle als auch stärker formelle existieren (Gornitzka/Sverdrup 2008).

sationen, die stärker formalisiert ablaufen und deren Gegenstände zu einer legislativen politischen Entscheidung im weiten Sinne führen sollen.[58]

Schaubild 4: Kommissionsfunktionen und Foren zivilgesellschaftlicher Einbindungen

	Formelle ZGO-Einbindung	Informelle ZGO-Einbindung
Legislativfunktion	1 Beratende und wissenschaftliche Ausschüsse, Expertengruppen, Online-Konsultationen	2 Beratende und wissenschaftliche Ausschüsse, Expertengruppen, direkte, bilaterale informelle Kontakte
Exekutivfunktion	3 Regulative Agenturen (Bsp. EFSA)	4 Komitologie (gering)

Nun ist die Kommission freilich kein umfassendes Legislativorgan, das alle relevanten legislativen Kompetenzen vereint. Ihre Kompetenzen sind beschränkt auf Fragen der ›normalen‹ oder ›*Routinepolitik*‹ und hier kommt ihr in den allermeisten Bereichen der wichtigen ersten Säule vor allem ein alleiniges Initiativrecht zu. Entscheidungsbefugnisse hat die Kommission bei legislativen Akten in aller Regel nicht (für einen Überblick, siehe Hix 2005: 415ff.). Gegen die Vorstellungen der Kommission kann im Kernbereich der EU im Prinzip aber auch keine Vorlage auf diesem Wege verabschiedet werden, weil ihr das Recht zukommt, Vorlagen bis zur Verabschiedung wieder zurückzuziehen.[59] Empirisch scheint es so zu sein, dass die Kommission nicht nur vor dem Lancieren eigener Gesetzesinitiativen versucht, die Co-Legislatoren (Vertreter der nationalstaatlichen Regierungen und des EP) sowie bestimmte Experten und Stakeholder zu konsultie-

---

58 Entscheidung ist hier zunächst einmal abgehoben von exekutiven Implementationsprozessen. Berücksichtigt werden können und sollten sowohl solche Prozesse, die später tatsächlich zu entsprechenden Entscheidungen führen als auch solche, die zu Inaktivität beziehungsweise Rücknahme von Vorschlägen führen. Außerdem sollten auch unverbindlichere Konsultationen, deren Themen eher auf eine Diskussion über mögliche Themen- und Problemfelder für eine (spätere) europäische Gesetztätigkeit zielen, Berücksichtigung finden. Ausgeschlossen bleiben hingeen Verfahren, die darauf abzielen, bestimmte Zielgruppen über bereits existierende Regelungen etc. bloß aufzuklären.

59 Es ist nicht so sehr entscheidend, ob solche Absetzungsprozesse tatsächlich vorkommen, sondern dass sämtliche Veränderungsbemühungen des Rates und des EP mit dieser Möglichkeit umzugehen haben und dies begrenzt ihr aktives Policy-Gestaltungspotenzial deutlich.

ren und einzubinden, sondern eine Reihe von Initiativen auch faktisch gar nicht von der Kommission selbst ausgehen.[60]

Mit Blick auf die *Legislativfunktionen* der Kommission lassen sich entsprechend ihrer Kompetenzen die wichtigsten Bereiche grob chronologisch sortieren:

(A) Themen- und Problemidentifizierung (mit/ohne konkreten Entscheidungsbezug)
(B) Entwicklung eines ersten spezifischen Vorschlags (mit/ohne konkretem Entscheidungsbezug)
(C) Überarbeitung spezifischer Entscheidungsvorschläge und Entwicklung eines letztgültigen Vorschlags

Um diese drei konturierten ›Bereiche‹ herum bilden sich natürlich Arenen und Prozesse, die keineswegs völlig unabhängig voneinander sind, insbesondere können die geronnenen Erfahrungen von Beteiligungsprozessen in den früheren Phasen auf die späteren wirken, ohne dass diese dort direkt durch zivilgesellschaftliche Akteure vertreten werden.

Die Einbindung zivilgesellschaftlicher Organisationen in jedem dieser Bereiche müsste jeweils für sich untersucht werden und erst zusammen ergäbe sich ein nahezu vollständiges Bild zivilgesellschaftlicher Einbindung in die Gesetzgebungsaktivitäten der Kommission. Das ist hier aus pragmatischen Gründen nicht für hinreichend viele Fälle möglich. Vor diesem Hintergrund erscheint es sinnvoll, sich auf eine Untersuchung der Beteiligungsverfahren auf den wichtigsten Stufen des Entscheidungsprozesses zu konzentrieren und die allgemeine Formel in der Literatur lautet: Je früher Positionen in die Entscheidungsprozesse einfließen, desto größer ist die Chance, dass sie Berücksichtigung finden (Guéguen/Rosberg 2004).

Damit stellt sich für uns folgende Auswahlfrage: Welche der in Feld 1 genannten Institutionen sollten, nach dem Maßstab ›best democratic practice‹, genauer untersucht werden?

Zunächst könnte versucht werden, über die zeitliche Verortung der unterschiedlichen Beteiligungsverfahren eine Entscheidung herbeizuführen: Lässt sich belegen, dass bestimmte der in Feld 1 genannten Institutionen immer früher und andere immer später von der Kommission genutzt werden und kann daraus auf ihre jeweilige Relevanz geschlossen werden? Das

---

60 Präzise Daten liegen hierzu nicht vor, siehe aber Nugent (2001: 236f.). Alle kommissionsinternen Schätzungen, auf die Nugent rekurriert, gehen davon aus, dass der Anteil unter 20 Prozent liegt.

ist nicht der Fall. Aber was sich mit Sicherheit über die in Feld 1 genannten Instrumente sagen lässt, ist, dass sie alle zumindest fallweise auch früh im Prozess angesiedelt werden. Das gilt für viele der Online-Konsultationen, die sich mühelos allen drei Stufen der gesetzgeberischen Initialisierung und Beratung zuordnen lassen, wie auch für die konsultativen Ausschüsse und Expertengruppen.

Bei den *Zusammensetzungen* der verschiedenen Instrumente gibt es eine große Bandbreite. In den Ausschüssen werden wahlweise Vertreter der nationalstaatlichen Exekutive, Experten und/oder Stakeholder eingeladen. Fokussiert auf die Einbindung zivilgesellschaftlicher Akteure ist anzunehmen, dass die Breite der Einbindung mit Blick auf die unterschiedlichen Positionen zu einem Gegenstand in Online-Konsultationen in der Regel höher ist.

Oben habe ich zwei Sorten von Online-Konsultationen unterschieden, offene und beschränkte. In beschränkten Konsultationen dürfen nur von der Kommission eingeladene Stakeholder teilnehmen, bei offenen steht allen Interessierten und damit auch jeder zivilgesellschaftlichen Organisation die Beteiligung frei. Auf einem Kontinuum lassen sich auf der einen Seite solche entscheidungsvorbereitende Verfahren verorten, die praktisch ohne (transparente) zivilgesellschaftliche Einbindungen ablaufen, solche die in quasi (neo-)korporatistischer Manier wenige potente Organisationen einbinden ohne allerdings die Entscheidungsbefugnis abzugeben, solche die in egalitär-pluralistischer Absicht versuchen, alle relevanten Positionen/Betroffenheiten vertreten zu haben und schließlich am anderen Ende solche, die offen sind für die gesamte interessierte Öffentlichkeit. Die ersten beiden Typen sind unter Online-Konsultationen praktisch nicht zu finden und der letzte Typus existiert nicht in Form von Ausschüssen.

Damit besitzen offene Online-Konsultationen ein Potenzial für gesellschaftliche Einbindung, dessen Realisierung eine Art partizipativer Quantensprung wäre – verglichen mit den herkömmlichen Beteiligungsmöglichkeiten für ZGO in den Ausschüssen.

Das Zwischenfazit lautet: Weil offene Online-Konsultationen prima facie das größte Demokratisierungspotenzial besitzen und zudem (auch) zu allen relevanten Themen, (auch) zu einem frühen Zeitpunkt durchgeführt werden, werden diese von uns genauer auf ihre deliberativ-demokratische Performanz hin getestet.

(c) Warum ›best democratic practice‹ untersuchen? Es gibt zwei theoretische Kontroversen für die es sinnvoll ist, sich auf die Analyse von bester demo-

kratischer Praxis im Rahmen der EU einzulassen. Zum einen wird in der Debatte um das europäische Demokratiedefizit die These vertreten, dass die EU nicht demokratisiert werden kann. Wenn die These stimmt, dann dürften sich auch in den ›best cases‹ keine Demokratisierungsleistungen finden lassen. Daher versuche ich, die bestmögliche Ausgestaltung des besten Instruments zur Einbindung zivilgesellschaftlicher Organisationen zu untersuchen, wobei sich das Adjektiv auf das demokratische Potenzial des Instruments bezieht. Sollten wir hier signifikante Demokratisierungen im oben entwickelten Sinne finden (siehe Kapitel 4 und 5), dann könnte die These von der Demokratieunfähigkeit der EU zumindest in seiner starken Variante als falsifiziert gelten.

Darüber hinaus gibt es die Kritik, dass sich die EU (oder allgemeiner: politische Ordnungen) nicht über die Einbindung zivilgesellschaftlicher Organisationen demokratisieren lasse (siehe dazu auch Kapitel 7). Auch für diese Position bildet die Analyse der besten demokratischen Praxis den angemessenen Testfall.

Wenn man sich auf die Analyse von ›best democratic practice‹ konzentriert, dann ist auch sofort klar, auf welche Fragestellungen die Untersuchung keine Antworten erlaubt. Wir können von der demokratischen Performanz der Online-Konsultationen zwar auf einen Zugewinn an Demokratie in der europäischen Mehrebenenpolitik schließen, nicht aber allgemeinere empirische Schlüsse im Hinblick auf eine assoziative Demokratisierung der EU ziehen und zwar nicht einmal in Hinblick auf die untersuchten sozialregulativen Politikfelder. Zum einen wäre dazu auch eine Abschätzung alternativer Einbindungsinstrumente erforderlich, zum anderen müsste auch eine solche Gesamtabschätzung noch mit den Erkenntnissen aus der empirischen Lobbyingforschung verknüpft werden, denn ein Großteil der mit ZGO verbundenen Demokratieerwartungen hängt gerade davon ab, unerwünschten Einfluss zu verhindern. Insofern weisen die im folgenden Kapitel entwickelten Ergebnisse zur demokratischen Performanz der zivilgesellschaftlichen Einbindungen in den Online-Konsultationen der Kommission jedenfalls unter der weiter reichenden Fragestellung einen Bias zugunsten der ZGO auf.

9 Assoziative Demokratisierung durch offene Online-Konsultationen?

In einer Fallstudie habe ich vier offene Online-Konsultationen der Generaldirektionen Gesundheit und Verbraucher (SANCO) und Beschäftigung, soziale Angelegenheiten und Chancengleichheit (EMPL) auf ihre deliberativ-demokratische Qualität untersucht. Es handelt sich um die Konsultationen zum Grünbuch ›Ein moderneres Arbeitsrecht für die Herausforderungen des 21. Jahrhunderts‹ (im Folgenden: Arbeitsrecht-Konsultation) und zu einer Mitteilung der Kommission zu ›Maßnahmen auf EU-Ebene zur Förderung der aktiven Einbeziehung von arbeitsmarktfernen Personen‹ (im Folgenden:Arbeitsmarkt-Konsultation) (beide GD EMPL) sowie um die Konsultation über ›Labelling: competitiveness, consumer information and better regulation for the EU‹ (Kennzeichnung-Konsultation) und schließlich zu einem Grünbuch zur »Förderung gesunder Ernährung und körperlicher Bewegung: eine europäische Dimension zur Verhinderung von Übergewicht, Adipositas und chronischen Krankheiten« (Ernährung-Konsultation) (beide GD SANCO). Dabei bin ich geleitet von der Fragestellung: Wird durch die neuen, veränderten Beteiligungsinstrumente für zivilgesellschaftliche Assoziationen, die sich vor allem im Anschluss an das Weißbuch »Europäisches Regieren« (Kommission 2001) ergeben haben, die demokratische Qualität europäischer Politik erhöht?

In *offenen* Online-Konsultationen können sich alle Interessierten ausgehend von einem Konsultationsdokument (Grünbuch, etc.) zu einem vorgegebenen Gegenstand äußern. Dabei gibt die Kommission zumeist mehr oder weniger klare Fragen als Teil eines längeren Konsultationsdokuments vor, auf die in schriftlichen Stellungnahmen ohne formale Vorgaben in sämtlichen Sprachen der EU-Mitgliedstaaten geantwortet werden kann.

An den untersuchten offenen Konsultationsprozessen kann sich die gesamte europäische Öffentlichkeit mit Stellungnahmen beteiligen. Die Konsultationen sind zudem eingebunden in die Folgenabschätzungen der Kommission, in denen diese auch über ihre policy-spezifischen Strategien zur Einbindung von möglicherweise Betroffenen Rechenschaft ablegen soll. Die Stellungnahmen selbst sowie entsprechende Auswertungsdokumente sind in der Regel transparent.

Unter den angewendeten Einbindungsinstrumenten der Kommission stellen diese offenen Online-Konsultationen quasi in der demokratietheoretischen Perspektive den ›best case‹ der Einbindungspraxis der Kommission dar: 1. Sie beziehen sich (auch) auf aktuelle *legislative* Prozesse und damit auf den demokratierelevanten Kern eines politischen Systems. 2. Die Online-Konsultationen sind in den tatsächlichen Prozess der Politikentwicklung eingebunden und stehen nicht, wie viele ›demotische‹ Beteiligungsverfahren neben der politischen Wirklichkeit. 3. Verglichen mit anderen Verfahren realisieren sie ein großes Angebot an demokratischer Einbindungsmöglichkeit: Durch die Transparenz zentraler Verfahrensaspekte, durch die Inklusivität der Beteiligungsmöglichkeit sowie durch den ›strukturellen‹ Druck auf die Kommission, auf die eingegangenen Stellungnahmen im Rahmen von Auswertungsberichten und Folgenabschätzungen zu antworten (symbolische Rechenschaft). 4. Die Schriftform sowie der Verzicht, den Beteiligten formale Vorgaben für die Stellungnahmen zu machen (Länge etc.) erhöhen das deliberative Potenzial. Sie orientieren sich an der »Überlegenheit des geschriebenen Wortes« (Habermas 2005). Nicht nur die ›Autoren‹, auch die Adressaten und das breite Publikum haben die Gelegenheit über ihre Beiträge und Antworten deutlich über das spontane Geben und Nehmen von Antworten im Gespräch hinaus zu reflektieren und dabei die eigenen und fremden Beiträge argumentativ zu durchdringen. Anders als in Gerichtsverfahren (spezielle formale Kenntnisse, jurististisch relevante Ansprüche) oder in internationalen wissenschaftlichen Diskursen (Sprachkompetenzen, Fachexpertise) gibt es keine spezifischen generellen Beschränkungen der Beteiligungsmöglichkeit (siehe auch Kapitel 8).

Sicher muss auch die Qualität des von der Kommission mit dem Instrument der Online-Konsultation gemachten Beteiligungsangebots diskutiert werden. Vor allem geht es hier aber darum, die demokratische Praxis der Online-Konsultationen empirisch in den Blick zu nehmen, also die tatsächliche Beteiligung zivilgesellschaftlicher Assoziationen und ihre Stellungnahmen sowie den Umgang der Kommission mit diesen Beiträgen. Formal kann sich die europäische Öffentlichkeit unbeschränkt beteiligen. Aber wer tut dies tatsächlich? Mit was für Beiträgen? Und wie antwortet die Kommission auf diese Stellungnahmen?

Dabei wird in vier Schritten vorgegangen: Zunächst wird geklärt, welche demokratierelevanten Funktionen die Online-Konsultationen im politischen System der EU ausfüllen könnten (9.1). Dann werden die Fallauswahl begründet (9.2) und die empirischen Ergebnisse dargelegt (9.3). Schließlich werden die Ergebnisse zusammengefasst und im Hinblick auf die Demokratisierungsleistungen offener Online-Konsultationen bewertet (9.4).

9.1 Demokratierelevante Funktionen der Online-Konsultationen der Kommission

In Kapitel 7 sind der zivilgesellschaftlichen Einbindung bestimmte mögliche Demokratisierungsfunktionen zugeschrieben worden: Sie können die Themen und Gegenstände, die Zugang zur europäischen politischen Arena erhalten, pluraler und egalitärer gestalten (ohne dass sie hier für politische Gleichheit bürgen könnten). Sie können theoretisch vollwertige Teilnehmer eines umfassenden deliberativen Prozesses sein, deren Argumente (auch) unabhängig von ihrer Herkunft und Verhandlungsmacht zu gewichten wären (im Sinne Christianos). Ob die Online-Konsultationen der Kommission ein solcher Ort argumentativen Austauschs sind, steht im Mittelpunkt der empirischen Untersuchung in diesem Abschnitt.

Dabei ist oben argumentiert worden, dass wir im Hinblick auf die einzelnen Performanzkriterien grob unterscheiden können zwischen dem (formalen) Angebot an politischer Teilhabe und der tatsächlichen gesellschaftlichen Nutzung dieses Angebots.

Die Themen, zu denen Stellungnahmen in Online-Konsultationen erwünscht sind, werden von der Kommission gesetzt. Es gibt zumindest keinen formalen Weg auf die Agendabesetzung einzuwirken. Entsprechend kann durch die Anwendung dieses Instruments im Bereich der Agendakontrolle auch kein Demokratisierungseffekt erzielt werden.[61] Gleiches gilt für die letztendliche Entscheidung (und sei dies auch nur die Entscheidung darüber, wie mit dem Thema weiter verfahren wird). Auch sie wird von der Kommission getroffen. Entsprechend handelt es sich bei den Online-Konsultationen ihres formalen Angebots und wohl auch ihrer Intention nach um ein Beteiligungsinstrument, das der *Beratungsdimension* des demokratischen politischen Prozesses (siehe Kapitel 5, Schaubild 3 Felder D – F) zuzuordnen ist. Zwei der drei Kriterien werden hier vertieft behandelt: die Frage der politischen Gleichheit in der Einbindung der europäischen Zivilgesellschaft sowie die symbolische Rechenschaft der Kommission

---

61 Das ist nicht ganz so eindeutig, wie es zunächst scheint, weil die Kommission in Online-Konsultationen auch testet, wie die europäische Öffentlichkeit auf mögliche neue Tätigkeitsfelder der EU beziehungsweise der Kommission reagiert. Dabei können die Reaktionen in den Konsultationen sicher eine Auswirkung darüber haben, ob ein mögliches Thema von der Kommission weiterverfolgt wird oder nicht. Dieser mögliche Einfluss von Online-Konsultationen auf die europäische Politikagenda darf nicht verwechselt werden mit der demokratietheoretischen Erwartung der Agendakontrolle durch die Bürgerschaft oder ihre Repräsentanten.

gegenüber den Stellungnahmen. Inwieweit die transparenten Konsultationsprozesse in die europäische Öffentlichkeit ausgestrahlt haben, ist von mir nicht systematisch überprüft worden (siehe aber Altides/Kohler-Koch 2009). Wenn man der Argumentation in Kapitel 7 folgt, dann hat das von der Kommission angebotene Instrument weiteres Demokratisierungspotenzial vor allem im Hinblick auf die Möglichkeiten zur Besetzung der politischen Agenda, die stärker geöffnet werden könnte als dies heute der Fall ist (siehe Hüller 2008a: 78ff.).

Die demokratierelevante Funktionsbestimmung zivilgesellschaftlicher Einbindungen sowie die formalen Restriktionen im Bereich der Agendakontrolle vor Augen, lassen sich mindestens vier Fragenkomplexe benennen, deren Beantwortung für die Bestimmung der demokratischen Performanz offener Online-Konsultationen (vor allem in den Feldern D + F) wünschenswert ist:

– Wer beteiligt sich an Online-Konsultationen? Spiegelt sich eine Pluralität/Repräsentativität von Positionen in den zivilgesellschaftlichen Stellungnahmen wider (9.1.1)?
– Wie ist es um die deliberative Qualität der eingehenden Stellungnahmen bestellt (9.1.2)?
– Wie antwortet die Kommission auf die eingegangenen Stellungnahmen? Lässt sich etwa Responsivität und/oder symbolische Rechenschaft feststellen (9.1.3)?
– Welche Rolle füllt die Kommission in diesen Konsultationsprozessen aus (9.1.4)?

Schaubild 5: *Indikatoren demokratischer Performanz assoziativer Einbindung in die Beratungsprozesse europäischer Online-Konsultationen*

		Willensbildungsideal	
		Aggregativ	Deliberativ
Beratungs-Kriterien	Politische Beteiligungsgleichheit	Pluralistische Inklusion	Pluralistische argumentative Positionierungen mit hoher Überzeugungskraft
	Accountability	Responsivität gegenüber Mehrheitspositionen	Symbolische Rechenschaft

In den verbleibenden Passagen dieses Unterabschnitts wird es darum gehen, die unterspezifizierten Kriterien aus Kapitel 5 am konkreten Gegenstand so zu adjustieren, dass wir messbare Indikatoren bekommen, die über die demokratische Performanz der Online-Konsultationen aufklären können.

9.1.1 Politische Gleichheit der Beteiligung: Pluralistische Inklusion

Ob sich die Gesellschaft oder der Demos in einer egalitären Weise in den Stellungnahmen zu den Konsultationen der Kommission ›spiegelt‹, können wir nicht klären, indem wir allein auf die Stellungnahmen in Konsultationsprozessen schauen. Davon wäre in einer umfassenderen Perspektive auszugehen, je mehr drei Dinge gegeben sind: (1) die Publizität des Konsultationsprozesses (des verhandelten Gegenstandes, der unterschiedlichen Positionen), (2) breite assoziationszentrierte Auseinandersetzungen über die später eingebrachten Stellungnahmen und schließlich (3) eine hinreichend pluralistische tatsächliche Beteiligung in Form von Stellungnahmen. Der Grad an Publizität lässt sich klären, indem untersucht wird, inwieweit das transparente Instrument europäischer Online-Konsultationen im Allgemeinen und spezifische Konsultationsgegenstände im Besonderen auch tatsächlich in der Gesellschaft bekannt und Gegenstand massenmedialer Beobachtung sind. Je mehr dies der Fall ist, desto unproblematischer erscheint eine geringere tatsächliche Beteiligung, weil sie auch auf mangelnde Relevanz des oder Betroffenheit vom Gegenstand(s) zurückgeführt werden kann, jedenfalls eine bewusste Entscheidung sein könnte (wie die, nicht zur Wahl zu gehen). Altides und Kohler-Koch (2009) haben allerdings gezeigt, dass die Publizität der aktuellen Konsultationsprozesse gering ist. Von einer zuverlässigen, systematischen Sichtbarkeit der Gegenstände von und Positionen in politisierten Online-Konsultationen kann keine Rede sein. Über sie wird zumindest in den Tageszeitungen nur selektiv und unsystematisch berichtet.

Assoziationszentrierte Beratungen zur Generierung von Stellungnahmen könnten eine ähnliche Funktion haben. Je mehr innerhalb und zwischen Assoziationen um die Positionen zu einem Konsultationsgegenstand gerungen wird, die anschließend in den Konsultationsprozess eingespeist werden, desto stärker können solche assoziativen Zusammenhänge den egalitären Erwartungen normativer Demokratievorstellungen entsprechen und Perspektiven und Positionen aus den ›lokalen‹ Zusammenhängen in den Beratungsprozess einspeisen. Empirisch liegen dazu keine Erkenntnisse vor. Allerdings ist auch hier keine große ›Tiefenwirkung‹ von den Konsultationsprozessen zu erwarten. Realistisch ist, dass der Austausch auf drei Akteursgruppen beschränkt bleibt, auf Verbandseliten sowie auf europapolitisch und themenspezifisch kompetente Verbandsmitglieder und Arbeitsgruppen. Dafür gibt es einige Gründe: In kurzer Zeit müssen anspruchsvolle Stellungnahmen entwickelt werden, die in der Regel auch spezifische Vorkenntnisse erfordern.

Weil diese drei Bedingungen (Publizität, assoziationszentrierte Beratungen und Pluralität von Stellungnahmen) im Hinblick auf demokratische Performanz in einer Art Ergänzungs- und Substitutionsverhältnis stehen und weil Publizität und assoziationszentrierte Beratungen eher gering ausfallen (dürften), konzentriere ich mich auf die eingegangenen Stellungnahmen. Auf ihnen liegt entsprechend auch die Hauptlast im Hinblick auf die Frage, ob die Online-Konsultationen in der Lage sind, im Hinblick auf das Kriterium politischer Gleichheit in der Beratungsdimension einen adäquaten Input zu ›provozieren‹.

Dabei gehe ich davon aus, dass diese in hohem Maße repräsentativ sind für die tatsächliche gesellschaftliche Auseinandersetzung mit den jeweiligen Konsultationsdokumenten. Was uns nun interessiert ist die Frage, ob diese Stellungnahmen auch repräsentativ beziehungsweise inklusiv genug sind, um die relevanten gesellschaftlichen Positionen und Perspektiven zu einem Konsultationsgegenstand sichtbar zu machen?

Was wäre nun aber ein adäquater Input und wie können wir diesen messen? Die Frage ist aus zwei Gründen nicht ganz einfach zu beantworten: Zum einen unterscheidet sich die Antwort je nachdem, ob es entsprechend eines aggregativen Willensbildungsideals darum gehen soll, die gesellschaftlichen Präferenzen möglichst vollständig in den politischen Prozess einzubringen (beziehungsweise diese in einem solchen Prozess zu entwickeln) oder ob der Prozess im Sinne eines deliberativen Ideals auf eine argumentative ›Versöhnung‹ aller relevanten Perspektiven und Positionen zielen soll.

Entsprechend der aggregativen Vorstellung besteht ein assoziationsbezogenes Ideal in der präferenzsensitiven Repräsentation aller konsultationsrelevanten Positionen und Ansprüche. Das Ziel besteht quasi darin, die tatsächliche Chancengleichheit auf politischen Einfluss, die wir normalerweise mit Wahlen und Abstimmungen verbinden (›one person, one vote‹) auf die Einbindung assoziativer Akteure zu übertragen. Wie oben gezeigt, ist dies in dieser ›vermittelten‹ Konstellation ein komplexer Prozess, den wir nicht vollständig überblicken können und damit auch nicht zuverlässig empirisch klären können.

Das ist ein Problem, mit dem ich nicht alleine stehe. Die Kommission steht bei der Auswertung der eingegangenen Stellungnahmen vor genau diesem Problem. Entsprechend kann gefragt werden, ob sie sich systematisch einer Bewertung dieser Frage verweigert oder ob sie (mehrheitliche) Unterstützung als egalitäre Legitimation ausweist.

Ich schaue stattdessen ausschließlich auf die Anzahl und Verteilung von Stellungnahmen entlang der Hauptzwecke zivilgesellschaftlicher Organisationen. In Kombination mit theoretischen Überlegungen über erwartbare Betroffenheiten/Relevanzen von den in Konsultationen behandelten Policies lassen sich Schlüsse über den Grad an *pluralistischer Inklusion* der organisierten Zivilgesellschaft ziehen. Näher können wir einer Beantwortung der Frage der politischen Gleichheit durch assoziative Einbindung in den Konsultationsprozessen der Kommission nicht kommen, solange nicht die assoziationsinternen Beteiligungsprozesse und die öffentlichen Kommunikationen der ZGO parallel untersucht werden.

Theoretisch müssten sich die Kriterien für aggregative und deliberative Konzeptionen unterscheiden. Im deliberativen Modus reicht es aus, wenn jeder Anspruch, jede Position und die verschiedenen argumentativen Stützen mindestens ein Mal in den Beratungsprozess eingebracht werden, weil die Güte von Argumenten durch Wiederholung nicht besser wird. Sobald die Kommission aber anfangen würde, die unterschiedlichen gegensätzlichen Positionen in den Stellungnahmen auszuzählen und aus dem Ergebnis normative Schlüsse zu ziehen, müsste auch gesichert werden, dass die Stellungnahmen die Positionen im Demos auch im Hinblick auf ihre Häufigkeit spiegeln. Das können wir aus den oben genannten Gründen nicht wissen und da dieses Defizit auch für die Kommission gilt, wäre entsprechendes Wissen auch praktisch nutzlos. Kurioserweise lässt sich dann aus der Perspektive eines aggregativen Willensbildungsideals nur ein negatives Kriterium angeben: Weil die Kommission nicht wissen kann, inwieweit die Stellungnahmen die europäische Bürgerschaft repräsentieren, soll sie auf entsprechende Interpretationsversuche (›Die Mehrheit der Stellungnahmen unterstützt Position X etc.‹) weitgehend verzichten. Nur wenn über alle Assoziationstypen (Hauptzweck, Ebenenzugehörigkeit, nationale Herkunft etc.) hinweg eine Position breiten Quasi-Konsens bei hoher Beteiligung erzeugt, kann das auch im aggregativen Sinne als Unterstützung gedeutet werden. Mit Hilfe des Kriteriums ›pluralistische Inklusion‹ lässt sich beides verbinden. Auf der einen Seite wird die Suggestion egalitärer Repräsentation gekappt, auf der anderen Seite ist es plausibel, dass ein Quasi-Konsens dieser Art den Präferenzen des Medianbürgers hinreichend nahe kommt.

Und was ist mit dem deliberativen Ideal? Die Probleme sind hier ähnlich. Wie können wir klären, ob tatsächlich der gesamte Argumentationshaushalt (also alle relevanten Positionen samt unterschiedlicher argumentativer Stützen) in einer Beratung vorgebracht worden ist? Das lässt sich empirisch nur sehr schwer feststellen. Entsprechend kann auch hier pluralistische Inklusion als adäquate Annäherung dieses Ideals genommen werden. Ohne auf die konkreten Positionen zu schauen, nehmen wir an, dass je mehr Assoziationen mit unterschiedlichen Hauptzwecken, Verankerungen auf allen relevanten politischen Ebenen in allen EU-Staaten, sich an den Konsultationsprozessen beteiligen, desto mehr pluralistische Inklusion haben wir und desto besser wird der tatsächliche Argumentationshaushalt in den Stellungnahmen vorgebracht.

9.1.2 Die Qualität der Stellungnahmen

Die Überschrift regt möglicherweise spontanen Widerspruch an: Kann man überhaupt die Qualität von Stellungnahmen messen? Gibt es denn ›bessere‹ und schlechtere Stellungnahmen oder sind die dabei angelegten Maßstäbe nicht automatisch Ausdruck einer subjektiven Vorliebe des Forschers?

Das hier genutzte Qualitätsverständnis hat diese prinzipiellen Probleme nicht. Es geht darum, ob Stellungnahmen in *funktionaler* Perspektive angemessen sind im Hinblick auf die Realisierung unterschiedlicher Demokratiekonzeptionen. Sie sind mehr oder weniger unproblematische Voraussetzungen dafür, dass die entsprechenden Willensbildungsideale überhaupt realisiert werden können. Im Hinblick auf solche geforderten Qualitäten sind deliberative Konzeptionen zwar anspruchsvoller als aggregative Vorstellungen, aber auch mit Blick auf letztere lassen sich klare Qualitätsansprüche verbinden (siehe Tabelle 1). Ich habe diese Qualitäten der Stellungnahmen mithilfe einer ganzen Reihe von Fragen untersucht.[62]

---

62 Siehe Annex I: Fragebogen Fallstudie am Beispiel der Konsultation zur Modernisierung des Arbeitsrechts.

Tabelle 1: Qualitätserwartungen in unterschiedlichen Demokratiekonzeptionen

	Aggregativ	Deliberativ
1. Adäquate Bezugnahme zum Konsultationsdokument	Werden wichtige Aspekte der Fragestellung einer Konsultation in einer Stellungnahme behandelt?	Werden wichtige Aspekte der Fragestellung einer Konsultation in einer Stellungnahme behandelt?
2. Positionierung zu Konsultationsissues	Werden zu den wichtigsten Gegenständen Positionen dargelegt?	Werden zu den wichtigsten Gegenständen Positionen dargelegt?
3. Zivilität	Werden andere Positionen niedergemacht oder Akteure als unvernünftig aus dem Diskurs ausgeschlossen?	Werden andere Positionen niedergemacht oder Akteure als unvernünftig aus dem Diskurs ausgeschlossen?
4. Bargaining	Negativkriterium: Werden Positionen durch Drohungen, Verweis auf mobilisierbares Blockadepotenzial etc. gestützt?	Negativkriterium: Werden Positionen durch Drohungen, Verweis auf mobilisierbares Blockadepotenzial etc. gestützt?
5. Argumentative beziehungsweise diskursive Positionierungen	Irrelevant	Werden diese Positionierungen mit Gründen gestützt?
6. Überzeugungskraft der Positionierungen	Irrelevant	Wie überzeugend sind die argumentativen Positionierungen?
7. Rechtfertigungsniveau	Irrelevant	Welches Rechtfertigungsniveau erreicht eine Stellungnahme (vornehmlich)?

Adäquate Bezugnahme und Positionierung. Zunächst können sich aus dem gesetzten Gegenstand einer Konsultation (Grünbuch, Weißbuch etc.) bestimmte *einfache* Ansprüche für angemessene Inhalte von Beiträgen (und deren Qualität) bestimmen lassen: Setzt sich ein Beitrag überhaupt mit dem Gegenstand der Konsultation auseinander (adäquate Bezugsnahme)? Unabhängig davon, welcher demokratietheoretische Maßstab angelegt wird, kann erwartet werden, dass in einer Stellungnahme im Rahmen der Online-Konsultationen vernünftig auf mindestens eines der im Konsultationsdokument gesetzten Themen Bezug genommen wird. Ich habe jeweils einen

Hauptgegenstand und verschiedene Unterthemen, die eine zentrale Stellung im Konsultationsdokument haben, ausgewählt und anschließend die Stellungnahmen darauf untersucht, ob diese dort behandelt worden sind. Nur solche Stellungnahmen, die auf den ausgewählten Gegenstand tatsächlich Bezug genommen haben, sind in der Folge weiter analysiert worden. Im Fall der Konsultation zur Modernisierung des Arbeitsrechts war dies etwa das von der Kommission vertretene Konzept von Flexicurity (zu den Unterthemen, siehe Anhang). Ich habe dann in den Stellungnahmen unseres Samples die Aussagen zu Flexicurity und den drei Unterthemen zunächst darauf untersucht, ob in ihnen *Positionierungen* zu den (wichtigsten) Positionen und Vorschlägen der Kommission entwickelt werden, die Positionen der Kommission beziehungsweise des Konsultationsdokumentes also bewertet werden (siehe Anhang)[63].

Der Anteil der Stellungnahmen zu einer Konsultation, die sich zu den von uns ausgewählten Hauptthemen geäußert haben unterscheidet sich je nach Konsultationsprozess zum Teil erheblich. Je mehr Themen insgesamt in einem Konsultationsdokument behandelt worden sind, desto eher haben Stellungnahmen auch ausschließlich andere Themen behandelt. Aber in allen Fällen haben deutlich mehr als die Hälfte der Beiträge auf die ausgewählten Themen Bezug genommen. Im Fall der Arbeitsmarkt-Konsultation waren es sogar über 90 Prozent der Stellungnahmen. Dabei ist zu erwarten, dass in den Stellungnahmen, die die Hauptgegenstände einer Konsultation adressiert haben, auch Positionierungen dazu dargeboten werden. Zwar ist die Konsultationswebsite unbehindert zugänglich, aber nichtsdestotrotz erwarten wir, dass vor allem Akteure mit spezifischen politischen Interessen diese aufsuchen. Zudem ist eine Beteiligung an den hier untersuchten Konsultationen vergleichsweise aufwendig, weil Beiträge verfasst werden müssen und nicht bloß vorgegebene Antworten anzukreuzen sind. Beide Rahmenbedingungen schrecken, so unsere Vermutung, nicht nur sehr große Beteiligungen ab. Sie sollten auch dafür sorgen, dass in den Stellungnahmen eine Orientierung am Sinn der jeweiligen Konsultationen erwartet werden kann.

---

63 Bei der Frage der Positionierung wird untersucht, wie der Autor einer Stellungnahme das jeweilige Thema/Unterthema bewertet. Sofern eine Bewertung stattfindet, kann diese entweder positiv, ambivalent oder negativ sein. Allgemein heißt positiv Zustimmung, Einverständnis, negativ Ablehnung, (schwere) Bedenken und ambivalent teils Zustimmung, teils Ablehnung. Es ist für die Kodierung nicht entscheidend gewesen, ob diese Bewertung explizit als Bewertung geäußert wird oder ob sie implizit (aber dann: klar) gemacht wird.

Zivilität. Behandeln die Teilnehmer andere Teilnehmer des Kommunikationsprozesses und die Adressaten ihrer Stellungnahmen respektvoll und zivil oder nicht? Wird von den Beteiligten die ›diskursive Integrität‹ anderer Diskursteilnehmer (insbesondere solche mit konträren Positionen) geachtet, wird darauf verzichtet, Andere persönlich zu beleidigen, Beiträge lächerlich zu machen, ihnen die Erörterungsfähigkeit ihrer Positionen und Argumente abzusprechen etc. Das ist eine bekannte Frage vor allem aus Untersuchungen zur deliberativen Demokratie (Steenbergen 2003: 29ff.; Steiner u.a. 2005: 64). Tatsächlich ist eine solche Zivilität auch die Grundlage aggregativer Willensbildungsprozesse. Die Akzeptanz von Mehrheitsentscheidungen hängt ja nicht allein davon ab, dass tatsächlich der Wille der Mehrheit realisiert wird, sondern auch davon, dass auch die unterlegene Minderheit davon überzeugt ist, dass der Wille der Mehrheit durchgesetzt werden sollte und zwar, obwohl sie die inhaltliche Position nicht teilen. Dahinter steht, wie schon oft betont wurde, das Prinzip politischer Gleichheit. Und genau dieses Ideal politischer Gleichheit wird durch Inzivilitäten bedroht oder gar unterminiert und zwar unabhängig davon, ob eher ein aggregatives oder ein deliberatives Willensbildungsideal in Anschlag gebracht wird.

Ich erwarte ein hohes Maß an Zivilität in den Online-Konsultationen der Kommission. Dafür gibt es eine Reihe von Gründen: Anders als in direkten spontanen Interaktionen führt die vermittelte Form insgesamt zu einer Abkühlung affektiver Überreaktionen. Zudem ist die Kommission der erste Adressat der Stellungnahmen und die Kommission ist in der Mehrzahl der konfliktträchtigen Themen nicht die Gegenpartei. Dass man dem Kontrahenten ›die Meinung geigt‹, lässt sich ja vorstellen, dass man versucht, damit Dritte zu überzeugen, ist kaum plausibel. Das gilt umso weniger, wie wir erwarten müssen, dass die Kommission die diskreditierten Akteure aus anderen Zusammenhängen kennt, sie in der Lage ist, den Wahrheitsgehalt zu überprüfen und Diskreditierungen immer auch drohen, ihre Autoren zu diskreditieren.

Bargaining. Die Unterscheidung zwischen ›arguing‹ und ›bargaining‹ hat in den vegangenen Jahren breiten Einzug in die Politikwissenschaft erhalten (statt vieler, siehe nur: Elster 1994; Prittwitz 1996; Risse 2000). Während in Argumentationen die Sprecher darauf zielen, Adressaten von der Angemessenheit der eigenen Position zu überzeugen, unternehmen in Verhandlungen die beteiligten Parteien Versuche, ihre Positionen durch (glaubhafte) Drohungen, Kompromissbildung und Kuhhändel zu befördern, ohne in der Sache zu argumentieren. Solche Kommunikationen zielen also gerade nicht auf eine Überzeugung in der Sache, sondern entweder auf Kompromiss beziehungsweise Vereinbarung auf der Grundlage bestehender Positionen oder der Androhung spezifischer Konsequenzen durch den Sprecher (wenn nicht, dann...).

Wie bei Philippe Schmitter wird hier die These vertreten, dass solche Verhandlungen weder zentraler Bestandteil eines aggregativen noch eines deliberativen Demokratieverständnisses sind, sondern etwas anderes.[64] Beide Typen normativer Konzeptionen machen politische Gleichheit zu dem zentralen normativen Prinzip, bei Bargaining ist dies nicht der Fall. Eine ›Verhandlungsdemokratie‹ ist dann aber nicht, wie Schmitter meint, ein drittes Demokratiemodell, sondern eine contradictio in adiecto, ein begrifflicher Selbstwiderspruch: Auf der einen Seite wird verlangt, dass die Interessen oder Präferenzen der Bürger auf irgend eine Art gleiche Beachtung finden (Demokratie), auf der anderen Seite sollen sich Präferenzen in dem Maße durchsetzen, wie sie gesellschaftliches Drohpotenzial zu generieren in der Lage ist (Verhandlung). Es wäre reiner Zufall, wenn Letzteres sich – wie auch immer – dem individualistischen Verständnis politischer Gleichheit praktisch als bestmögliche Realisierung anböte. Entsprechend hat Schmitter ja auch eine Reihe von Reformen vorgeschlagen, die solche Verhandlungen an vorgängige egalitäre aggregative Prozesse binden. Dann stellt sich aber die Frage, ob sein normatives Verständnis einer Verhandlungsdemokratie nicht eigentlich eine Spielart des aggregativen Demokratiekonzepts ist, welches an nachgeordneter Stelle Verhandlungen einen Platz zuweist. Ähnliches hat Habermas (1992b: 204ff.) im Übrigen im Hinblick auf die deliberative Demokratie angedeutet. Für uns ist nun folgendes entscheidend: In Wahlen und bei der Zusammensetzung von Regierungen haben diese Verhandlungen nichts zu suchen und bei der deliberativen Erörterung ›neuer‹ Politikinhalte ebenfalls nicht. Aber bei entsprechender politischer Rahmung können bestimmte Politikprozesse an derartige Verhandlungen delegiert werden. Die demokratische Qualität dieser Verhandlungen steht und fällt dann aber nicht vornehmlich mit der Qualität der Verhandlungen, sondern mit der egalitären Güte entsprechender Rahmungsprozesse.

---

64 Vor allem bei Habermas (1992b; a) scheinen ›aggregative‹ und machtbasierte Interessensdurchsetzungsmomente in einem liberalen Demokratiemodell, von dem er sich freilich kritisch distanziert, zusammenzulaufen.

Entsprechend ist zu klären, ob die in Online-Konsultationen behandelten Themen und damit die Online-Konsultationen selbst der Ort einer solchen delegierten Verhandlung sein können oder nicht? Das ist nicht der Fall. Weder kann die Kommission, die sowohl über die Themen wie über die Beteiligungsrechte entscheidet, für diese egalitäre Güte einstehen, noch handelt es sich bei den Konsultationsgegenständen, um solche, die – wie im Falle der Tarifautonomie – klar umgrenzt an eingehegte Verhandlungsprozesse abgetreten werden könnten. Stattdessen sollte das Auftreten des Verhandlungsmodus in Online-Konsultationen (genau wie im Zuge von Wahlen) als Gegenmodus zur Demokratie betrachtet werden: Wenn Parteien darüber verhandeln, wer die Wahlen gewonnen hat, dann hat das eben nichts mehr mit der Bestimmung des Mehrheitswillens zu tun, sondern nur noch mit nicht demokratisch eingehegter Machtpolitik. Und wenn in Konsultationsstellungnahmen gedroht wird, missliebige (Mehrheits-)Entscheidungen mit allen zur Verfügung stehenden (rechtlich zulässigen) Mitteln zu blockieren, dann verlässt man den Korridor egalitär an den Demos gebundener Politikoptionen.[65]

Wir können an entsprechenden Textsequenzen, in denen Positionen vorgetragen werden, recht zuverlässig klären, welchem der drei Typen eine Positionierung zugerechnet werden kann. Nehmen wir das Beispiel der Konsultation zur Modernisierung des Arbeitsrechts und stellen wir uns fiktive Positionierungen einer Gewerkschaft zu der Forderung eines ›deregulierten Arbeitsmarktes‹ vor. Sie könnten der Kommission mit sozialen Unruhen, Streiks etc. drohen, falls sie eine solche Deregulierung beförderte. Das wäre dann ein klarer Fall von bargaining. Sie könnten auch argumentieren, wir sind gegen eine solche Deregulierung und dies solle die Kommission doch bitte akzeptieren, weil diese Präferenz von einer gesellschaftlichen Mehrheit geteilt würde. Das wäre Ausdruck eines aggregativen Verständnisses. Und schließlich könnten sie versuchen, inhaltliche Argumente gegen Deregulierung vorzubringen, die darauf zielen, die Adressaten zu überzeugen (siehe den nächsten Unterabschnitt).

---

65 Es soll hier keineswegs argumentiert werden, dass solche Handlungen per se illegitim seien. Es gibt beispielsweise eine breite Literatur über die Frage legitimen zivilen Ungehorsam. Der entscheidende Punkt bleibt aber der gleiche für den zivilen Ungehorsam wie für die Verhandlung: Sie sind entweder demokratisch eingehegt und erhalten ihre Legitimität aus dieser (akzeptierten) Rahmung oder sie sind ein Gegenentwurf zur egalitären Demokratie.

Nun könnte man versuchen, ganze Stellungnahmen danach zu bewerten, ob in ihnen arguing oder bargaining dominant ist. Das wäre aber etwas irreführend. In den Stellungnahmen werden Positionen zu unterschiedlichen Gegenständen entwickelt und es ist durchaus nicht unplausibel, dass je nach Gegenstand und Relevanz der kommunikative Modus ein anderer ist. Entsprechend werden hier die Positionierungen und die dazugehörigen kommunikativen Modi, wie gleich erläutert wird, ›portioniert‹ aufgenommen. Die Hypothesen werden ebenfalls im folgenden Unterabschnitt im Zusammenhang mit den anderen Arten von Positionierungen entwickelt.

Diskursive und nicht-diskursive Positionierungen. Vorweg: Bis hierher haben wir Qualitätskriterien für Stellungnahmen benannt, die im Großen und Ganzen unabhängig sind von der Frage, ob ein deliberatives oder ein aggregatives Demokratieverständnis anzuwenden ist. Die nun folgenden Qualitätskriterien beziehen sich ausschließlich auf die deliberative Qualität von Stellungnahmen.

Was sind diskursive und nicht-diskursive Positionierungen? Wie oben bereits gesagt, konzentriere ich mich bei der Analyse der Stellungnahmen auf Positionierungen zu den Hauptgegenständen/Kontroversen in einer Konsultation. Bei solchen Positionierungen bewertet ein Sprecher immer eine oder mehrere mögliche Optionen eines Gegenstandes. Ist er für oder gegen eine Flexibilisierung der Arbeitsmärkte, für oder gegen sozialpolitische Kompetenzen auf EU-Ebene usw.

Diese Positionierungen können nun danach unterschieden werden, ob sie diskursiver Art sind oder nicht.[66] *Diskursive Aussagen* »zielen auf eine begründungs- und rechtfertigungsgeladene Auseinandersetzung« (Peters u.a. 2007: 212). Unsere positionsbezogenen Formulierungen haben, sofern sie diskursive Aussagen sind, mindestens zwei Teile: eine Positionierung und eine Begründung dafür, die auf die Frage Antwort gibt: ›Warum ist der Autor für Position XY?‹ (im Folgenden auch: Argumentation, argumentativer Hintergrund oder Backing).

Wir haben in der Untersuchung drei Typen diskursiver Positionierungen:

(1) Normative Argumentationen sind hier diskursive Positionierungen, deren Rechtfertigungslast durch bestimmte explizierte Normen getra-

---

66 Für eine Typologie unterschiedlicher Beitragstypen in der Presse, siehe Peters/Schultz/Wimmel (2007: 212ff.). Für eine Untersuchung von Konsultationsbeiträgen reicht ein einfacheres Schema aus, weil bestimmte Aussagetypen in diesem spezifischen Zusammenhang schlicht nicht zu erwarten sind.

gen werden oder in denen unterschiedliche, konkurrierende Normen in eine Rangordnung gebracht werden.

(2) Empirische, pragmatische und zweckrationale diskursive Positionierungen beruhen im Begründungsteil in erster Linie auf Tatsachenaussagen.

(3) Juristische Argumentationen sind in unserem Zusammenhang solche, die entweder die Begründungen ihrer Aussagen auf geltende rechtliche Normen stützen (Beispiel: ›Die Kommission darf hier nicht handeln, weil sich aus den Verträgen keine Regelungskompetenz begründen lässt‹; ›Ein Vorschlag XY widerspricht nationalem oder Europarecht‹) oder die mögliche Funktionen (Leistungen, Friktionen etc.) dieser politischen Vorschläge aus der Perspektive positiven Rechts erörtern.[67]

In jedem Fall werden die entsprechenden Aussagen gestützt durch eine Argumentation (argumentativen Hintergrund – Backing), von der der Sprecher plausiblerweise erwarten kann, dass die Argumente breite Unterstützung genießen, das heißt die Argumentation wird durch die Angabe von Gründen (von Begründungen) gestützt, die auch von den Adressaten als gültig betrachtet werden. Dagegen fehlt diese Art von Backing in *nicht diskursiven* Aussagetypen. Dazu zählen vor allem drei Typen von Aussagen:

(1) Bloße *Mitteilungen* (ohne Begründung) über Assoziationspositionen: ›Wir unterstützen/lehnen XY (ab).‹

(2) Mitteilungen mit *subjektiv zentrierten Begründungen* (»Bekenntnisse, (auto)biographische Narrationen, Erlebnisberichte, Schilderungen persönlicher Empfindungen oder Erfahrungen« etc. (Peters u.a. 2007: 213).

(3) *Bargaining und Drohungen*: Solche Kommunikationen zielen – wie oben bereits erläutert – auf Vereinbarungen auf der Grundlage bestehender Positionen oder der Androhung spezifischer Konsequenzen durch den Sprecher.

Wir haben nun nicht die Stellungnahmen als Ganze danach sortiert, welcher der diskursiven oder nicht diskursiven Aussagetypen dominant ist, sondern die positionsbezogenen Formulierungen in Stellungnahmen einzeln zugeordnet. Zentral ist hier die Frage der angemessenen *Portionierung* der einzelnen Stellungnahmen zu Konsultationen. Es gibt zwei plausible Varianten: (1) Manchmal werden *ganze* Beiträge entweder als ›diskursiv‹ oder ›nicht diskursiv‹ eingeordnet. Diesen Zugang wählen wir nicht. Wir

---

[67] Für Ausführungen zu diesen vier Argumentationstypen, siehe auch Peters/Schultz/Wimmel (2007: 238-244).

haben (2) die Stellungnahmen zerlegt in verschiedene *positionsbezogene Formulierungen oder Aussagen* und solche kodiert, die sich auf die von uns behandelten Konsultationsgegenstände bezogen haben. Es ging uns also genau um die Formulierungen, die uns signalisieren, ob und wie sich der Autor in einer Stellungnahme zu den Themen positioniert. Dafür gibt es zwei Gründe: Wir betrachten die Kommunikationen in den Online-Konsultationen im Hinblick auf ihre *vertikale* Diskursqualität zwischen den zivilgesellschaftlichen Stellungnahmen einerseits und den Themenvorgaben und Antworten der Kommission andererseits. Weil die Stellungnahmen erst nach Abschluss der Konsultationen sichtbar gemacht wurden, sind horizontale Diskurse, also zwischen den verschiedenen Stellungnahmen schlicht nicht zu erwarten. Da die Kommission nun aber mehrere Gegenstände in einem Konsultationsdokument zur Diskussion stellt und wir nicht erwarten können, dass die Beteiligten sich zu allen diesen Gegenständen immer auf die gleiche Art positionieren, sollte dieses etwas aufwendigere Verfahren gewählt werden.

Zudem wissen wir aus anderen Zusammenhängen, dass häufig Argumentationen (mit unterschiedlichen Backings) und Verhandlungen nebeneinander auftreten. Die differenzierte Kodierung ermöglicht es uns, diese Anteile genauer zu bestimmen.

Bezüglich der Verteilung argumentativer Positionierungen haben wir zwei Hypothesen:

Wie in öffentlichen Kommunikationen via Printmedien (Peters u.a. 2007: 238ff.), so sollten wir auch in den Online-Konsultationen einen hohen Anteil an empirischen und pragmatischen Argumentationen erwarten und zwar umso mehr als die Kommission gerade solche empirisch-pragmatischen Argumentationen wünscht (siehe etwa Strohmeier 2007).

Zudem wäre es plausibel, wenn der Anteil normativer Argumentationen in Konsultationen über politisierte Issues höher ist, als in Konsultationen über nicht-politisierte Gegenstände. Wenn die Fragen der Kommission schon auf technische oder pragmatische Aspekte ausgerichtet sind, dann dürfte es sehr viel schwerer sein, in einer Stellungnahme Abwägungen über unterschiedliche Ziele beziehungsweise Werte (im weiten Sinne) unterzubringen, als wenn es darum geht, Positionen zu gesellschaftspolitischen Konflikten zu präsentieren.

Prima-facie-Überzeugungskraft der Positionierungen. Die Frage nach der Überzeugungskraft von Positionierungen zielt darauf, ob die Adressaten von diskursiven Positionierungen von den Aussagen überzeugt werden oder nicht. Dazu gibt es vor allem in den Kommunikationswissenschaften eine breite Literatur (siehe etwa van Eemeren u.a. 2002; Stiff 1994). Das ist aber auch, wie ich gleich zeigen werde, ein nur sehr schwer zu operationalisierendes Kriterium. Daher ist es hilfreich zunächst zu klären, warum und in welchem Sinne es trotzdem – so gut es geht – untersucht werden sollte.

Also warum? Deliberative Demokratiekonzeptionen nehmen an, dass sich die Beteiligten durch gute Gründe überzeugen lassen, für neue Sichtweisen offen sind und entsprechende Positionen mit den eigenen argumentativ abgleichen. Verständigung ist also das Telos diskursiver Prozesse.

Es kann nun unter Bedingungen normativer und empirischer Komplexitäten, wie sie John Rawls (1998: 127ff.) in seinen berühmten ›burdens of judgement‹ auf den Punkt gebracht hat, vernünftigerweise nicht erwartet werden, dass alle Beteiligten sich am Ende einer argumentativen Auseinandersetzung mit den gleichen Gründen für das gleiche Ergebnis entscheiden (argumentativer Konsens), aber es muss erwartet werden, dass die Beteiligten *versuchen*, die anderen Diskursteilnehmer mit ihren Aussagen von etwas zu überzeugen. Mit dem Begriff der Prima-facie-Überzeugungskraft soll empirisch eingefangen werden, ob und in welchem Maße die Autoren mit ihren Positionierungen versuchen, ihre Adressaten zu überzeugen, ohne dabei einer Konsensfiktion zu erliegen.

Zudem ist die Fixierung der Überzeugungskraft von Positionierungen nötig, um im Rahmen deliberativer Demokratiekonzeptionen Aussagen über symbolische Rechenschaft machen zu können. Später wird untersucht werden, ob in einem vertikalen Diskurs, die Kommission auf die eingegangenen Positionen und Vorschläge angemessen antwortet. Manchmal wird nun eine angemessene Antwort schlicht mit Responsivität, also der einfachen Übernahme entsprechender Positionen gleichgesetzt. Das ist sicher auch eine Form symbolischer Rechenschaft, aber eben nicht im deliberativ qualifizierten Sinne. Responsivität gegenüber (Mehrheits-)Präferenzen wäre symbolische Rechenschaft im Sinne eines aggregativen Demokratieverständnisses (siehe dazu 9.1.3). Das deliberative Verständnis lässt sich aber nicht als eine einfache mechanische Übernahme eines in Konsultationsstellungnahmen identifizierbaren Volkswillens operationalisieren. Stattdessen erwarten Vertreter deliberativer Demokratie, dass entsprechende Eingaben in anspruchsvollerer Weise entsprechend ihrer argumentativen Kraft verarbeitet und berücksichtigt werden: es sollen sich eben bessere oder jedenfalls hinreichend gute Argumente durchsetzen. Im Extremfall kann dies durchaus dazu führen, dass diese Gründe explizit gegen responsive Erwartungen ins Feld geführt werden (siehe dazu etwa Gutmann/Thompson 1996: Kap. 4). Wenn wir von der Kommission symbolische Rechenschaft gegenüber ›guten Gründen‹ erwarten und diese prüfen wollen, dann müssen wir auch zuvor klären, ob in den Konsultationen auch gute Gründe vorgebracht worden sind. Es wäre nun offensichtlich verfehlt anzunehmen, dass aus der Zivilgesellschaft (egal wie eng oder weit man diese nun fasst) immer nur solche berücksichtigenswerten argumentativen Perlen hervorgezaubert werden, die eine solche Qualitätsprüfung der Stellungnahmen und Positionierungen überflüssig mächte. Auch deshalb wird hier mit dem Konzept der Prima-facie-Überzeugungskraft gearbeitet.

Nun kann es durchaus sein, dass eine solche Qualitätsprüfung überhaupt nicht überzeugend gemacht werden kann. Autoren, die so argumentieren, befinden sich dann aber außerhalb des Korridors deliberativer Konzeptionen. Da hier sowohl Responsivität und wie auch Prima-facie-Überzeugungskraft untersucht wird, können sich Leser mit einer solchen Überzeugung dann ja auf die Lektüre des entsprechenden Abschnittes über Responsivität beschränken. Habermas hat aber immer wieder zu recht den Punkt gemacht, dass solche Positionen in einem wissenschaftlichen Diskurs einem performativen Selbstwiderspruch erliegen. Sie können nicht gleichzeitig die Gültigkeit ihrer Kritik als ›wahr‹ annehmen und den Verständigungsanspruch von Kommunikationen ablehnen. Eine ganz andere Frage ist es freilich, ob und wie sich die Überzeugungskraft von Aussagen auch angemessen (Validität) und zuverlässig (Reliabilität) messen lässt? Darauf wird am Ende dieses Abschnitts zurückzukommen sein. Zuvor werde ich meinen Vorschlag darstellen, wie Prima-facie-Überzeugungskraft operationalisiert werden sollte und diesen Vorschlag abgleichen mit anderen Versuchen, deliberative Demokratie zu messen. Die Auseinandersetzung mit einigen aufgetretenen Problemen kann helfen, die Frage der Überzeugungskraft so gut es geht, zu handhaben.

Ich schlage hier vor, die Prima-facie-Überzeugungskraft von diskursiven Positionierungen als eine vernünftige und operationalisierbare Annäherung an die Frage der Qualität entsprechender Beiträge zu nutzen. In den verbleibenden Passagen dieses Abschnitts soll präzisiert werden, was es damit auf sich hat und warum es gegenüber anderen empirischen Operationalisierungen deliberativer Qualität von Beiträgen vorzugswürdig ist.

Die (vernünftige) Überzeugungskraft einer Positionierung speist sich, so die These, im Kern aus drei, in ihrer Relevanz variablen Komponenten: der Frage, in welchem Maße die (virtuellen) Adressaten der vorgebrachten

Position zustimmen können, aus der Qualität des argumentativen *Backings* und nicht zuletzt aus der Frage, ob der relevante *Kontext* angemessen berücksichtigt wird.

Der Hauptstrang der empirischen Deliberationsforschung konzentriert sich auf die Analyse des argumentativen *Backings* und nimmt explizit oder implizit die Qualität des Backings als Indikator für Überzeugungskraft: Je mehr Begründungen für die präsentierte Position angeführt werden, desto überzeugender ist sie und/oder je komplexer die Argumentationen sind (Internalisierung von Gegenpositionen), desto überzeugender sind sie (Bächtiger u.a. 2009: 9f.; siehe etwa Döbert 1996a; Gerhards u.a. 1998: 142ff.; Peters 2007: Kap. 5 und 6). Das stimmt als generelle Annahme nicht. Begründungen sind schließlich nur dann angezeigt, wenn die transportierten Positionen der Begründung *bedürfen*, weil ihre Richtigkeit unter den Adressaten als unklar oder umstritten gilt. Wenn das nicht der Fall ist, sind Begründungen überflüssig oder sogar schädlich.[68] Anders als Bächtiger et al. (2009: 10) annehmen sind Begründungen nicht einmal eine notwendige Bedingung für überzeugende Aussagen.

Bei der Komplexität sieht es ähnlich aus. Zweifelsohne sind im Hinblick auf die unklare und umstrittene Ordnung konkurrierender Werte Beiträge angezeigt, die in der Lage sind, uns eine plausible Ordnung darzulegen anstatt nur den Wert eines der Werte zu proklamieren. Anderseits erscheinen Beiträge auch schnell langatmig, die – bei klarer normativer Hierarchie – in komplexen Argumentationen nicht existierende Konflikte lösen.

Beide Varianten dieser formalistischen Operationalisierung von Überzeugungskraft können letztlich nicht überzeugen, weil sie die substantiellen Positionen, auf die sich die Argumentationen beziehen außen vor lassen.

Diesem Problem versuchen Steiner et al. (2005: 58) dadurch zu entgehen, dass sie die normative Qualität der Rechtfertigungen abzuschätzen versuchen. Kurz gesagt: Je mehr diese Rechtfertigungen dem Rawls'schen Differenzprinzip entsprechen würden, desto überzeugender ist eine Rechtfertigung. Auch wenn die Diskussion formalistischer Operationaliserungs-

---

[68] Das scheint etwa ein Problem in der Analyse von Gerhards et al. (1998: 143ff.) zu sein, wenn sie die diskursive Qualität von Beiträgen in Tageszeitungen daran messen, ob in diesen die Positionen zu der Frage, ob Föten als menschliche Wesen definiert werden oder nicht begründet werden. Da nun aber weit über 90 Prozent aller Beteiligten die Frage bejahen, kann durchaus gefragt werden, ob sie überhaupt begründungsbedürftig ist. Wir halten ja auch eine Aussage wie ›Kleine Kinder schmeißt man nicht aus dem Fenster‹ nicht deswegen für überzeugender, weil sie begründet wird.

versuche gezeigt hat, dass wir offensichtlich eine substantielle Imprägnierung benötigen, um nicht an den genannten Problemen zu scheitern, ist dieser Vorschlag mit dem Mangel behaftet, dass das Rawls'sche Differenzprinzip nicht für die substantielle Position steht, die alle Adressaten im Hinblick auf die gerechte Verteilung aller relevanten Güter tatsächlich überzeugen kann.[69] Hier wird die Qualität des argumentativen Backings in normativen Positionierungen weniger anspruchsvoll bestimmt. Es wird untersucht, ob zur Unterstützung normativer Positionen auf bekannte, unstrittige Fundamentalnormen Bezug genommen wird und ob diese gegenüber anderen Normen und Präferenzen im Falle von möglichen Trade-offs höher gewichtet werden, ob sie im Sinne Rawls »lexiographischen Vorrang« genießen. Plausibel mit solchen Fundamentalnormen gestützte normative Positionen sind mit ›hoher Überzeugungskraft‹ kodiert worden und zwar auch dann, wenn offensichtliche normative Trade-offs mit anderen Fundamentalnormen zu erwarten sind. Für diese großzügige Kodierung gibt es zwei Gründe. Zum einen können wir in der Regel nicht allgemein überzeugend entscheiden, in welcher Ordnung die relevanten Fundamentalnormen stehen sollen, zum anderen adressieren die Stellungnahmen die Kommission, die sich dann über alle eingegangen Positionierungen ein Bild machen muss. Auch wenn solche ›einseitigen‹ normativen Argumente vielleicht nicht das Ergebnis eines deliberativen Entscheidungsprozesses sein sollte, so bringen solche Positionen aber doch berücksichtigenswerte

---

69 Das Differenzprinzip findet bei Rawls nur Anwendung auf Verteilung sehr spezieller Güter, nämlich mäßig knapper, teilbarer und allgemein gewünschter Grundgüter. Geld oder Bildung sind Beispiele dafür. In vielen politischen Konflikten, die die Autoren untersuchen, sind aber ganz andere Güter zentral. So geht es im Abtreibungsstreit eher um die Ordnung oder Akkommodation konkurrierender Rechte. Die lassen sich aber nicht einfach aufteilen und die Vorstellung, dass wir die Schlechtestgestellten so gut stellen sollen wie es geht, lässt sich ebenfalls nicht mit der allgemeinen und gleichen Geltung von Rechten vereinbaren. Zudem war sich Rawls selbst sicher, dass das Differenzprinzip (im Gegensatz zur Absicherung eines entsprechenden Minimums der entsprechenden Güter) nicht Verfassungsbestandteil sein sollte, da wir gar nicht genau wissen könnten, was es in konkreten Situationen fordert. Wenn es dieses Erkenntnisproblem tatsächlich gibt, wie will man es dann forschungspragmatisch auf die Positionen von Parlamentariern anwenden? Genau bei diesem Anwendungsversuch (Steiner u.a. 2005: Kap. 6) kommt es dann auch zu Problemen. So seien Effizienz-Argumente unvereinbar mit egalitären Vorstellungen à la Rawls (ebenda: 147). Tatsächlich liegen solche Argumente aber gar nicht auf derselben Argumentationsebene, und noch problematischer: Rawls' Differenzprinzip wird ja selbst als Prinzip einer effizienten, pareto-optimalen Verteilung entwickelt und nur gegen andere ebenfalls effiziente, aber in ihrer Verteilungswirkung weniger egalitäre Prinzipien wie das Nash-Gleichgewicht verteidigt.

Gesichtspunkte ein. Und weil die Frage normativer Komplexität, also die argumentative Bearbeitung normativer Trade-offs, getrennt untersucht wurde, ließe sich auch das Vorhandensein noch anspruchsvollerer normativer Positionierungen genauer bestimmen.

Die Qualität des argumentativen Backings in empirischen und juristischen Positionierungen muss natürlich anders bestimmt werden. Im Fall empirischer Argumentationen kommt es zentral auf die eingesetzten Erkenntnismethoden an. Dabei haben wir den plausiblen Verweis auf wissenschaftliche Studien etwa mit hoher Überzeugungskraft kodiert und die offensichtliche Unterstützung mit rein anekdotischen oder subjektiven Evidenzen mit niedriger Überzeugungskraft. Bei juristischen Argumentationen wurde vor allem darauf geschaut, ob geltende Rechtsnormen plausibel in Anschlag gebracht wurden.

Soweit zum Backing. Dass die Überzeugungskraft einer Positionierung auch vom Anwendungszusammenhang (*Kontext*) abhängt, lässt sich leicht an einem Beispiel verdeutlichen, an der Positionierung ›Kleine Kinder wirft man nicht aus dem Fenster.‹ Diese Aussage hat kein expliziertes argumentatives Backing. Die dargebotene Position sollte aber trotzdem weitgehend unstrittig sein. Egal welche pädagogischen und sonstigen Vorstellungen Menschen in unserem Kulturkreis sonst so haben, dieser Aussage werden sie zunächst einmal zustimmen können. Demnach ist die Überzeugungskraft sehr hoch. In bestimmten Situationen (›Kontexten‹) kann das aber durchaus anders sein. Wenn es brennt, dem Kind Gefahr droht, sich das Ganze im Hochparterre abspielt etc., dann kann das Wissen um diese Kontexte, die Überzeugungskraft dieser an sich unstrittigen Aussage einschränken. Es dürfte ebenfalls unstrittig sein, dass die Kontextabhängigkeit von Positionen sehr unterschiedlich ist. Dass wir die gerade genutzte Positionierung überzeugend finden, dürfte praktisch selten vorkommen.

Schließlich, so ist oben postuliert worden, hängt die Überzeugungskraft von dem *Inhalt* der Position selbst ab. Hohe Überzeugungskraft wurde kodiert, wenn unsere Grobabschätzung erwarten lässt, dass mindestens eine qualifizierte Mehrheit einer Position sicher zustimmen würde. Niedrige Überzeugungskraft wurde dann kodiert, wenn wir erwartet haben, dass selbst Minderheiten kaum von einer Aussage zu überzeugen sind oder selbst die eigene Anhängerschaft gute Gründe hat zu zweifeln etc.

Da die Überzeugungskraft einer Positionierung nur einmal kodiert wird, ergibt sich die Bewertung aus der Kombination dieser drei Einschätzungen und die müssen natürlich nicht alle drei identisch sein. Allerdings ergeben sich aus dem Gesagten schon einige Gesichtspunkte für die Gesamteinschätzung. Erstens hat der Inhalt einer Position immer einen gewissen Vorrang, wenn man annimmt, dass Positionen auch *ohne* argumentatives Backing überzeugen können. Die Gesamteinschätzung kann aber, wie oben bereits dargelegt, durch problematische Backings beeinträchtigt werden. Und zweitens haben wir auch solchen Positionen hohe Überzeugungskraft zugeschrieben, die zwar nicht sicher mehrheitsfähig sind, deren argumentatives Backing aber überzeugend in den oben entwickelten Weisen ist, weil sie in dem ›vertikalen Diskurs‹ zwischen den vielen Stellungnahmen und der Kommission relevante Punkte entwickeln.

Es ist offensichtlich, dass sich diese anspruchsvolle Konzeptualisierung von Überzeugungskraft nicht über eine Reihe von Themen hinweg aufwandsarm operationalisieren lässt. Vielleicht ist eine vollkommen eindeutige Operationalisierung sogar aus theoretischen Gründen unmöglich. Wir haben auf die Validitäts- und Reliabilitätsprobleme in vierfacher Weise reagiert. Zum einen wurde das Kriterium explizit als *Prima-facie*-Überzeugungskraft benannt, das heißt, wir nehmen in gewisser Hinsicht den guten Willen der Beteiligten an. Wenn beispielsweise im argumentativen Backing auf empirische Erhebungen verwiesen wird oder auf rechtliche Regelungen, dann haben wir dies in der Regel nicht in Zweifel gezogen, sondern als richtig angenommen. Zum zweiten haben wir nur die Positionierungen zu den Hauptthemen der Konsultationsprozesse untersucht, die entsprechend auch inhaltlich tiefer durchdrungen werden konnten im Hinblick auf die unterschiedlichen Positionen, ›objektive‹ Interessenlagen und Konfliktlinien. Was sich wiederum positiv auf die Möglichkeit auswirkt, die Überzeugungskraft der dargebotenen Positionierungen einzuschätzen. Zum dritten haben wir bei der Kodierung nur grob zwischen hoher, mittlerer oder geringer Überzeugungskraft unterschieden und die einzelnen Ergebnisse aggregiert zu einer Gesamteinschätzung. Eine feiner abgestufte Bewertung scheint in Anbetracht der Operationalisierungsprobleme kaum möglich. Und schließlich haben wir zum vierten darauf geachtet, dass sich über die verschiedenen Kodierer und unterschiedliche Bewertungen Messfehler eingeschlichen haben: alle Kodierungen sind transparent erfolgt, in den Stellungnahmen markiert und von mir nachkontrolliert worden.

Rechtfertigungsniveau. Das Rechtfertigungsniveau bezieht sich auf die Frage, wessen Ansprüche in Positionierungen (wie) berücksichtigt werden.

Diese Positionierungen können entweder vornehmlich auf das ›Eigeninteresse‹ der Assoziation (Assoziationszweck) und/oder ihrer Mitglieder ausgerichtet sein (1), auf irgendein aggregiertes Gesamtwohl, Gesamtnutzenmaximierung (etwa Bruttoinlandsprodukt, Gesamtanzahl der Arbeitsplätze) und Mehrheitsinteressen (beispielsweise Beschäftigungssicherheit/Kündigungsschutz) (2) oder auf Grundlage anspruchsvollerer Gerechtigkeitsüberlegungen erfolgen, in denen versucht wird, konfligierende Ansprüche nach normativer Gewichtigkeit zu ordnen (3).

Die Unterschiede dieser drei Rechtfertigungsniveaus können an einem Beispiel aus der Konsultation zur Modernisierung des Arbeitsrechts illustriert und erläutert werden. Ein zentrales Thema dieser Konsultation war das von der Kommission unterstützte Konzept von ›Flexicurity‹, in dem sie einerseits für eine Flexibilisierung von Arbeitsbeziehungen (Erleichterung von Kündigungen, unterschiedliche Arbeitszeitmodelle, Abweichungen von Standardtarifverträgen etc.) eintritt, andererseits für einen hohen europaweiten Sozialschutz.

Theoretisch können Stellungnahmen nun höchst unterschiedlich auf Flexicurity Bezug nehmen. Ein Beitrag der nur oder hauptsächlich über die rechtliche Zulässigkeit reflektiert, ist zu unterscheiden von einem der vor allem empirische Probleme erörtert und von einem der sich vor allem im Hinblick auf die zentralen gesellschaftlichen Konfliktlagen zwischen Flexibilisierung und Sozialschutz positioniert. Uns geht es im Hinblick auf das Rechtfertigungsniveau nur um eine Verortung der Stellungnahmen in den thematisierten Konfliktlagen.

Welches sind die zentralen gesellschaftlichen Konfliktlagen? Von einer Flexicurity-Strategie sind unterschiedliche ›Gruppen‹ betroffen: die drei wichtigsten sind: Arbeitnehmer, Arbeitgeber, Erwerbslose und diese (quasi-objektiven) Betroffenheiten stellen sich je nach nationaler ›Spielart des Kapitalismus‹ in den Ländern der EU wiederum differenziert dar (siehe etwa Höpner/Schäfer 2008cff.). Ausgehend von diesen zentralen Konfliktlagen und in Kenntnis der Hauptassoziationszwecke lassen sich die in den Stellungnahmen vorgebrachten Positionierungen zu Flexicurity einem Rechtfertigungsniveau zuordnen. Ein Beispiel zur Illustration: ›AGE‹ ist eine Assoziation, deren Hauptzweck darin besteht, die Ansprüche älterer Menschen zu vertreten. Wenn AGE nun in ihren Stellungnahmen vornehmlich ausführte, was für ältere EU-Bürger gut wäre im Hinblick auf das Arbeitsrecht, dann würde der Beitrag (1) zugeordnet. Wenn sie vornehmlich argumentierten, die Gesamtgesellschaft profitiere von einer erhöhten Einbindung älterer Arbeitnehmer in den Arbeitsmarkt, dann wäre das (2). Wenn sie argumentieren sollten, dass es ein fundamentales Recht auf Gleichbehandlung und Nichtdiskriminierung gibt, gegen das aktuell verstoßen wird und eine Veränderung durch arbeitsrechtliche Maßnahmen einfordern, dann wäre das (3).

Hier wird nun nicht das Rechtfertigungsniveau für die einzelnen Positionierungen bestimmt, sondern über diese hinweg für gesamte Stellungnahmen.

9.1.3 Verarbeitung der Beiträge/Ergebnisse durch die Kommission: Responsivität und/oder symbolische Rechenschaft

Die Stellungnahmen in Online-Konsultationen können theoretisch selbst zusammen als eine Art horizontaler Diskurs gedeutet werden. Wie oben bereits ausgeführt sind in den hier untersuchten, wie in der überwältigenden Mehrheit aller Konsultationsprozesse, die Stellungnahmen erst nach Abschluss des Konsultationsprozesses für andere Beteiligte sichtbar. Zudem richtet sich die Kommission mit mehr oder weniger präzisen Fragen an das Publikum. Beides spricht dafür, den Diskurs als einen vertikalen zu konzipieren, der dann im Kern aus drei Sequenzen besteht: dem initialisierenden Konsultationsdokument, den Stellungnahmen zu den aufgeworfenen Themen und Fragen sowie schließlich dem Umgang der Kommission mit diesen Stellungnahmen.

Aus der Perspektive aggregativer und deliberativer Demokratievorstellungen gibt es vergleichsweise klare theoretische Vorstellungen für einen angemessenen Umgang mit gesellschaftlichen Präferenzen beziehungsweise argumentativen Positionierungen. Im Falle der aggregativen Vision bestünde das Kriterium in einer Responsivität gegenüber Mehrheitspräferenzen. Dann würde die Kommission aus den Stellungnahmen mehrheitsfähige Positionen herausfiltern und so gut es geht versuchen umzusetzen. Gemäß deliberativer Konzeptionen muss zumindest eine symbolische Rechenschaft gegenüber hinreichend guten Gründen erwartet werden können.

Nun ist oben bereits bezweifelt worden, dass sich die aggregativdemokratische Vorstellung einer Identifizierung von Mehrheitspositionen im Rahmen der Online-Konsultationen überhaupt sinnvoll machen lässt. Wir können nicht wissen, für wen die verschiedenen Assoziationen tatsächlich sprechen. Entsprechend können, abgesehen von eindeutigen Ausnahmen, die ausgezählten Positionierungen nicht für gesellschaftliche Repräsentativität bürgen.

Wir konzentrieren uns daher auf die vorgängigen Fragen einer angemessenen Verarbeitung der Stellungnahmen durch die Kommission, auf die Frage nach der erzeugten Resonanz und dem (deliberativen) Einfluss zivilgesellschaftlicher Stellungnahmen. Auch wenn wir keine Rückschlüsse auf die tatsächliche Verteilung gesellschaftlicher Präferenzen ziehen können, dürfen wir von der Kommission doch auf jeden Fall erwarten, dass sie die in den Stellungnahmen dargebotenen Positionen zu den zentralen Fragen einer Konsultation korrekt wiedergibt. Das ist auch eine wichtige Vorbedingung dafür, sich gegenüber Mehrheitspräferenzen responsiv zu zeigen.

Es wäre aber ein Fehler, Online-Konsultationen nur oder in erster Linie als ein anspruchsvolles Instrument der (deliberativen) Demoskopie zu betrachten. Sie sind auch Beratungen und Entdeckungszusammenhänge, in denen neue Ideen, Sichtweisen, Positionierungen im Durchgang unterschiedlicher Ideen und Argumente entwickelt werden und in denen die Diskursteilnehmer auf vorherige Beiträge sinnvoll antworten. Das erwarten wir von den Autoren der Stellungnahmen, die in ihren Eingaben sinnvoll auf die vorgängigen Themen eines Konsultationsdokuments antworten sollten. Und das erwarten wir dann auch von der Kommission, die ebenfalls auf die Stellungnahmen angemessen antworten sollte. Beides haben wir versucht, empirisch zu testen. Die Stellungnahmen können dabei einfach darauf untersucht werden, ob sie sich mit den zentralen Themen eines Konsultationsdokuments auseinandergesetzt haben. Aber wie soll die symbolische Rechenschaft der Kommission gegenüber der Vielzahl eingehender Stellungnahmen untersucht werden? Zunächst ging es darum zu ermitteln, auf welche Stellungnahmen beziehungsweise Teile davon die Kommission überhaupt eingehen sollte. Hier darf die Kommission mit Ansprüchen nicht überfordert werden. Einzelne Beiträge sind mehr als vierzig Seiten lang, es gibt häufig mehrere hundert Stellungnahmen in einem Konsultationsverfahren und einige davon sind offensichtlich im Hinblick auf die im Konsultationsdokument vorgegebenen Themen und Fragen ungeeignet. Um diesem Problem einer möglichen Überlastung zu entgehen, haben wir aus den untersuchten Stellungnahmen ›*Vorschläge*‹ herausgefiltert, die drei Eigenschaften gemein haben: Sie beziehen sich (a) zweifellos auf den Konsultationsgegenstand und (b) fordern die Kommission direkt auf (c) etwas Konkretes zu tun. Genau auf diese Vorschläge sollte die Kommission nun in ihren Konsultationsauswertungen angemessen antworten. Sie sollte sie für die Beteiligten sichtbar zur Kenntnis nehmen und da sie selbst adressiert sind, sich auch zu ihnen politisch verhalten.

Auch wenn wir weder Responsivität im Sinne aggregativer Demokratiekonzeptionen überprüfen können noch symbolische Rechenschaft im deliberativen Sinne, haben wir mit dem Kriterium ›adäquate Rezeption der Positionierungen‹ und mit der Operationalisierung von Vorschlägen, zumindest einen Weg eröffnet, um entsprechende Rezeptionsdefizite aufdecken zu können – und wie wir später sehen auch aufdecken werden.

9.1.4 Die demokratiefunktionale Rolle der Kommission

Die Kommission hat bei der Initiierung und Durchführung von Online-Konsultationen sowie in der Weiterverarbeitung der Stellungnahmen ein hohes Maß an Spielraum und Freiheit. Insofern eignen sich die Online-Konsultationen durchaus, um zu untersuchen, wie die Kommission und einzelne Generaldirektionen ›ticken‹, welche Selbstverständnisse sie haben und welche Rollen sie in der europäischen Mehrebenenpolitik einnehmen.[70] Uns interessiert hier nur die *demokratiefunktionale Rolle* der Kommission, die sich in ihren ›Beiträgen‹ im Rahmen von Online-Konsultationen äußert. Dazu soll in diesem Abschnitt eine normative Kontrastfolie entwickelt werden, die uns darüber Auskunft gibt, wie die Kommission idealerweise als Demokratiepromoter beziehungsweise -manager agieren sollte.

Ausgangspunkt dafür, diese Rolle überhaupt in den Blick zu nehmen, sind die in der Demokratieforschung benannten Defizite freier, unstrukturierter Beratungsprozesse. Freie, unstrukturierte Deliberationen stehen im Verdacht bestimmte Nachteile zu haben, Positionen und Argumente nur unsystematisch zu behandeln, die Durchsetzung sozialer Ungleichheiten zu befördern etc. (Hüller 2005: Kap. 6). Zur Verhinderung dieser unerwünschten Auswirkungen ist vorgeschlagen worden, zivilgesellschaftliche Deliberationen in artifizielleren Zusammenhängen zu organisieren (Cohen/Rogers 1995b) und/oder die Beratungsprozesse stärker zu strukturieren (De Schutter 2002), konträre Positionen herauszuarbeiten, relevante Evidenzen transparent zu machen etc. (siehe schon Van den Daele 1994; 1998).

---

70 Dazu existieren verschiedene zum Teil konkurrierende Hypothesen. Mal wird die Kommission in der Rolle eines deregulierenden Policy-Aktivisten gesehen (Scharpf), mal in der eines verlängerten Arms nationalstaatlicher Regierungen (Wonka). Andere wiederum sehen in der Kommission vor allem eine Organisation, die um Macht-, Kompetenz- und Ressourcenausweitung bestrebt ist und schließlich sehen einige in der Kommission vor allem einen Verwaltungsapparat, der den Geist der europäischen Verträge in der Routinepolitik gegen nationale und andere Partikularinteressen verteidigt.

Eine neutrale Moderation kann versuchen, Autoren mit unterschiedlichen und gegensätzlichen Positionen ins Gespräch zu bringen, ein Abgleiten in andere Themen verhindern, die Einhaltung von Gesprächsstandards anmahnen, bereits eingebrachte, aber kaum beachtete Positionen in Erinnerung rufen etc.[71]

Die Kommission kann selbst also unterschiedliche *Rollen* innerhalb der Konsultationen einnehmen. Bezogen auf Feld D[72] der Demokratiematrix sind fünf solcher möglichen Rollen plausibel:

(1) Passiver Beobachter: In diesem Fall würde die Kommission alle eingehenden Beiträge gleichrangig aufnehmen, gegebenenfalls veröffentlichen und keinerlei Kommentare zu einzelnen Beiträgen bis zum Abschluss des Konsultationsprozesses abgeben.

(2) Formaler Diskurswächter: In diesem Fall würde die Kommission in sehr engen Grenzen Einfluss auf die Beiträge nehmen. Jede Position zum Gegenstand würde das lockere Gatekeeping überstehen, aber bestimmte Beiträge, die offensichtlich nicht zum Thema sind oder in hohem Maße unzivil (rassistisch, beleidigend etc.) würden herausgefiltert.

(3) Inhaltlicher Diskurswächter: Als inhaltlicher Diskurswächter würde die Kommission auftreten, wenn über die eng umgrenzte formale Diskursüberwachung bestimmte Positionen zum Gegenstand (im weiten Sinne) zensiert würden, zum Beispiel von grundsätzlich EU-kritischen Akteuren, die ihre negativen Positionen zu einer Einzelmaßnahme in eine Gesamtperspektive einbetten, aber natürlich auch allgemeiner, jede Einschränkung von Beiträgen, *weil* sie kritisch auf einen EU-Vorschlag replizieren.

(4) Aktiver Diskursorganisator und Moderator: Ein aktiver Diskursorganisator würde sich darum bemühen, Betroffene entweder repräsentativ zu einer Teilnahme zu motivieren oder das Diskursangebot möglichst breit zu streuen, so dass alle relevanten Akteure Kenntnis davon erhalten (können). Innerhalb der Konsultation würde ein aktiver Moderator auf Unklarheiten in einzelnen Beiträgen mit Nachfragen reagieren, gegen-

---

71 Die Grenzen zwischen inhaltlicher Neutralität und Diskursbeförderung sind dabei sicher schwierig zu ziehen. Es kommt wohl nicht von ungefähr, dass solche Moderatoren, die sehr aktiv versuchen, den Diskurs zu befördern, wegen möglicher Neutralitätsverletzungen kritisiert werden (siehe z.b. Saretzki 1996; kritisch dazu: Döbert 1996b).

72 Es geht also nicht um ihre Rolle bei der vorherigen Agendasetzung und auch nicht um den nachträglichen Umgang mit den Beiträgen aus den Konsultationsprozessen, sondern nur um die Rolle während der Konsultation selbst.

sätzliche Positionen und Argumente versuchen aufeinander anzusetzen und einen argumentativen Austausch und wenn möglich auch eine Verständigung der Beteiligten provozieren.

(5) Aktiver Diskursteilnehmer: Als aktiver Diskursteilnehmer würde die Kommission in Konsultationsprozessen die eigenen Positionen mit Gründen gegen eingehende Kritiken verteidigen oder aber im Lichte neuer Sachverhalte revidieren.

Hypothese: Vom Rollenverständnis der Kommission erwarten wir einen Einfluss auf die deliberative Qualität. Die Rolle (3) wäre mit Blick auf die demokratische Qualität eines Prozesses fatal, ist aber auch empirisch sehr unwahrscheinlich. Sie wäre für die Kommission aufwendig, sie entspräche kaum ihrem institutionellen Selbstverständnis und sie wäre mit einem hohen Risiko auf öffentliche Kritik verbunden. Wünschenswert scheinen Aktivitäten im Sinne der Rolle (4) zu sein. Im besten Fall könnte die Kommission so bestimmte Defizite der national segmentierten europäischen Öffentlichkeiten durch aktive Beförderung ausgleichen, zumindest aber mildern. Erwartet wird allerdings, aufgrund des deutlich geringeren Aufwands, eher eine Orientierung an den Rollen (1) oder (2).[73]

Für die meisten anderen Felder lassen sich ebenfalls adäquate Rollenverständnisse benennen. Gerade weil die Kommission autonom darüber entscheidet, zu welchen Themen Konsultationsprozesse durchgeführt werden, ließen sich Modi denken, in denen ›von unten‹ Einfluss auf die Agenda genommen werden kann (Feld A). Es bestehen auch sehr unterschiedliche Möglichkeiten, anlaufende Konsultationsprozesse in die Öffentlichkeit zu tragen, von der bloßen transparenten Veröffentlichung auf ›Your Voice in Europe‹, über Ankündigungen via E-Mail-Verteiler bis zu Presseerklärungen etc. (Feld E). Nicht nur der Anteil der europäischen Bürgerschaft und Zivilgesellschaft, die über die unterschiedliche Kanäle zu erreichen ist, differiert zum Teil ganz erheblich. Auch kann die Kommission dabei natürlich mehr oder weniger parteiisch oder inklusiv einladen.

Dann hängt es wesentlich von der Kommission ab, inwieweit horizontale und vertikale Deliberationsprozesse induziert und befördert werden.

---

73 Die Befürchtung ist also, dass die Kommission in den Konsultationen Schlechtes aus zwei Welten kombiniert: Auf der einen Seite können von der Kommission organisierte und in wichtigen Bereichen dominierte Konsultationen keinen peripheren, ›nichtvermachteten‹ Status beanspruchen. Auf der anderen Seite würde sie gerade in den Bereichen, in denen diskursgenerierende Aktivitäten durchaus wünschenswert sein könnten, auf entsprechende Einflüsse verzichten.

Letzteres ist gerade schon behandelt worden (9.1.3). Die Kommission kann aber nicht nur selbst auf die Stellungnahmen antworten, sondern auch die Beratungen zwischen zivilgesellschaftlichen Organisationen mehr oder weniger befördern. Frühzeitige Transparenz der Stellungnahmen und verlängerte Zeiträume für die Konsultationen böten den Teilnehmern die Möglichkeit, von sich aus auf frühere Stellungnahmen Bezug zu nehmen. Die Kommission könnte aber auch ganz gezielt nachfragen und Vertreter kontroverser Positionen bitten auf die relevanten kritischen Stellungnahmen zu antworten.

Es wäre wohl naiv zu erwarten, dass die Kommission in den Online-Konsultationen nur oder in erster Linie als Demokratiemanager auftritt. Aber eine solche Kontrastfolie kann trotzdem helfen darüber aufzuklären, in welchem Maße dies der Fall ist. Auch könnte man zu kritisieren geneigt sein, dass die Kommission gar kein neutraler Demokratiemanager sein kann, weil sie andere, zumindest in Teilen konträre Aufgaben in der europäischen Mehrebenenpolitik inne hat, vor allem die als Hüterin der Verträge und deshalb zumindest manche existierenden Positionen aus politischen Beratungen herausfiltern müsste (eben solche, die sich gegen die Verträge richten). Das stimmt zwar, sollte aber nicht zu dem Schluss führen, das Demokratiemanagement an entsprechende Demokratiebeförderungsorganisationen außerhalb des Zentrums eines politischen Systems abzugeben. Was wir bei solchen Prozessen wie Tomorrow‹s Europe, Europolis usw. immer wieder erleben ist, dass sie Demokratie neben der wirklichen Politik üben und in den eigentlichen Arenen und bei den wirklichen Adressaten kaum Aufmerksamkeit und keinen signifikanten Einfluss generieren können (siehe Hüller 2010). Damit Demokratie aber nicht nur neben der wirklichen Politik gespielt wird, müssen politische Beteiligungsprozesse direkt mit den zentralen Politikarenen verknüpft sein beziehungsweise als inhärenter Teil dieser Politikarenen funktionieren. Und die Kommission ist und bleibt innerhalb der EU der wichtigste Anknüpfungspunkt für eine solche Demokratisierung via zivilgesellschaftliche Einbindung.

9.2 Fallauswahl und Stichprobe

9.2.1 Fallauswahl

Aus demokratietheoretischen Überlegungen heraus konzentrieren wir uns auf Politikinhalte der ersten Säule. In Kapitel 2 ist argumentiert worden, dass zumindest in diesen Politikfeldern die normative Erwartung einer supranationalen Demokratie berechtigt erscheint und entsprechend Demokratieerwartungen hier an die europäischen Entscheidungsprozeduren herangetragen werden sollten.

Nun verfolgt die Kommission offiziell zwei sehr unterschiedliche Ziele mit dem Einsatz von Konsultationsinstrumenten. Sie erhofft sich Expertise und eine demokratische Rückbindung an den europäischen Demos von der Durchführung solcher Beteiligungsprozesse. Entsprechend unterscheiden sich auch Themen beziehungsweise Gegenstände von Konsultationen. In manchen Konsultationen sind sehr spezifische empirische Fragen der Hauptgegenstand, in anderen geht es vornehmlich um eine politische Bewertung beziehungsweise Richtungsvorgabe. Die auf Demokratisierung zielenden Konsultationen müssen entsprechend auch ein gewisses Politisierungspotenzial bergen.

Genau dieses Politisierungspotenzial bestimmt die Fragestellung der Fallstudie: Welchen Einfluss hat die Art der behandelten Policies (präziser: ihr jeweiliges Politisierungspotenzial) (unabhängige Variable) auf die deliberativ-demokratische Qualität (abhängige Variable) offener Online-Konsultationen?

Dazu haben wir je zwei Konsultationen mit hohem und geringem Politisierungspotenzial vertieft untersucht. Das Politisierungspotenzial von Policies ist nach unserer Erwartung höchst unterschiedlich. Das lässt sich mit Hilfe einer dreifachen binären Differenzierung erläutern. (1) Teilbare Güter sind unter sonst gleichen Umständen leichter zu bearbeiten als nicht-teilbare Güter. (2) Policies bei denen die Hauptprobleme allgemein in evidenz-basierten Fragen gesehen werden, sind weniger konfliktträchtig als solche, die sich um (expressive und evaluative) Bewertungsfragen drehen oder bei denen Umverteilungserwartungen eine wichtige Rolle spielen. (3) Das Politisierungspotenzial von für den ›Normalbürger‹ einfach zu durchdringenden Gegenständen ist höher als das von komplizierten Materien.

In einer breiterer angelegten Voruntersuchung sind zunächst auf Grundlage der konsultationsinitialisierenden Dokumente (also zum Beispiel der Grünbücher) je sechs politisierte und nicht politisierte Konsultationen aus den Generaldirektionen EMPL, SANCO und ENVIR, die allesamt in einem engen Zeitfenster (2006/2007) durchgeführt worden sind, bestimmt worden (siehe Tabelle 2). Die Zuordnung des Politisierungsgrades ergab sich keineswegs schon durch das jeweils gesetzte Thema einer Konsultation, sondern erst aus den konkreteren Fragen (Problemen und Konflikten), die

Gegenstand einer Konsultation waren.[74] Mit der breiter angelegten Analyse wurde der Zweck verfolgt, den Einfluss möglicher intervenierender Variablen, wie die Konsultationsdauer, zu untersuchen. Schließlich wurden aber nur Konsultationen aus zwei GD in die vertiefte Analyse aufgenommen, um den Einfluss unterschiedlicher GD-Konsultationskulturen zu minimieren beziehungsweise kontrollieren zu können.

Natürlich werden unsere Performanzerwartungen durch das Thema beziehungsweise den Gegenstand einer Konsultation (mit-)bestimmt. Und wir haben bestimmte Einschätzungen darüber, welche Politikbereiche relevanter sind. Das wird dann wichtig, wenn wir ein oder zwei Politikfelder exklusiv untersuchen. Wir haben exklusiv Themen aus der ersten Säule der EU, also der marktbezogenen regulativen Politik untersucht. Grob lassen sich fünf Thementypen der ersten Säule zuordnen, solche, die auf eine (1) (begrenzte) Marktschaffung (Schaffung eines rechtlichen Rahmens unbeschränkten Wirtschaftens), (2) auf eine Marktgestaltung (begleitende Politik zur Aufrechterhaltung eines solchen Rahmens (Wettbewerbspolitik, Produkt- und Prozessstandards), (3) auf eine Regelung privatrechtlicher Konflikte oder (4) auf eine Marktkorrektur (zum Beispiel Umweltpolitik) zielen. Und schließlich (5) (re-)distributive Politiken der Agrar- und Strukturpolitik, Förderprogramme. Für unsere Untersuchung beschränken wir uns auf Themen, die den Typen (2) und (4) zuzuordnen sind und diese werden vor allem in den drei genannten GD bearbeitet.[75]

Es wäre nun möglich, dass ein Zusammenhang besteht zwischen der Dauer einer Konsultation und der Anzahl der eingehenden Beiträge. Sofern dies der Fall ist, muss es bei der konkreten Fallauswahl Berücksichtigung finden. Daher wurde dieser Zusammenhang anhand der zwölf untersuchten Konsultationen getestet.

---

74 So könnte z.B. das Thema ›demographischer Wandel‹ theoretisch ein hohes Politisierungspotenzial haben. Die Kommission hat sich in ihrer Konsultation aber vor allem auf eine empirische Erhellung des Sachverhalts kapriziert. Außerdem fehlt es ihr hier weitgehend an Initiativrechten, so dass kaum Gesetzgebungsprozesse (und damit redistributive und andere konflikträchtige Wirkungen) im Anschluss an diese Konsultation zu erwarten gewesen sind. Dagegen greift die Konsultation zur Modernisierung des Arbeitsrechts *hot issues* auf. Soll es beispielsweise ein internationalisiertes Streikrecht geben. Der Gegenstand ist leicht verständlich, hat nachweislich hohe distributive Konsequenzen (siehe unten, Kapitel 10) und ist kaum teilbar.

75 Zu den Unterschieden zwischen den untersuchten Generaldirektionen in ihrer Offenheit für zivilgesellschaftlichen Input, siehe Quittkat (2010).

Die sechs Konsultationen zu politisierten Themen haben den interessierten Teilnehmerkreisen dabei durchschnittlich 23 Wochen Zeit für eine Antwort gelassen, Konsultationen zu wenig politisierten Themen haben hingegen nur durchschnittlich 14,8 Wochen gedauert. Sobald allerdings der außergewöhnlich lange Konsultationsprozess zur (politisierten) Meerespolitik (54 Wochen) herausgerechnet wird, zeigt sich kein bemerkenswerter Unterschied mehr. Für die fünf verbleibenden politisierten Konsultationen ergibt sich dann eine durchschnittliche Zeitspanne von 16,8 Wochen.

Dagegen unterscheidet sich die Beteiligung (Anzahl der Beiträge) zwischen politisierten und nicht-politisierten Konsultationen erheblich. So sind bei den nicht-politisierten Konsultationen nur durchschnittlich 116,8 Beiträge eingegangen, während zu politisierten Themen mehr als doppelt so viele Antworten eintrafen (durchschnittlich 268,3 Beiträge). Das zeigt zunächst einmal – wenig überraschend – die Beteiligung steigt deutlich, wenn konflikthafte Themen in Konsultationsprozessen behandelt werden.

Tabelle 2: Konsultationen, Politisierung, absolute Dauer (in Wochen) und Anzahl der Beiträge

Konsultation	Politisierung des Gegenstandes (hoch – gering)	Dauer (in vollständigen Wochen)	Gesamtzahl der eigenständig verfassten Beiträge (keine Fragebögen etc.)
(1) Consultation on the Green Paper »Towards a Europe free from tobacco smoke: policy options at EU level« Generaldirektion SANCO	Hoch	17	311
(2) Labelling: competitiveness, consumer information and better regulation for the EU Generaldirektion: SANCO	Hoch	13	175
(3) Proposal for a Floods Directive »Reducing the risks of floods in Europe« Generaldirektion: Umwelt	Hoch	8	28 [Antw. auf geschlossenen Fragebogen: 261]
(4) Consultation on the Green Paper »Towards a future Maritime Policy for the Union: A European vision for the oceans and seas" Generaldirektion: Fischerei und Aquakultur	Hoch	54	490
(5) Green Paper on Energy European Strategy for Sustainable, Competitive and Secure Energy Generaldirektion: Umwelt	Hoch	28	164 [Antw. auf geschlossenen Fragebogen: 1516]

Konsultation	Politisierung des Gegenstandes (hoch – gering)	Dauer (in vollständigen Wochen)	Gesamtzahl der eigenständig verfassten Beiträge (keine Fragebögen etc.)
(6) Green Paper: »Modernising labour law to meet the challenges of the 21st century« Generaldirektion: EMPL	Hoch	18	über 442
(7) Consultation on action at EU level to promote the active inclusion of the people furthest from the labour market Generaldirektion: EMPL	Gering	10	73
(8) Green Paper »Confronting demographic change: a new solidarity between the generations« Generaldirektion: EMPL	Gering	30	226
(9) Public consultation SCENIHR Opinion on How to Assess the Potential Risks of Nanotechnologies Generaldirektion: SANCO	Gering	8	70
(10) European Commission Green paper »Promoting healthy diets and physical activity: a European dimension for the prevention of overweight, obesity and chronic diseases« Generaldirketion: SANCO	Gering	14	287
(11) Open Consultation on Draft Technical Requirements for Tissues and cells Generaldirektion: SANCO	Gering	12	37
(12) Simplifications on the Directive related to waste from the titanium dioxide industry Generaldirektion: Umwelt	Gering	??	4

Um diese absoluten Zahlen zu bewerten, sind einige Klärungen im Zusammenhang mit der Dauer hilfreich[76]: Wird bei zunehmender Dauer ein der breiten Öffentlichkeit eher entrücktes Beteiligungsverfahren zunehmend bekannt und wirkt sich so positiv auf die Gesamtbeteiligung aus? Oder beteiligen sich sowieso immer nur die ›üblichen Verdächtigen‹, so dass bei längeren Verfahren die Beteiligung pro Woche geringer ausfällt?

---

76 Die längste Zeitdauer einer offenen Online-Konsultation beträgt 54 Wochen. Darüber hinaus gibt es einige Konsultationen, die deutlich über die 16 Wochen hinausgehen. Bei einer solch groben Unterscheidung von kurzen und langen Konsultationen sollten Unterschiede in der Beteiligung besonders deutlich hervortreten.

Die elf für die Fallstudie untersuchten Konsultationen, für die wir die Zeitdauer ermitteln konnten, lassen auf diese Frage keine eindeutige Antwort zu – schon allein, weil die Fallzahl viel zu gering ist, um verallgemeinerungsfähige Aussagen zu treffen.[77] Die politisierten Konsultationen haben durchschnittlich 11,66 Beiträge/Woche provoziert, die nicht-politisierten hingegen nur 7,85 Beiträge/Woche. Lange Konsultationen (> 16 Wochen) generierten 11,11 Beiträge/Woche und kurze (< 16 Wochen) 10,31 Beiträge/Woche. Wenn man beides kombiniert, wird es etwas interessanter. Lange, politisierte Konsultationen generierten 12,03 Beiträge/Woche, lange, nicht-politisierte aber nur 7,53 Beiträge/Woche. Das spräche – eine Bestätigung über eine höhere Anzahl der Fälle hinweg vorausgesetzt – dafür, dass längere Konsultationen bei politisierten Issues zumindest über eine gewisse Zeit eine Art ›Schneebällchen-Effekt‹ der Beteiligungserweiterung auslösen, bei nicht-politisierten Issues scheint es hingegen zu einer schwach ausgeprägten kollektiven Erlahmung über die Zeit hinweg zu kommen.

Obwohl der Einfluss der Dauer von Konsultationen nicht stark ist, versuchen wir trotzdem sie über die Fälle hinweg – so gut es geht – konstant zu halten. Entsprechend untersuchen wir je eine Konsultation zu einem politisierten und einem nicht-politisierten Thema aus den Generaldirektionen SANCO und EMPL, die alle zwischen zehn und achtzehn Wochen andauerten. Im Einzelnen sind dies die in Tabelle 2 aufgeführten Konsultationen zu ›Kennzeichnung‹ (2) und zum Grünbuch ›Gesunde Ernährung‹ der GD SANCO (10) und zum Grünbuch zur ›Modernisierung des Arbeitsrechts‹ (6) sowie zur ›Förderung der aktiven Einbeziehung arbeitsmarktferner Personen‹ (7) der GD EMPL.

Die Zuordnung der vier Konsultationen entlang der Unterscheidung ›politisiert/nicht-politisiert‹ wird nun kurz erläutert, weil sie sich nicht aus dem Titel einer Konsultation ablesen lässt. Wie oben erwähnt, wurde sie auf der Grundlage der in den Konsultationsdokumenten gestellten Fragen der Kommission und ihrem Politisierungspotenzial ermittelt. Das *Grünbuch Arbeitsrecht* (Kommission 2006a) hat seinen klaren Hauptkonfliktstoff entlang der Arbeitgeber- und Arbeitnehmerinteressen (aber auch Arbeitsloser), mit Gegenständen wie ›Flexibilisierung des Kündigungsschutzes‹.[78]

---

77 Allerdings haben wir belastbarere Daten über alle Konsultationen hinweg, die die folgenden Ergebnisse stützen (siehe Quittkat 2010).
78 Zur Bestätigung dieser Zuordnung, siehe nur die Mitteilung der Kommission zum Ergebnis des Konsultationsprozesses (Kommission 2007b: 2). Eine interessante Rand-

Einen solchen offensichtlichen Konflikt gibt es bei der Frage der Einbeziehung arbeitsmarktferner Personen nicht. Hier geht es der Kommission vor allem darum, wie extreme Armut solcher Personen verhindert werden kann und wie arbeitsfähige Personen aktiviert werden können. Die Konsultation zu den Kennzeichnungsregeln (Kommission 2006b) ist dagegen generell ein kontroverser Punkt zwischen Vertretern von Konsumenteninteressen und der Industrie, aber auch zwischen unterschiedlichen Sparten der Industrie. Dabei geht es um die Benennung der Inhaltsstoffe und Herkunft von Produkten, ihr Gefährdungspotenzial, ihre Sozial- und Umweltverträglichkeit etc. Gegenstand der konkreten Konsultation sind alle diese kontroversen Themen, weil es nicht nur um alle diese Einzelthemen geht, sondern auch um eine konsistente Gesamtstrategie der Kommission bei der Kennzeichnung von Produkten. Im Grünbuch »Förderung gesunder Ernährung und körperlicher Bewegung« (Kommission 2005) wird der Gegenstand eher als eine Suche nach besten Wegen zur allgemeinen Gesundheit ›geframt‹, was in den Beiträgen auch zu entsprechenden, kritischen Hinweisen geführt hat (RIVM 2006: 25).

9.2.2 Beteiligung und Stichprobe

Die Beteiligung an den vier Konsultationen der Fallstudie (siehe Tabelle 4) ist im Großen und Ganzen repräsentativ für die Beteiligungen an diesem spezifischen Typ offener Konsultationen in den jeweiligen Generaldirektionen.[79] Beteiligung heißt zumindest im Fall dieser vier Konsultationen,

---

notiz ist, dass sich »einige Sozialpartner« über den offenen Modus der Anhörung beschwert haben (ebenda: 4).

79 Christine Quittkat hat 70 Online-Konsultation der Generaldirektionen EMPL und SANCO ausgewertet und festgestellt, dass durchschnittlich zwei Drittel der ›organisierten‹ Beteiligten einem breiten Begriff der Zivilgesellschaft zugerechnet werden können, etwa 12 Prozent den öffentlichen Körperschaften, 15 Prozent Unternehmen, aber insgesamt nur 4,31 Prozent der eingegangenen Stellungnahmen der Wissenschaft (Forschungsinstituten, Think Tanks, universitären Einrichtungen) zugeordnet werden können, wobei ihr Beteiligungsanteil an Verfahren der Generaldirektion SANCO deutlich höher liegt als bei denen der Generaldirektion EMPL 1,32 Prozent. Quittkats Untersuchungen zeigen auch deutlich, dass Experten an anderen Konsultationsinstrumenten der Kommission einen größeren Anteil der Teilnehmer stellen (Quittkat 2008; Quittkat/Finke 2008). Die Werte unterscheiden sich vor allem deshalb, weil in Tabelle 3 auch individuelle Stellungnahmen aufgeführt sind und daher die prozentualen Anteile der anderen Akteure etwas niedriger ausfallen. Grau unterlegt sind in Tabelle 3 die Akteure, deren Stellungnahmen in unserer Fallstudie in einer Stichprobe inhaltsanalytisch unter-

dass von den Akteuren eigene, schriftliche Stellungnahmen zu einem Konsultationsdokument abgegeben wurden. Die Stellungnahmen können kurze Briefe sein, sind in der Regel aber mehrseitige Antworten auf die von der Kommission im jeweiligen Konsultationsdokument aufgeworfenen Fragen.

Tabelle 3: Beteiligung an den Online-Konsultationen der Fallstudie

	Anzahl an Stellungnahmen
Öffentliche Körperschaften	138 (14,17%)
Zivilgesellschaftliche Assoziationen (gesamt)	511 (52,46%)
Davon: *Gewerkschaften*	*67 (6,88%)*
Wirtschaftsinteressen	*223 (22,90%)*
Berufsverbände	*45 (4,62%)*
Allgemeininteressen	*147 (15,09%)*
Wissenschaft	25 (2,27%)
Unternehmen	128 (13,41%)
Andere Assoziationen	10 (1,03%)
Individuen	162 (16,63%)
Gesamt	974 (100%)

Tabelle 4: Beteiligung von zivilgesellschaftlichen Assoziationen an den vier Online-Konsultationen der Fallstudie

	Arbeitsrecht	*Arbeitsmarkt*	*Ernährung*	*Kennzeichnung*	*Gesamt*
Gewerkschaften	60 (28,99%)	3 (6,38%)	2 (1,37%)	2 (1,79%)	67 (13,11%)
Wirtschaftsinteressen	94 (45,41%)	11 (23,40%)	47 (32,41%)	71 (63,39%)	223 (43,64%)
Berufsverbände	30 (14,49%)	0	13 (8,97%)	2 (1,79%)	45 (8,81%)
Allgemeininteressen	19 (9,18%)	30 (63,83%)	62 (42,76%)	36 (32,14%)	147 (28,77%)
Andere ZGO	4 (1,93%)	3 (6,38%)	21 (14,48%)	1 (0,89%)	28 (5,48%)
Gesamt	207 (100%)	47 (100%)	145 (100%)	112 (100%)	511 (100%)

sucht wurden. Die Stellungnahmen aus der Wissenschaft wurden im Übrigen anderswo untersucht (Hüller 2008b).

Tabelle 4 bildet die zivilgesellschaftliche Beteiligung differenziert nach den Assoziationstypen und den vier untersuchten Konsultationsprozessen ab. Dabei ist auffällig, aber nicht überraschend, dass sowohl die Gesamtbeteiligung als auch deren Verteilung nach Assoziationstypen von Konsultation zu Konsultation stark variiert.

Tabelle 5 gibt einen Überblick über die gesamte Stichprobe. Insgesamt wurden über die vier Konsultationen hinweg 204 Stellungnahmen inhaltsanalytisch untersucht. Das Ziel war es, möglichst etwa 50 zivilgesellschaftliche Stellungnahmen aus jeder Konsultation zu untersuchen. Im Fall der Arbeitsmarkt-Konsultation war dies nicht möglich, weil es schlicht nicht so viele Fälle gab.

Tabelle 5: Gesamte Stichprobe der Fallstudie (Prozentualer Anteil von den beteiligten ZGO)

	Arbeitsrecht	Arbeitsmarkt	Ernährung	Kennzeichnung	Gesamt
Gewerkschaften	16	3	1	2	22 von 67 (32,84)
Wirtschaftsinteressen	23	12	16	30	81 von 223 (36,32%)
Berufsverbände	5	0	6	1	12 von 45 (26,66%)
Allgemeininteressen	8	26	28	21	83 von 147 (56,46%)
Andere ZGO	2	2	1	1	6 von 28 (21,43%)
Gesamt	54 von 207 (26,09%)	43 von 47 (91,49)	52 von 145 (35,86)	55 von 112 (49,11)	204 von 511 (39,92%)

Zunächst wurden alle Stellungnahmen darauf untersucht, ob die im Konsultationsdokument identifizierten Hauptthemen auch tatsächlich behandelt worden sind. Im Fall der Arbeitsmarkt-Konsultation sind alle Stellungnahmen tiefer untersucht worden, auf die dies zutraf (43 von 47). Für die Konsultationen zu Arbeitsrecht, Kennzeichnung und Ernährung ist aus den verbliebenen Stellungnahmen jeweils eine Stichprobe nach dem Zufallsprinzip gezogen worden.[80] Im Falle der Arbeitsrecht- und Kennzeichnung-Konsultation hätte dieses Vorgehen dazu geführt, dass bestimmte Assoziationstypen, die uns im Hinblick auf unsere zentrale Frage nach dem Einfluss der Politisierung interessieren, mit einer zu geringen Anzahl in die

---

80 Diese Aufgabe hat dankenswerter Weise Janina Thiem übernommen.

Untersuchung eingegangen wären. Deshalb haben wir hier im Anschluss an theoretische Überlegungen einige Stellungnahmen ergänzt, um so gesichertere Kenntnisse über unsere Fragestellung zu erzielen.

9.3 Demokratische Leistungen der Online-Konsultationen: die Empirie

9.3.1 Wer partizipiert an den Online-Konsultationen?

Die Partizipation an Online-Konsultationen ist von Christine Quittkat (2010) umfassend untersucht worden. Hier wird daher nur die Beteiligung an den vier untersuchten Konsultationen genauer erörtert. Es geht mir in erster Linie darum, auffällige Unterschiede zwischen tatsächlicher und theoretisch zu erwartender Beteiligung zu benennen.

Wie üblich in europäischen Konsultationsprozessen stellen Wirtschaftsinteressen und Unternehmen zusammen die mit Abstand größte Beteiligungsgruppe. Allerdings zeigen die Zahlen auch deutlich, dass zumindest eine kritische Masse aus allen anderen Bereichen Stellungnahmen abgibt. Bei aller (möglicher) Überrepräsentation dürfte es vor allem auf den Umgang der Kommission mit den Stellungnahmen ankommen, damit andere Akteure angemessen berücksichtigt werden (siehe 9.3.4).

Faktisch nicht beteiligt sind aber die nicht-staatlichen Akteure der neuen Mitgliedstaaten: Gerade einmal 13 der 511 Stellungnahmen aus der Zivilgesellschaft zu den vier Konsultationen kommen aus den zehn beziehungsweise zwölf letzten Beitrittsstaaten. Selbst in der Arbeitsrecht-Konsultation finden sich nur acht Stellungnahmen aus den neuen Mitgliedstaaten (jeweils vier von Gewerkschaften und Wirtschaftsverbänden). Das überrascht dann doch etwas, weil hier der Interessenkonflikt auch in hohem Maße zwischen den reicheren ›alten‹ Mitgliedstaaten und den ärmeren neuen Mitgliedstaaten verläuft. Den vier Gewerkschaften aus den neuen Mitgliedstaaten stehen insgesamt 48 Gewerkschaften aus den ›alten‹ Mitgliedstaaten gegenüber, die dem Konsultationsaufruf gefolgt sind. Entsprechend kann es auch nicht verwundern, dass die von Gewerkschaften im Konsultationsprozess dargebotenen Positionen den rationalen Interessen dieser Gewerkschaften und ihrer Mitglieder entsprechen (siehe unten, Positionierungen zu Arbeitsrecht).

Insgesamt spielt die Wissenschaft mit 25 eingebrachten Stellungnahmen nur eine Nebenrolle in den untersuchten Online-Konsultationen. Diese geringe Teilnahme kann nicht mit dem Gegenstand der Konsultationen erklärt werden. In allen vier Konsultationsdokumenten werden von der Kommission auch eindeutig empirische und pragmatische Fragen benannt, deren Beantwortung zum Kernarbeitsgebiet der Wissenschaft zählt.

Eine genauere Betrachtung der Beteiligung von zivilgesellschaftlichen Assoziationen (Tabelle 4) zeigt, dass die Beteiligung in Höhe und Zusammensetzung extrem unterschiedlich ausfällt. Zwar sind die Wirtschaftsverbände über die Konsultationen hinweg mit Abstand die Hauptbeteiligten. Aus ihrem Kreis kommen etwa 50 Prozent mehr Stellungnahmen als aus der zweitgrößten Gruppe, der ZGO, deren Hauptzweck darin besteht, bestimmte Allgemeininteressen zu vertreten. Interessanterweise kehrt sich dieses Verhältnis ziemlich genau um, wenn man allein die Beteiligung an den beiden nicht-politisierten Konsultationsprozessen nimmt.

So haben sich beispielsweise an der Konsultation zur Modernisierung des Arbeitsrechts 60 Gewerkschaften beteiligt, an der Konsultation zur Integration arbeitsmarktferner Personen aber nur drei. Das zeigt zumindest, dass allein die *thematische* Nähe zum eigenen Handlungsfeld nicht ausreicht, eine aktive Beteiligung an den Online-Konsultationen zuverlässig zu motivieren.

Neben den bekannten allgemeinen Gründen für ungleiche Partizipation (Ressourcen und Organisationsgrad unterschiedlicher Interessen, nationale Beteiligungskulturen, Kompliziertheit der Themen) schlagen nach unserer Vermutung einige Gründe besonders durch:

Allgemein steht der erwarteten anspruchvollen Beteiligung in der Regel ein hoher Aufwand im Weg. Begründete, mehrseitige Stellungnahmen zu spezifischen Themen erfordern neben bestimmten generellen Kenntnissen der Materie einen punktuell hohen Aufwand, den Assoziationen nur dann bereit sind zu betreiben, wenn der Gegenstand für sie eine hohe Relevanz besitzt oder er politisch umstritten ist (das heißt bestimmte mögliche Lösungen für sie inakzeptabel oder kostspielig sind oder besonders großen Nutzen versprechen).

Die Anzahl der Organisationen, die in verschiedenen Themenfeldern jeweils aktiv sind, variiert und das dürfte auch auf die jeweiligen Beteiligungshöhen durchschlagen.

Zudem sind die Online-Konsultationen einer mehr oder weniger automatischen Kenntnisnahme durch potenzielle Teilnehmer weitgehend entrückt. Daher kann die konsultationsspezifische Beteiligung sehr stark durch Mobilisierungs- und Informationsaktivitäten aufmerksamer gesellschaftlicher Akteure beeinflusst werden.

Schließlich könnte es sein, dass sich die nationalen Assoziationen bei den weniger kontroversen Themen durch die Stellungnahmen ihrer europäischen Dachverbände repräsentiert sehen.[81]

9.3.2 Pluralistische Inklusion

Es ist zunächst einmal sinnvoll, sich die Einzigartigkeit des Beteiligungsangebots vor Augen zu führen, welches die Kommission mit ihren Konsultationsprozessen zivilgesellschaftlichen Organisationen und der europäischen Bürgerschaft anbietet: Der Idee nach sollen sie zu allen wichtigen, neuen Themen des Arbeits- und Entscheidungsprogramms der Kommission Stellungnahmen abgeben können. Wir finden, soweit ich das überblicke, in keinem der Mitgliedstaaten ein vergleichbares Instrument. Es könnte in den meisten EU-Mitgliedstaaten auch nicht funktionieren. In Deutschland etwa würde ein solches Instrument zuverlässig an seinem eigenen Erfolg scheitern. Konsultationen zu wichtigen Entscheidungsgegenständen, wie die Reform des Gesundheitswesens, würden so viele Stellungnahmen hervorbringen, dass sie kaum mit vertretbarem Aufwand angemessen auszuwerten wären. Aus verschiedenen Gründen fällt die Beteiligung an den relevantesten Konsultationen der Kommission systematisch geringer aus, als wir dies im Hinblick auf die relevantesten Gegenstände auf nationaler Ebene erwarten würden. Zum einen steht bei entsprechenden Themen auf nationaler Ebene vielleicht doch (noch) mehr auf dem Spiel, als bei den europäischen Themen, zum anderen ist die gesellschaftliche Aufmerksamkeit für spezifische europäische Politikinhalte auf einem so geringen Niveau, dass ein Überlastungssyndrom nicht automatisch zu erwarten ist. An den vier Konsultationen der Fallstudie haben insgesamt nur 162 Individuen teilgenommen. Im Durchschnitt sind dies nicht einmal zwei Stellungnahmen von Individuen pro Gegenstand und Mitgliedstaat. Eine partizipative Demokratie sieht – jedenfalls ihrer Theorie nach – anders aus. Wir haben auch schon gezeigt, dass die Einbindung zivilgesellschaftlicher Organisationen im Hinblick auf Inklusivität offensichtliche Lücken und Ungleichheiten provoziert hat (siehe 9.3.1). Auf der anderen Seite muss festgestellt werden, dass die Menge und Herkunft der Stimmen gegenüber den

---

81 Wenn man die beiden Konsultationen zum Arbeitsrecht und zur Einbindung arbeitsmarktferner Personen in den Arbeitsmarkt vergleicht, kann gezeigt werden, dass in der weniger politisierten Konsultation die Beteiligung der nationalen Verbände überproportional abnimmt.

bekannten repräsentativen Instrumenten, etwa dem Wirtschafts- und Sozialausschuss (WSA), vielfältiger ist und vor allem auch aus einem Verständnis *spezifischer Betroffenheit* von dem Gegenstand motiviert sein dürfte. Und im positiven Extrem, wie der gewerkschaftlichen Beteiligung in der Konsultation zum Arbeitsrecht (60 Stellungnahmen), können die Konsultationen der Kommission dem Ideal pluralistischer Inklusion sehr nahe kommen.

Wenn man hier nun aber genauer danach schaut, zu welchen Themen sich die teilnehmenden Gewerkschaften positioniert haben, fällt auf, dass sich zwar praktisch alle zur Frage der Flexibilisierung der Arbeitsbeziehungen und zum europäischen Sozialschutz geäußert haben, aber die Frage der Inklusion arbeitsmarktferner Personen in den Arbeitsmarkt ist von mehr als der Hälfte der Gewerkschaften unseres Samples nicht behandelt worden. Und an der Konsultation, die dieses Thema zum Hauptgegenstand hatte, haben sich dann insgesamt nur drei Gewerkschaften in Form von Stellungnahmen beteiligt. Das darf nicht als eine Kritik an den Gewerkschaften gelesen werden, aber wohl doch als ein Beleg dafür, dass zivilgesellschaftliche Organisationen sich vor allem dann beteiligen, wenn wichtige Interessen und Ziele ihrer Mitglieder auf der Tagesordnung stehen und sie sich dann auch in ihren Stellungnahmen auf diese Gegenstände konzentrieren. Auch wenn wir es hier empirisch nicht zuverlässig belegen können, diese etwas genauere Betrachtung der gewerkschaftlichen Beteiligung sowie die vergleichsweise geringe Beteiligung der Wirtschaftsverbände an den nicht-politisierten Konsultationen legt einen starken Zusammenhang zwischen Beteiligung und spezifischer Betroffenheit nahe. Wenn das zutrifft, dann dürfen wir die Art der Inklusion nicht verwechseln mit der Inklusion unspezifischerer Betroffenheit (im Sinne Christianos), die wir über Wahlen und Volksabstimmungen generieren können und die den normativen Kern demokratischer Einbindung darstellt (siehe Kapitel 7).

Neben der Frage, ob die beteiligten Assoziationen die europäische Zivilgesellschaft in ihrer Vielfalt hinreichend ›repräsentieren‹ ist die zweite wichtige Frage im Hinblick auf die pluralistische Inklusion, ob *unterschiedliche* Positionen dargeboten werden, ob sich die eingebrachten Positionen zu kontroversen Themen von denen anderer Stellungnahmen sowie von der Position der Kommission unterscheiden. Daran kann kein Zweifel bestehen. Die Tabellen 6 und 7 zeigen die Vielfalt an Positionierungen zu den beiden Hauptgegenständen der beiden politisierten Konsultationen zur Modernisierung des Arbeitsrechts und zu Kennzeichnungsregelungen: Mit

Ausnahme einer kleinen Minderheit von Stellungnahmen präsentieren die Stellungnahmen eigene Standpunkte zu den Vorstellungen im Konsultationsdokument. Dabei ergeben sich jeweils deutliche Unterschiede in der Bewertung, die sich zumindest teilweise gut den Assoziationstypen zuordnen lassen.

Tabelle 6: *Positionierungen zu den Hauptthemen der Arbeitsrecht-Konsultation*

	Positionierungen zu Flexibilisierung				Positionierungen zu europaweitem Sozialschutz			
	Positiv	Sowohl-als-auch	Negativ	Gar nicht	Positiv	Sowohl-als-auch	Negativ	Gar nicht
Gewerkschaften	1	3	11	1	16	0	0	0
Wirtschaftsinteressen	19	1	0	3	3	9	11	0
Berufsverbände	4	0	1	0	3	0	2	0
Allgemeininteressen	1	4	2	1	7	1	0	0
Andere ZGO	2	0	0	0	2	0	0	0
Gesamt	27	8	14	5	31	10	13	0

Die Kommission hat im Konsultationsdokument jeweils eine positive Positionierung zu den vier Gegenständen in den beiden Tabellen eingenommen. Entsprechend können alle nicht-positiven Positionierungen auch als eine Abweichung von der Kommissionsposition gelesen werden. Dann ist etwas weniger als die Hälfte der Stellungnahmen unseres Samples in der Konsultation zum Arbeitsrecht kritisch gegenüber den zentralen Positionen des Konsultationsdokuments. Gegenüber der Vorstellung verbindlicher europäischer Kennzeichnungsregeln sind kritische Positionierungen sogar in der Überzahl.

Insgesamt können wir – bei allen Defiziten, die im Hinblick auf egalitäre Rückbindung an den Demos und mangelnde regionale Ausgewogenheit ihrer Herkunft zu konstatieren sind – plausibel annehmen, dass im Zuge der Konsultationsprozesse eine pluralistische Inklusion spezifischer gesellschaftlicher Positionen stattfindet. Dass die Kommission versucht, wie manchmal vermutet wird, über finanzielle Förderung Stellungnahmen zu erkaufen, die ihre Positionen unterstützen, können wir nicht widerlegen. Wir können aber zeigen, dass sich ein Großteil der eingebrachten Stellungnahmen kritisch mit der Kommission und ihren Positionen auseinandersetzt.

Tabelle 7: Positionierungen zu den Hauptthemen der Kennzeichnung-Konsultation

	Positionierungen zu verbindlichen europäischen Regelungen				Positionierungen zum Konsumentenschutz			
	Positiv	Sowohl-als-auch	Negativ	Gar nicht	Positiv	Sowohl-als-auch	Negativ	Gar nicht
Gewerkschaften	1	1	0	0	1	0	1	0
Wirtschaftsinteressen	6	14	7	3	9	13	5	3
Berufsverbände	1	0	0	0	0	0	0	1
Allgemeininteressen	12	5	0	4	19	2	0	0
Andere ZGO	1	0	0	0	1	0	0	0
Gesamt	21	20	7	7	30	15	6	4

9.3.3 Die Qualität der Stellungnahmen

Zivilität und Bargaining. In dieser Deutlichkeit ist das Ergebnis schon überraschend: Wir haben in dem untersuchten Sample von 204 Stellungnahmen in keiner Passage Anzeichen von Inzivilität oder Versuche über Drohungen oder in verhandelnder Einstellung vorgetragene Positionierungen gefunden.

Inzivilitäten lassen sich aufgrund des Settings kaum erwarten. In schriftlichen und transparenten Stellungnahmen, die sich primär an einen Akteur richten, der Informationen und gute Gründe erwartet, ist es kaum zweckmäßig den Adressaten oder andere Akteure in ihrer kommunikativen Integrität zu hinterfragen. Dabei hilft die Schriftform zunächst den Autoren, akute emotionale Verwerfungen im Bearbeitungsprozess zu glätten. Inzivilitäten können dann im Prinzip als bewusste rationale Kommunikationsstrategie Anwendung finden (wenn die eigenen Argumente nicht für ausreichend erachtet werden). Dazu scheint aber eine von zwei Voraussetzungen gegeben sein zu müssen: In hierarchischen Beziehungen kann der dominante Akteur andere durch Inzivilitäten schlicht mundtot machen und in egalitäreren Kommunikationen können Sprecher auf Zustimmung bei Gleichgesinnten auf der Galerie zielen. Beides ist im Fall der untersuchten Online-Konsultationen nicht gegeben. Zum Hauptadressaten, der Kommission, besteht keine hierarchische Beziehung und wenn überhaupt, dann sicher eher in genau entgegen gesetzter Weise. Und die Stellungnahmen sind zwar transparent und geäußerte Inzivilitäten damit für alle Beteiligten sichtbar, aber eben nicht öffentlich in dem Sinne, dass sie tatsächlich von einer breiteren Öffentlichkeit wahrgenommen werden. Dass Inzivilitäten bei der Kommission Fraternisierungsimpulse freisetzen, ist ebenfalls kaum zu erwarten. Damit können wir folgern, dass inzivile Äußerungen unter normalen Umständen zwei unerwünschte Folgen für die Autoren haben: sie diskreditieren den Autoren selbst bei den Teilnehmern von Online-Konsultationen und erreichen die eigene *Constituency* mit hoher Zuverlässigkeit nicht.

Dass in den Stellungnahmen selbst bei kontroversen, politisierten Gegenständen in den transparenten Konsultationsprozessen keine klaren Fälle von Bargaining gesichtet worden sind, ist nicht so einfach zu erklären. Daniel Naurin (2007) hat im Hinblick auf die kommunikativen Aktivitäten einer Untergruppe zivilgesellschaftlicher Organisationen (Wirtschaftsverbände) versucht zu zeigen, dass Transparenz einen negativen Einfluss auf das Diskursverhalten dieser Akteure habe. Auch wenn wir keine nichtöffentlichen Stellungnahmen zum Vergleich analysiert haben, kann auf Grundlage der analysierten Stellungnahmen Naurins Schluss nicht nachvollzogen werden. Wenn in den transparenten Stellungnahmen auch der Wirtschaftsverbände weder Inzivilitäten noch Bargaining auftritt, dann kann zwar noch nicht ausgeschlossen werden, dass diese Akteure in nichtöffentlichen Stellungnahmen nicht noch reichhaltiger und komplexer argumentiert hätten. Es scheint aber doch plausibel, dass diese möglichen (aber hier nur hypothetisch erwogenen) Mängel vor allem die Autoren selbst schädigen würden, weil sie ihre eigenen Positionen schwächer darstellen als sie vielleicht sind. Das Hauptproblem in der Arbeit Naurins besteht meiner Meinung nach darin, dass er nicht die richtigen Dokumente miteinander vergleicht beziehungsweise relevante Beiträge zu transparenten/öffentlichen europäischen Diskursen überhaupt nicht in den Blick nimmt. Naurin untersucht öffentlich zugängliche Positionspapiere und Presseerklärungen der Verbände. Der europäische politische Diskurs wird anders als nationale aber überhaupt nicht in signifikantem Maße über Zeitungen geführt. Auch bietet Naurin überhaupt keine Belege dafür, dass deren Inhalte irgendwo jenseits der Verbandsöffentlichkeit publiziert worden sind. Entsprechend können Presseerklärungen nur schwerlich als öffentliche Diskursbeiträge gedeutet werden, weil sie –wenn überhaupt – vor allem von den eigenen Mitgliedern zur Kenntnis genommen werden. In ihnen sollten sich eher autonom generierte ideale Positionen zu bestimmten Politikinhalten finden und eben nicht Versuche, vor dem Hintergrund aller relevanten Positionen verallgemeinerungsfähige Lösungen zu entwickeln. Selbst wenn Wirtschaftsverbände und andere zivilgesellschaftliche Assoziationen hierzu einen relevanten Beitrag auch öffentlich liefern könnten, sind Presseerklärungen sicher nicht dieser Ort. Die Online-Konsultationen der Kommission sind schon eher dieser Ort. Entsprechend und im Lichte unserer Ergebnisse hängen die von Naurin entdeckten Defizite gar nicht in erster Linie mit der Transparenz der untersuchten Beiträge zusammen, sondern damit, dass Wirtschaftsverbände wie alle anderen zivilgesellschaftlichen Assoziationen rationalerweise nicht versuchen, aus Presseerklärungen wertvolle deliberative Sprechakte zu machen. Die Stellungnahmen in Online-Konsultationen können einen ähnlichen Zweck haben wie die nicht-öffentlichen Briefe von Wirtschaftsverbänden an die Kommission und sie können ein wichtiger Teil einer transparenten Policy-Deliberation sein.

Tabelle 8: Anzahl diskursiver Positionierungen in den Stellungnahmen der Fallstudie: Absolut und in Relation zu der Anzahl der Stellungnahmen der verschiedenen Assoziationstypen

	Anzahl der Stellungnahmen	Typen diskursiver Aussagen			
		Normative Positionierungen	Empirische und pragmatische Positionierungen	Juristische Positionierungen	Argumentative Positionierungen Gesamt
Gewerkschaften	22	28 (1,27)	203 (9,23)	8 (0,36)	239 (10,86)
Wirtschaftsinteressen	81	10 (0,12)	619 (7,64)	22 (0,27)	651 (8,04)
Berufsverbände	12	1 (0,08)	94 (7,83)	4 (0,33)	99 (8,25)
Allgemeininteressen	83	53 (0,64)	472 (5,69)	11 (0,13)	536 (6,46)
Andere ZGO	6	6 (1,0)	27 (4,5)	1 (0,16)	34 (5,66)
Gesamt	204	98 (0,48)	1415 (6,94)	46 (0,23)	1559 (7,64)

Deliberative Qualität. Diskursive Positionierungen. In den 204 Stellungnahmen haben wir insgesamt 1.559 diskursive Positionierungen gefunden, also Textpassagen in denen die zivilgesellschaftlichen Autoren begründet für bestimmte Positionen zu den Hauptgegenständen der Konsultationen Stellung beziehen. Über 90 Prozent diskursiver Positionierungen stützten sich dabei auf empirische und pragmatische Backings (1.415 Positionierungen). Dagegen haben wir nur 98 normative und 46 juristische Argumentationen gefunden.

Während wir empirische und pragmatische Argumentationen praktisch in allen Stellungnahmen finden, lassen sich nicht einmal in jeder vierten Stellungnahme normative Argumentationen ausfindig machen und nur in jeder sechsten Stellungnahme werden Positionierungen juristisch untermauert (siehe Tabelle 9).

Tabelle 9: Typen diskursiver Positionierungen in den Stellungnahmen der Fallstudie[82]

	Anzahl der Stellungnahmen	Normative Positionierungen	Empirische und pragmatische Positionierungen	Juristische Positionierungen
Gewerkschaften	22	11	21	5
Wirtschaftsinteressen	81	9	81	15
Berufsverbände	12	1	11	3
Allgemeininteressen	83	27	80	10
Andere ZGO	6	2	6	1
Gesamt	204	50	199	34

Die Tabellen 8 und 9 zeigen, dass in den Stellungnahmen der nicht-staatlichen Assoziationen ganz überwiegend empirische und pragmatische Argumentationen vorgebracht werden. Juristische Argumentationen spielen insgesamt nur eine geringe Rolle und normative Positionierungen werden ebenfalls kaum präsentiert. Bei den normativen Argumentationen fällt zudem auf, dass sie bei zwei Akteursgruppen (Gewerkschaften und Vertreter von Allgemeininteressen) deutlich eher zu erwarten sind als bei den anderen.

Die Dominanz empirischer und pragmatischer Argumentationen entspricht zwar den Vorstellungen der Kommission, ist aber tatsächlich eines der größten Probleme des ›Beratungsangebots‹ (verstanden als die Ge-

---

82 Gezählt wurde, ob die verschiedenen diskursiven Typen mindestens ein Mal in einer Stellungnahme vorgekommen sind.

samtheit der eingegangenen Stellungnahmen). In politischen Beratungsprozessen müssen diese unterschiedlichen Aspekte für sich beleuchtet und zusammengebracht werden: Es ist eine wichtige Frage, welche Ziele, Werte und Normen in welcher Rangordnung etwa durch das Arbeitsrecht realisiert werden sollen. Diese Diskussion findet in den Online-Konsultationen der Kommission aber nur in einem sehr begrenzten Maße statt. Und die normativen Bewertungen unterschiedlicher Ziele, Werte und Normen, die empirischen wie pragmatischen Gesichtspunkte und nicht zuletzt juristische Kohärenzerwägungen verweisen aufeinander. In politischen Diskursen hängt die Überzeugungskraft pragmatischer Erwägungen immer auch von der Zustimmung zum normativen Zweck ab, genauso wie gegebenenfalls von der Möglichkeit rechtsförmiger Implementierung. Die Stellungnahmen der Online-Konsultationen der EU haben also, wie man es früher kurz genannt hätte, eine ›technokratische‹ Schlagseite.

Das ist im Falle nicht-politisierter Konsultationsgegenstände offensichtlich weniger problematisch als im Falle politisierter Gegenstände. Eine Dominanz empirischer und pragmatischer Argumentationen über gesunde Ernährung, darüber wie in Europa etwa die Zahl übergewichtiger Menschen reduziert werden könnte, lässt sich nachvollziehen. Wenn es aber im Rahmen der Konsultation zum modernen Arbeitsrecht darum geht, in welchem Maße Arbeitsbeziehungen flexibilisiert werden (inklusive Kündigungsschutz und tarifvertraglicher Arbeitszeitvereinbarungen) und in welchem Maße es einen europäisierten Sozialschutz geben sollte, dann sind damit Ziele benannt im Konsultationsdokument die auch relevante praktische Trade-offs mit sich bringen. Angemessene Lösungen solcher Tradeoffs hängen in hohem Maße von der Ordnung der unterschiedlichen normativen Ziele ab. Wenn also etwa im Bundestag über ein Gesetz zur Stammzellforschung beraten wird, dann wird in den Beratungen wissenschaftlicher und medizinischer Nutzen gegen ethische Bedenken abgewogen. Technokratisch wären solche Beratungen dann, wenn solche normativen Abwägungen keinen eigenständigen Platz in den Stellungnahmen finden.

Wenig überraschend weist Tabelle 10 aus, dass die relative Anzahl normativer Argumentationen in den politisierten Konsultationen fast drei Mal so hoch ist wie in den nicht-politisierten Konsultationen. Trotzdem scheint es eine faire Einschätzung zu sein, dass sich die Wirtschaftsverbände diesem Thema fast vollständig entziehen und dass auch in den politisierten Konsultationen die normativen Aspekte deutlich unterbelichtet sind.

Tabelle 10: Absolute Häufigkeit normativer Positionierungen in politisierten und nichtpolitisierten Konsultationen (und in Relation zu der Anzahl der Stellungnahmen der verschiedenen Assoziationstypen)

	Anzahl der Stellungnahmen Nicht-politisiert	Normative Positionierungen in nicht-politisierten Konsultationen	Anzahl der Stellungnahmen politisiert	Normative Positionierungen in politisierten Konsultationen
Gewerkschaften	4	1 (0,25)	18	27 (1,5)
Wirtschaftsinteressen	28	2 (0,071)	53	8 (0,15)
Berufsverbände	6	1 (0,16)	6	0
Allgemeininteressen	54	18 (0,33)	29	35 (1,21)
Andere ZGO	3	2 (0,66)	3	4 (1,33)
Gesamt	95	24 (0,25)	109	74 (0,68)

Müssen wir aber überhaupt die Leistung des Zusammenbringens von den Stellungnahmen zu Konsultationsdokumenten erwarten oder können die unterschiedlichen Diskursdimensionen nicht durch die Kommission in der Auswertungsphase ›versöhnt‹ werden? Empirisch wird dieser Frage unten nachgegangen (siehe 9.3.4 und 9.3.5). Im Hinblick auf die Frage demokratischer Legitimation kann diese Leistung aber nur in sehr begrenztem Maße von der Kommission erbracht werden. Zu denken ist dabei an die systematische Prüfung juristischer Kohärenzerwägungen, was die Kommission auch tatsächlich für sich reklamieren würde, dem Abwägen empirischer Plausibilitäten im Hinblick auf die empirischen und pragmatischen Argumentationen. Nur bei solchen Entscheidungen, in denen es um die normativen Ziele und ihre Rangordnung geht, kann dem Demos die (direkte oder indirekte) Entscheidungsverantwortung nicht entzogen werden, ohne dass die Demokratie selbst in Mitleidenschaft gezogen wird (Dahl 1989: 99). Die Kommission ist nun aber weder der Demos noch vom Demos zu solchen Entscheidungen autorisiert. Entsprechend kann sie auch – in normativer Perspektive – diese Funktion nicht übernehmen.

Prima-facie-Überzeugungskraft. Die argumentativen Positionierungen sollen die Adressaten überzeugen. Ob dies nun jeweils tatsächlich geschehen ist oder nicht, haben wir nicht untersucht. Stattdessen haben wir versucht, die *Prima-facie-Überzeugungskraft* dieser diskursiven Aussagen zu bestimmen. Kodiert haben wir dabei jeweils die Gesamteinschätzung darüber, in welchem Maße die verschiedenen diskursiven Positionierungen einer Stellungnahme in der Lage sind, für ihre *Positionen* Zustimmung erzielen zu können, diese mit überzeugenden argumentativen *Backings* auszustatten und relevante *Kontexte* angemessen zu berücksichtigen (siehe dazu ausführlich 9.1.2).

In den Tabellen 11 bis 13 sind die Ergebnisse abgebildet. Die geringe Anzahl an Stellungnahmen, denen geringe Überzeugungskraft attestiert wurde, überrascht dabei kaum. Bemerkenswert ist allerdings der hohe Anteil von Stellungnahmen, denen eine hohe Prima-facie-Überzeugungskraft zugeschrieben wurde. Über die vier untersuchten Konsultationen und die drei Argumentationstypen hinweg ist über 70 Prozent der Stellungnahmen eine hohe Prima-facie-Überzeugungskraft attestiert worden, wobei juristische und normative Argumentationen noch einmal besser abgeschnitten haben (knapp 80 Prozent hohe Überzeugungskraft) als die empirischen und pragmatischen Argumentationen (etwa 67 Prozent).

Tabelle 11: Prima-facie-Überzeugungskraft normativer Positionierungen

	Wie ist die Prima-facie-Überzeugungskraft der Aussagen einzuschätzen bei diskursiven Aussagen mit normativer Argumentation?			
	Eher Hoch	Eher Mittel	Eher Gering	Gesamt
Gewerkschaften	8	3	0	11
Wirtschaftsinteressen	6	3	0	9
Berufsverbände	1	0	0	1
Allgemeininteressen	23	3	1	27
Andere ZGO	1	1	0	2
Gesamt	39	10	1	50

Tabelle 12: Prima-facie-Überzeugungskraft empirischer und pragmatischer Positionierungen

	Wie ist die Prima-facie-Überzeugungskraft der Aussagen einzuschätzen bei diskursiven Aussagen mit empirischen und pragmatischen Argumentationen?			
	Eher Hoch	Eher Mittel	Eher Gering	Gesamt
Gewerkschaften	14	6	1	21
Wirtschaftsinteressen	48	32	1	81
Berufsverbände	7	4	0	11
Allgemeininteressen	62	18	0	80
Andere ZGO	3	3	0	6
Gesamt	134	63	2	199

Tabelle 13: Prima-facie-Überzeugungskraft juristischer Positionierungen

Wie ist die Prima-facie-Überzeugungskraft der Aussagen einzuschätzen bei diskursiven Aussagen mit juristischer Argumentation?

	Eher Hoch	Eher Mittel	Eher Gering	Gesamt
Gewerkschaften	4	1	0	5
Wirtschaftsinteressen	12	3	0	15
Berufsverbände	2	1	0	3
Allgemeininteressen	7	2	0	9
Andere ZGO	1	0	0	1
Gesamt	26	7	0	33

Für sich allein betrachtet, ist die Prima-facie-Überzeugungskraft nicht sehr aussagekräftig. Sie gewinnt aber an Relevanz in Kombination mit anderen Ergebnissen. Oben ist gezeigt worden (siehe 9.3.2), dass in den Stellungnahmen zu den politisierten Konsultationen Positionen zu den Hauptkonfliktthemen präsentiert werden und zwar welche, die etwa zur Hälfte sich kritisch zu den von der Kommission jeweils favorisierten Positionen verhalten. Wenn wir diesen Positionierungen nun ein hohes Maß an Prima-facie-Überzeugungskraft zuschreiben können, dann folgt daraus auch die Erwartung, dass die Kommission auf diese kritischen Positionierungen in elaborierter Weise antworten sollte. Warum ist das so? Den Nutzen reinen Auszählens kritischer und unterstützender Positionierungen haben wir oben bereits in Zweifel gezogen, weil wir (und auch die Kommission) nicht über die gesellschaftliche Repräsentativität der Positionierungen urteilen können (siehe 9.1.1). Aber wenn die Autoren ihre kritischen Positionierungen gut begründen, dann können sie erwarten, dass die Kommission ihnen auch mit Gründen antwortet. Ob und in welchem Maße dies der Fall ist, wird später analysiert (siehe 9.3.4).

Argumentative Komplexität und Rechtfertigungsniveau. Der »zwanglose Zwang« besserer Argumente (Habermas) kommt in idealer Weise zum Tragen, indem bei potenziellen Konflikten und Trade-offs alle relevanten Positionen und Argumente in eine bestimmte Ordnung gebracht werden, die dann alle Beteiligten überzeugen, weil keine andere Ordnung angegeben werden kann, die die Beteiligten mehr überzeugen kann. Ein wesentlicher und notwendiger Teil eines solchen Verfahrens wäre die »Internalisierung von Gegengründen« (Döbert). Positionierungen sollten dann nicht nur mit Scheuklappen gute Gründe für ihre Sicht darbieten, sondern auch zeigen können, wie und warum relevante potenziell konkurrierende Ziele und die Gründe, die dafür sprechen könnten, berücksichtigt wurden. Rainer Döbert (1996a) hat verschiedene Positionen zur rechtlichen Regelung von Schwangerschaftsabbrüchen in sehr anspruchsvoller Weise darauf untersucht, ob und wie gut in ihnen eine ›Internalisierung von Gegengründen‹ stattfindet und dabei gezeigt, dass die Urteile des Bundesverfassungsgerichts verglichen mit anderen Positionen eine hohe argumentative Komplexität aufweisen. Eine solche genaue Positionsuntersuchung lässt sich über verschiedene Fälle und eine hohe Anzahl an Positionierungen/Stellungnahmen gar nicht realisieren. Wir haben trotzdem – sehr viel einfacher – danach gefragt, ob in den Stellungnahmen komplexe Argumentationen zu finden sind, in denen erwartbare konkurrierende Ziele und sie unterstützende Argumentationen berücksichtigt worden sind oder nicht.

Im Fall der Kennzeichnung-Konsultation haben wir zum Beispiel untersucht, ob die Positionierungen zu ›Konsumentensouveräntität‹ (weitgehende Informationen der Konsumenten über Produktinhalte, einfache und klare Hinweise zu konsumentenrelevanten Entscheidungsgesichtspunkten) abgewogen wurden mit potenziellen ›Produzentenkosten‹ (Einschränkungen von Markt- und Werbefreiheiten, Umsetzungskosten von Kennzeichnungsvorschriften) und umgekehrt. Während Döberts Untersuchung darauf zielt graduelle Unterschiede in der argumentativen Komplexität festzustellen können wir mit dieser einfachen Frage nur darüber aufklären, ob eine bestimmte niedrige Schwelle an argumentativer Komplexität erreicht wird oder nicht.

Tabelle 14 zeigt, dass nicht einmal ein Drittel der Stellungnahmen in unserer Fallstudie in der Lage ist, die niedrige Schwelle an argumentativer Komplexität zu erreichen. Die Tabelle zeigt aber auch deutlich, dass die argumentative Komplexität in den politisierten Konsultationen deutlich besser ist. Es finden sich etwa doppelt so viele komplexe Stellungnahmen wie in den nicht-politisierten Konsultationen. Dieser Unterschied rührt vor allem daraus, dass in der Konsultation zum Arbeitsrecht eine im Vergleich zu allen anderen untersuchten Fällen sehr große Zahl komplexer Argumentationen festgestellt wurde.

Tabelle 14: Komplexe Argumentationen

	Finden komplexe Argumentationen in Stellungnahmen der Fallstudie statt?		Finden komplexe Argumentationen in den politisierten Konsultationen statt?		Finden komplexe Argumentationen in der Arbeitsrecht-Konsultation statt?		Finden komplexe Argumentationen in der Kennzeichnung-Konsultation statt?	
	ja	nein	ja	nein	ja	nein	ja	nein
Gewerkschaften	13	9	10	8	9	7	1	1
Wirtschaftsinteressen	25	56	22	31	11	12	11	19
Berufsverbände	3	9	2	4	2	3	0	1
Allgemeininteressen	20	63	8	21	5	3	3	18
Andere ZGO	1	5	1	2	1	1	0	1
Gesamt	62	142	43	66	28	26	15	40

Der Grund für diesen Unterschied zwischen der Arbeitsrechts- und den anderen Konsultationen lässt sich einfach benennen. In der Konsultation zum Arbeitsrecht haben wir untersucht, ob entsprechende Positionierungen zu Flexibilisierung der Arbeitsbeziehungen gegenüber dem Ziel europäischen Sozialschutzes in den Stellungnahmen abgewogen worden sind. Nun hat aber die Kommission genau für eine solche Ziel-Akkommodation an prominenter Stelle im Konsultationsdokument geworben, nämlich mit ihrer Vorstellung von Flexicurity. Indem sich die ZGO in ihren Stellungnahmen sich zu Flexicurity geäußert haben, waren sie nahezu ›gezwungen‹, sich mit den möglichen Trade-offs zwischen diesen beiden Zielen auseinanderzusetzen beziehungsweise sich dazu zu positionieren. In den anderen Konsultationen gab es keine vergleichbaren begrifflichen beziehungsweise theoretischen Verknüpfungen.

Die Frage nach dem Rechtfertigungsniveau zielt darauf, wessen Ansprüche in den Positionierungen vornehmlich vertreten beziehungsweise berücksichtigt werden: Orientieren sich die Stellungnahmen vor allem am Eigeninteresse der Assoziation oder ihrer Mitglieder, präsentieren sie ihre Positionen als förderlich für den Gesamtnutzen oder versuchen sie sich an Gerechtigkeitsmaßstäben orientieren (siehe 9.1.2)?

Tabelle 15: Rechtfertigungsniveau in den politisierten Konsultationen

	Anzahl der Stellungnahmen politisiert	Welches Rechtfertigungsniveau erreicht ein Beitrag (vornehmlich)?			
		Eigeninteresse der ZGO beziehungsweise ihrer Mitglieder	Gesamtnutzen	Gerechtigkeit	Unklar
Gewerkschaften	18	5 (0,27)	4 (0,22)	4 (0,22)	5
Wirtschaftsinteressen	53	15 (0,28)	17 (0,32)	5 (0,09)	16
Berufsverbände	6	2 (0,33)	2 (0,33)	1 (0,16)	1
Allgemeininteressen	29	5 (0,17)	7 (0,24)	10 (0,34)	7
Andere ZGO	3	0	1 (0,33)	2 (0,66)	0
Gesamt	109	27	31	22	29

Auffällig ist zunächst, dass sich mehr als ein Viertel der Stellungnahmen nicht eindeutig zuordnen ließ. Dafür gibt es zwei Gründe. Zum einen besteht kein Zwang für die Stellungnahmen, sich überhaupt normativ zu den Hauptkonflikten zu positionieren. Entsprechend fallen einige Stellungnahmen heraus. In manchen Fällen waren zwar entsprechende Positionierungen vorhanden, es konnte aber kein *dominantes* Rechtfertigungsniveau gefunden werden.

Die Stellungnahmen verteilen sich ansonsten nahezu gleichmäßig auf alle Rechtfertigungsniveaus. Aber zwischen den Assoziationstypen bestehen deutliche Unterschiede in der Verteilung genutzter Rechtfertigungsniveaus. Während bei den ZGO, die Allgemeininteressen vertreten, der Gerechtigkeitsmaßstab häufiger angewendet wird als die anderen beiden, haben Wirtschaftsverbände eine wirksame Aversion gegen diesen Maßstab.

Es wäre ein Fehler, bei der Interpretation der gefundenen argumentativen Komplexität und der Rechtfertigungsniveaus vor allem auf die Unterschiede abzuheben und daraus Schlüsse zu ziehen, welches die ›guten‹ Assoziationen im Sinne einer deliberativen Demokratisierung der EU sind und welche eher hemmend wirken. Darüber geben diese Daten keine Auskunft. Sie können uns auch nicht zuverlässig über die Qualität einzelner Stellungnahmen aufklären. Aber zusammen ergeben sie doch einen klaren Hinweis: Oben ist argumentiert worden, dass der große Anteil kommissionskritischer Positionierungen mit hoher Prima-facie-Überzeugungskraft so interpretiert werden kann, dass er bei der Kommission eine Verpflichtung zu angemessener Auseinandersetzung mit dieser Kritik erzeugt. Und es scheint nicht unplausibel zu sein, dass die Kommission sich dabei nicht nur mit den Positionen, sondern auch mit der einen oder anderen Argumentation und Idee auseinander setzen sollte. Ob und wie sie dies tut, wird im folgenden Abschnitt untersucht.

9.3.4 Rezeption, Responsivität und symbolische Rechenschaft

Das Nadelöhr der Verarbeitung der Stellungnahmen sind die Auswertungsdokumente der Kommission zu den Stellungnahmen der Online-Konsultationen. Was hier nicht erwähnt wird, kann realistischerweise auch nicht über das Instrument der Online-Konsultation Beachtung und vielleicht sogar Einfluss im weiteren Politikprozess gewinnen.[83] Entsprechend werden hier die Stellungnahmen mit den Auswertungsdokumenten der Kommission verglichen und zwar darauf, ob die Positionierungen und Vorschläge – soweit wir sie erhoben haben – in den Auswertungsdokumenten adäquat wiedergegeben und bearbeitet werden.

Dabei besteht die erste Frage darin, ob es überhaupt transparente Auswertungsberichte zu den durchgeführten Konsultationen gibt? Die vier Fälle dieser Untersuchung können dafür nicht als Beleg genommen werden, weil hier ja gerade nur Konsultationen berücksichtigt worden sind, in denen entsprechende Berichte vorliegen. Christine Quittkat ist dieser Frage nachgegangen und kann zeigen, dass nur ein gutes Drittel aller Konsultationen der Generaldirektionen SANCO und EMPL zu einem transparenten Auswertungsbericht geführt haben (Quittkat 2010).[84] Das heißt die nun folgenden Ausführungen über Rezeption, Responsivität und symbolische Rechenschaft haben einen strukturellen positiven Bias zugunsten der Kommission, der zumindest im Blick bleiben sollte.

---

83 Es lassen sich natürlich andere Einflusskanäle außerhalb der Konsultationen denken. Unter der Annahme, dass die relevanten Akteure in der Kommission die Stellungnahmen nicht alle selbst in Gänze zur Kenntnis nehmen, bleibt der Weg über die Auswertungsdokumente. Zum Teil werden diese von der Kommission selbst erarbeitet, zum Teil werden aber auch Externe mit der Auswertung der Stellungnahmen beauftragt.

84 Zu einer etwas positiveren Einschätzung gelangt Bozzini (2009). Allerdings hat sie auch etwas umfassender nicht ausschließlich nach transparenten Auswertungsberichten gefahndet. Die Hauptbotschaft ist aber auch bei ihr: Zu der Mehrzahl der Konsultationen gibt es keine Auswertungsberichte.

Vor der Analyse der Auswertungsberichte sind zwei Dinge zu klären: Was soll die Kommission bei der Auswertung eingehender Stellungnahmen eigentlich genau zur Kenntnis nehmen? Und wie soll sie sich dazu verhalten? Das sind beides keine trivialen Fragen.

Zunächst ging es darum zu ermitteln, auf welche Stellungnahmen beziehungsweise Teile davon die Kommission überhaupt eingehen sollte. Hier darf die Kommission mit Ansprüchen nicht überfordert werden. Einzelne Beiträge sind mehr als vierzig Seiten lang, es gibt häufig mehrere hundert Stellungnahmen in einem Konsultationsverfahren und einige davon sind offensichtlich im Hinblick auf die im Konsultationsdokument vorgegebenen Themen und Fragen ungeeignet. Um diesem Problem einer möglichen Überlastung zu entgehen, haben wir zwei Aspekte bestimmt, mit denen wir die Überzeugung verbinden, dass die Kommission diese in den Auswertungsberichten adäquat bearbeiten sollte: Zum einen sollte sie zu den *Positionierungen* der Teilnehmer an Online-Konsultationen zu den zentralen politisierten Fragen einer Konsultation Stellung beziehen. Zum anderen haben wir aus den untersuchten Stellungnahmen ›*Vorschläge*‹ herausgefiltert, die drei Eigenschaften gemein haben: Sie beziehen sich (a) zweifellos auf den Konsultationsgegenstand und (b) fordern die Kommission direkt auf (c) etwas Konkretes zu tun. Auch auf diese Vorschläge kann vernünftigerweise eine Antwort von der Kommission erwartet werden.

Die Analyse von Positionierungen und Vorschlägen steht dabei für zwei unterschiedliche Funktionen, die Beratungen haben können. Die Stellungnahmen können in einem *Entscheidungszusammenhang* schlicht über bestehende Sichtweisen und Mehrheitsverhältnisse aufklären. Sie können aber auch in einem *Entdeckungszusammenhang* Probleme und mögliche Lösungsstrategien formulieren und diskursiv beleuchten.

Die Analyse von Positionierungen und Vorschlägen lässt sich nicht, wie vielleicht vermutet werden könnte, jeweils einem der normativen Willensbildungsideale (aggregativ – deliberativ) zuordnen. Tatsächlich muss beides in beiden normativen Grundkonzeptionen seinen Platz finden. Entsprechend ist aber zu fragen, wie die Kommission mit eingehenden Positionierungen und Vorschlägen umgeht beziehungsweise umgehen soll? Wir können grob zwischen folgenden Modi des Umgangs unterscheiden: *Rezeption* als (adäquate) Wiedergabe eingegangener Vorschläge und Positionierungen, *Responsivität* als unbegründete Zustimmung und Übernahme eingegangener Positionierungen und Vorschläge sowie *symbolische Rechenschaft* als eine argumentativ gestützte Auseinandersetzung mit beziehungsweise Antwort auf eingegangene Positionierungen und Vorschläge. Unten werden die Kriterien noch etwas genauer entwickelt, weil teilweise Unterschiede angezeigt sind, je nachdem ob die Kriterien auf Vorschläge oder Positionierungen angewendet werden.

Dabei konzentriere ich mich auf die Analyse der beiden politisierten Konsultationen, also der zur Modernisierung des Arbeitsrechts, zu der ein langer Auswertungsbericht (Kommission 2007a) und eine Mitteilung der Kommission (Kommission 2007b) vorliegen. Weil die Mitteilung im Wesentlichen eine Zusammenfassung des Auswertungsberichts bietet, wird in der Folge vor allem der Auswertungsbericht analysiert. Zu der Kennzeichnung-Konsultation liegt ebenfalls ein Auswertungsbericht vor.

Rezeption, Responsivität und symbolische Rechenschaft gegenüber den Positionierungen zivilgesellschaftlicher Organisationen

Rezeption. Zunächst lässt sich fragen, ob im Auswertungsbericht die Positionierungen in den Stellungnahmen angemessen wiedergegeben werden. Insgesamt wird der Darstellung der Positionen von Gewerkschaften und Wirtschaftsinteressen großer Raum eingeräumt. Ihre Positionen werden breit referiert. Allein auf 146 Zeilen des Dokuments wird beispielsweise die Position des Europäischen Gewerkschaftsverbands (ETUC) präsentiert. Das entspricht in etwa 10 Prozent der Länge des Gesamtdokuments. Die Stellungnahmen der Wirtschaftsinteressen und der Mitgliedstaaten werden ähnlich vollständig wiedergegeben. Der im Auswertungsdokument meistreferierte Vertreter allgemeiner Interessen, die Social Platform, ein Zusammenschluss von (europäischen) Organisationen sozialer Interessen auf EU-Ebene bringt es gerade mal auf 36 Zeilen im Konsultationsdokument.

Die Positionen der Vertreter allgemeiner Interessen werden nicht immer deutlich. Sie werden weder systematisch noch durchweg korrekt referiert. So werden in der Darstellung des Auswertungsdokuments die Positionen dieser Assoziationen als gleichgerichtet dargestellt (Kommission 2007a: 29f., 43). Genau das trifft aber im Hinblick auf bestimmte Fragen definitiv nicht zu (siehe Tabelle 6).

Auch wenn es außerhalb unserer Untersuchung liegt, so ist es doch bemerkenswert, dass im Auswertungsdokument mit keinem Satz auf irgendeine der 74 Stellungnahmen von Individuen ohne assoziative Anbindung eingegangen wird.

Das Auswertungsdokument will ›nur‹ »an accurate and objective summery account of the responses« geben. Das gelingt nur unzureichend. Auch wenn auf Grundlage einer einzelnen Untersuchung natürlich keine verallgemeinerungsfähigen Schlüsse gezogen werden können, sind die eingangs erwähnten Vermutungen der Nichtbeachtung zumindest im Hinblick auf die individuellen Stellungnahmen bestätigt worden. Akkurat ist die Zusammenfassung der Positionen der Vertreter allgemeiner Interessen ebenfalls nicht, wie der Abgleich zwischen Tabelle 7 und dem Konsultationsdokument zeigt. Warum das so ist, ist unklar. Nur dass die Positionen der Akteure, die auch in anderen Zusammenhängen einen bevorzugten Zugang zur Kommission genießen, dagegen zutreffend wiedergegeben worden sind, können wir belegen.

Responsivität. Responsivität läge vor, wenn die Kommission unstrittige Eingaben umsetzen und bei strittigen nach mehrheitsfähigen Lösungen suchen würde. Eine solche Responsivität als Maßstab für Online-Konsultationen ist nicht gänzlich unplausibel. Wenn beispielsweise die europäischen und nationalen Sozialpartner übereinstimmende Policy-Vorstellungen entwickeln würden, dann kann die Aufnahme dieser Vorstellungen durch die Kommission eine angemessene Verarbeitung der Konsultationsstellungnahmen sein.

Jenseits dieser möglichen, aber doch unwahrscheinlichen Konsonanz gesellschaftlicher Großakteure, ist zu bezweifeln, dass unqualifizierte Responsivität normativ wünschenswert ist. In der Demokratietheorie wird – wenn überhaupt – eine Responsivität des politischen Systems gegenüber dem Mehrheitswillen gefordert. Nur die Stellungnahmen zu Online-Konsultationen lassen einen solchen Rückschluss auf einen irgendwie repräsentativen Mehrheitswillen nicht zu und eine entsprechende Legitimationskette über die Eingaben gesellschaftlicher Assoziationen ist lang und brüchig. Entsprechend sollten dissonante Positionierungen zu einer Delegation der Beratung/Entscheidung an repräsentative Instanzen führen.

Da die Positionierungen zu den Hauptthemen der politisierten Konsultationen sämtlich dissonant ausgefallen sind (siehe Tabellen 6 und 7), sollte hier auch keine Responsivität gegenüber bestimmten Positionierungen zu beobachten sein. Tatsächlich findet eine über die Zusammenfassung hinaus gehende Bewertung der eingegangenen Stellungnahmen durch die Kommission auch nicht statt. In der Mitteilung wird auf weniger als zwei Seiten bewertend auf die Positionierungen Bezug genommen und darin werden ziemlich genau zwei Punkte entwickelt: die großen kontroversen Themen der Konsultation werden in anderen Verfahren weiterbehandelt und bei einigen kleineren unstrittigen Themen sieht die Kommission Handlungsbedarf auf europäischer Ebene (Kommission 2007b: 10ff.).

Symbolische Rechenschaft. Damit begibt sich die Kommission – zumindest öffentlich – in die Rolle eines Moderators, der den kleinsten gemeinsamen Nenner bestimmt. Das ist im Hinblick auf die mangelnde Gewährleistung egalitärer Repräsentativität solcher Konsultationsprozesse durchaus angemessen. Zugleich reicht aber ein solcher Anspruch für eine angemessene Entscheidung solcher Konflikte nicht aus: Zum einen ist eine Nicht-Entscheidung in den kontroversen Fragen des Arbeitsrechts nicht neutral. Wenn es beispielsweise kein transnationales Streikrecht gibt, dann ist die Nicht-Entscheidung eine Entscheidung im Sinne einer der Konfliktparteien. Hier wünscht man sich jedenfalls einen neutralen Moderator, der sich nicht auf den Status quo als automatische Lösung bei Dissens zurückzieht, sondern der versucht, die einzelnen Standpunkte zu bewerten, zwischen ihnen zu vermitteln und Lösungen aufzuzeigen.[85]

Zudem ist die Kommission mit dem Anspruch angetreten, Expertise auch nach ihrer Qualität zu bewerten. Eine solche Abschätzung findet nirgends in den Dokumenten statt. Im Fall der Arbeitsrechtskonsultation ist die Kommissionsleistung mit der eines Siebes vergleichbar: Die großen Stücke beziehungsweise die Beiträge der vermeintlich wichtigen gesellschaftlichen Akteure bleiben hängen und sind auch weiter sichtbar, die kleinen sind durchgefallen. Das entspricht nicht einmal dem Selbstanspruch der Kommission zum Umgang mit Expertise (siehe Strohmeier 2007: 66f.).

Rezeption, Responsivität und symbolische Rechenschaft gegenüber den Vorschlägen zivilgesellschaftlicher Organisationen. In der Einleitung dieses Abschnitts ist zwischen Entscheidungs- und Entdeckungszusammenhängen unterschieden worden. Die Stellungnahmen in den Online-Konsultationen könnten einen Beitrag im Rahmen dieser Beratungs- und Entdeckungsfunktion politischer Prozesse haben. Wir sind dieser Frage nachgegangen, indem wir in den Stellungnahmen Vorschläge identifiziert haben, in denen mit spezifischen, konsultationsrelevanten Anliegen die Kommission adressiert wurde. In den drei hierauf untersuchten Konsultationen der Fallstudie haben wir insgesamt 143 solcher Vorschläge identifiziert.[86] Davon entfallen 42

---

85 Nun könnte argumentiert werden, dass eine solche Entscheidungsmacht legitimer Weise außerhalb der Kommission anzusiedeln sei (im Rat oder im EP). Es kann aber durchaus auch bezweifelt werden, dass sie andernorts faktisch gibt.

86 Im Anhang befindet sich exemplarisch ein transparenter Überblick über die von uns identifizierten Vorschläge zur Arbeitsrecht-Konsultation. Für die Konsultationen zu Kennzeichnung und Arbeitsmarkt gibt es analoge Tabellen, auf deren Abbildung aus Platzgründen verzichtet wurde.

auf die Konsultation zum Arbeitsrecht, 25 auf die Konsultation zum Arbeitsmarkt und 76 auf die zu Kennzeichnung.[87] Bei der Bewertung der Kommissionsleistung in der Behandlung dieser Vorschläge muss vorweg erwähnt werden, dass wir im Vergleich zu den Positionierungen eine etwas andere normative Erwartung haben sollten: Bei der Rezeption von, Responsivität sowie symbolischer Rechenschaft gegenüber Vorschlägen können sich diese Maßstäbe nur auf die *einzelnen* Vorschläge einzelner zivilgesellschaftlicher Organisationen beziehen: Wird Vorschlag X von der Kommission rezipiert und dazu eine Position entwickelt?

Da einzelne Stellungnahmen keine egalitäre Rückbindung an die Gesellschaft haben können und die Vorschläge nicht zuvor in gleichheitsverbürgenden Arenen getestet werden, ergibt sich die Erwartung auf eine angemessene Antwort der Kommission aus der Qualität und Überzeugungskraft der Eingaben selbst.[88]

In den 54 untersuchten Stellungnahmen der Konsultation zum Arbeitsrecht sind insgesamt 42 Vorschläge unterbreitet worden. Bei 24 der Vorschläge lässt sich zeigen, dass die Kommission auf sie Bezug genommen hat, 18 von ihnen werden als Vorschläge angemessen im Konsultationsdokument wiedergegeben (siehe Anhang). Eine über die bloße Rezeption hinausgehende Responsivität und/oder symbolische Rechenschaft lässt sich im Fall der Konsultation zum Arbeitsrecht kaum feststellen. Mit Blick auf drei der rezipierten Vorschläge wurde zumindest unbegründet Zustimmung in den Auswertungsdokumenten signalisiert. Symbolische Rechenschaft, also eine begründete Antwort auf die Vorschläge, ließ sich in diesem Fall nicht ausmachen.

---

[87] Die Vorschläge zur Ernährung-Konsultation wurden nicht berücksichtigt, weil die Kommission hier explizit nach solchen Vorschlägen gefragt hat und die so generierten Vorschläge daher einen etwas anderen Status haben. Es handelt sich nach unserer Einschätzung eher um einen losen Brainstorming-Prozess. Dabei kann es durchaus legitim sein, dass die Kommission nicht alle Vorschläge adressiert, die unserer Definition entsprechen. Dann macht es aber keinen Sinn, die Auswertungsberichte dieser Konsultation darauf zu untersuchen.

[88] Das entspricht dem oben ausgeführten normativen Selbstverständnis der Kommission. Es wird aber auch als empirische Erwartung formuliert: »Sehr viel mehr als auf der nationalen Ebene, wo häufig die schiere Größe eines Verbandes oder die Lautstärke des Auftretens (politische) Wirkungen zeigt, hängt auf EU-Ebene erfolgreiche Einflussnahme von der argumentativen Stärke des vorgetragenen Standpunktes ab.« (Strohmeier 2007: 66f.)

Über die drei analysierten Fälle hinweg finden sich interessanterweise wenig generalisierbare Ergebnisse: Insgesamt wird gut die Hälfte der Vorschläge rezipiert. Aber die Rezeptionsquote und die symbolische Rechenschaft sind von Konsultation zu Konsultation extrem unterschiedlich. Allein Responsivität, also unbegründete Zustimmung oder Ablehnung, findet sich über alle Konsultationsprozesse hinweg nur sehr selten.

Tabelle 16: Rezeption, Responsivität und Rechenschaft. Die Aufnahme zivilgesellschaftlicher Vorschläge durch die Kommission

Konsultation	Anzahl der Vorschläge in den analysierten Stellungnahmen	Rezeption (zumindest des allgemeinen Themas eines Vorschlags)	Responsivität	Symbolische Rechenschaft
Arbeitsrecht	42	24 (57,1%)	3	0
Arbeitsmarkt	25	7 (28%)	1	2
Kennzeichnung	76	50 (65,8%)	4	30

Wie lassen sich diese großen Unterschiede erklären? Offensichtlich könnte unsere Hauptvariable (Politisierungsgrad) bestenfalls bei der Frage der Rezeption herangezogen werden. Ich sehe aber keinen plausiblen systematischen Grund dafür, dass Vorschläge in politisierten Konsultationen eher rezipiert werden als in nicht-politisierten. Tatsächlich halte ich in diesem Punkt eine andere Variable für entscheidend, nämlich die Frage, in welchem Maße die Gegenstände einer Konsultation (und in der Folge davon der Vorschläge) bereits Teil geronnenen spezifischen EU-Rechts ist oder nicht. Je mehr dies der Fall ist, desto klarer hat die Kommission, die nicht für eine Seite Partei ergreifen möchte) im Hinblick auf die Bewertung eingehender Vorschläge eindeutige überparteiische Bewertungsmaßstäbe (eben: das bestehende EU-Recht) und – nicht zuletzt – auch formale Kompetenzen. Das ist aber nur eine Erklärungshypothese, die empirisch nicht kontrolliert worden ist, sich aber gut in das gleich zu diskutierende allgemeine Bild von der Rolle der Kommission in den Konsultationsprozessen fügt.

Ebenso ist es möglich, dass unterschiedliche Kulturen der Einbindung zivilgesellschaftlicher Organisationen der beiden Generaldirektionen SANCO und EMPL einen relevanten Unterschied machen. Die GD EMPL ist über verschiedene andere Institutionen (WSA, Sozialer Dialog, OMK) mit einigen europäischen und nationalen Verbänden intensiv und über Jahre verbunden. Insbesondere die Analyse ihrer Rezeption der zivilgesellschaftlichen Stellungnahmen in der Konsultation zur Modernisierung des Arbeitsrechts zeigt deutlich, dass trotz der pluralistischen zivilgesellschaftlichen Beteiligung die Rezeption eher im ›alten‹ korporatistischen Stil begrenzt erfolgt ist (siehe ausführlich Hüller 2008b: 377ff.). Dagegen scheint die GD SANCO auch innerhalb der Kommission ein Vorreiter bei der pluralistischen Integration zivilgesellschaftlicher Expertise zu sein. Das kann daran liegen, dass Konsumenten- und Gesundheitsanliegen nicht in gleicher Weise zivilgesellschaftlich organisierbar sind wie Arbeitgeber- und Arbeitnehmerinteressen, wodurch eine pluralistischere Einbindung ›von der Sache her‹ angezeigt wäre.[89] Es kann möglicherweise aber auch noch aus dem Gravitationsfeld, das durch die unzureichende politische Bearbeitung der BSE-Krise entstanden ist, erklärt werden. Diese hat nicht nur zu einer weitgehenden Neuorganisation dieses Politikfeldes in der Kommission geführt, was dauerhafte Seilschaften zwischen der Kommission und zivilgesellschaftlichen Organisationen unwahrscheinlicher macht. Die Krise und hier vor allem die öffentliche Kritik hat möglicherweise auch dazu geführt, dass die Kommission die mit dem Instrument der Online-Konsultationen gegebene Möglichkeit, unterschiedliche Stimmen einzubinden, zuverlässiger wahrnimmt als Generaldirektionen, die diese Erfahrungen nicht gemacht haben.

Um den tatsächlichen Ursachen auf den Grund zu gehen, müssten zusätzliche Untersuchungen angestellt werden. Das kann hier nicht geleistet werden.

---

89 Eine solche Erklärung kann sowohl im Rahmen eines Rational-Choice-Ansatzes konstruiert werden, aber auch auf Grundlage normativ reichhaltigerer Motivannahmen. Im Rahmen des ersten Ansatzes besteht im Fall des Arbeitsrechts eine übersichtliche Anzahl weniger relevanter Vetospieler und im Fall von Regeln zur Produktkennzeichnung ist die Interessenlage komplizierter und zersplitterter. Im ersten Fall zeigt die erfolgreiche Rezeption der Hauptakteure der Kommission, welche ihrer Präferenzen sie weiterverfolgen kann und welche nicht. Im Labelling-Fall kann der breite Zugriff auf die Stellungnahmen sowohl als Abschätzung potenziellen Kritikpotenzials für zukünftige Policies gedeutet werden, aber auch als Reservoir zur Generierung ›neuer‹ Handlungsfelder für die Kommission.
Das Ganze lässt sich aber auch aus einer weniger strategisch motivierten Perspektive ausleuchten: Als Promoter demokratischer Entscheidungen versucht die Kommission dann, alle signifikant Betroffenen zu berücksichtigen und diese Betroffenheiten wären dann im Fall von Konsumenten- und Gesundheitsinteressen weniger gut organisiert, was eine breitere und pluralistischere Einbindung erfordern würde.

9.3.5 Die Rolle der Kommission

In Abschnitt 9.1.4 ist argumentiert worden, dass die demokratische Performanz der Online-Konsultationen im hohen Maße davon abhängt, ob die Kommission tatsächlich die Rolle eines Demokratiemanager beziehungsweise –promoters ausfüllt oder nicht. Ein gutes Stück weit ist dies schon dadurch der Fall, dass sie das Instrument der Online-Konsultationen zusammen mit transparenteren Politikprozessen entwickelt hat. Auch wenn finanzielle Zuwendungen durch die Kommission manchmal als Kauf von Unterstützung ›dechiffriert‹ werden, müssen auch solche Weges des Ausgleichs mangelnder Organisationsmacht zur Beförderung egalitärer/repräsentativer Beratungen irgendwie unternommen werden. Darüber hinaus – und nur das interessiert hier – muss über formale Beteiligungsangebote hinaus die Durchführung egalitärer deliberativer Prozesse in der Beratungsdimension selbst auf verschiedenste Art unterstützt werden, weil *laissez-faire*-Deliberationen weder egalitär ablaufen, noch erwartbar auf vernünftige Ergebnisse zusteuern (siehe 9.1.4).

Drei Beobachtungen lassen sich zu einem Schluss über die ausgeübte Rolle der Kommission zusammenführen:

1. Die generelle Ausrichtung der Online-Konsultationen zielt auf eine hierarchische Diskursstruktur, also auf Kommunikationen zwischen der Kommission auf der einen Seite und einer Vielzahl von anderen Akteuren auf der anderen Seite. Strukturell und unnötig erschwert werden horizontale Kommunikationen (innerhalb der Gruppe der ›anderen Akteure‹) schon dadurch, dass die Stellungnahmen erst nach Abschluss der Verfahren ins Netz gestellt werden.[90] Entsprechend finden wir auch empirisch kaum Bezugnahmen auf andere Akteure.
2. Diskursiver Austausch und Verständigung muss darüber hinaus auch aktiv befördert werden. Es gibt aber keinerlei Anstrengungen, jedenfalls nicht innerhalb der Konsultationsverfahren, die deliberative Qualität der einzelnen Stellungnahmen (durch Rückfragen und Gegenargumente durch die Kommission) oder die argumentative Komplexität in und zwischen Stellungnahmen zu steigern (indem etwa Autoren von Stel-

---

90 Soweit ich sehe gab es nur sehr wenige Ausnahmen von dieser Praxis, etwa die Konsultationen zur Transparenzinitiative und zur Zukunft der Meerespolitik, bei denen die Stellungnahmen sofort nach Erhalt ins Netz gestellt wurden.

lungnahmen aufgefordert werden, sich zu bestimmten anderen Stellungnahmen mit konträren Positionierungen zu äußern).[91]

3. Vor allem im Fall der Konsultation zur Modernisierung des Arbeitsrechts hat sich gezeigt, dass die Kommission sich kaum auf eine Bewertung der kontroversen Positionen zur Arbeitsvertragsflexibilisierung oder zu den Möglichkeiten einer europäischen Sozialpolitik geäußert hat. Damit begibt sich die Kommission – zumindest öffentlich – bei der Bewertung der pluralistischen Stellungnahmen im Rahmen der Online-Konsultationen in die Rolle eines Moderators, der zunächst nur den kleinsten gemeinsamen Nenner bestimmt. In der Folge werden dann aber auch diese umstrittenen Themen weiterverfolgt.[92]

9.4 Zusammenfassung

Die Hauptfragestellung dieses Kapitels lautet: Findet durch die Einführung und die tatsächliche Nutzung von Online-Konsultationen durch die EU-Kommission eine partikulare Demokratisierung der Europäischen Union statt? Ausgangspunkt der empirischen Untersuchung ist gewesen, dass durch dieses Instrument zumindest eine Demokratisierung in bestimmten Dimensionen unseres gradualistischen Demokratieverständnisses möglich ist, die Bewertung selbst aber steht und fällt mit der durch die Kommission und die zivilgesellschaftliche Beteiligung aufgespannten Praxis.

In Abschnitt 9.1 wurden vier ›kontextspezifische‹ Kriterien entwickelt, also solche deren empirische Abschätzung uns Angaben darüber versprechen, ob das theoretisch vorhandene Potenzial in der Praxis auch ausgeschöpft wird. Dazu wurden die in Teil II gerechtfertigten und im Großen

---

91 Ob dies möglicherweise in weiteren Prozessen nach den Online-Konsultationen geschieht, kann hier nicht empirisch aufgeklärt werden. In Anbetracht der Qualität der Auswertungen (siehe oben, 9.3.4) ist kaum zu erwarten, dass die Kommission in den weiteren Prozessen explizit versucht aus den Inhalten der Stellungnahmen heraus festzulegen, wer in den weiteren Beratungsprozessen einbezogen wird. Wahrscheinlicher ist, dass bereits existierende EU-Organe, Expertengruppen und Ausschüsse genereller mit den Themen der Online-Konsultationen befasst werden und in diesem Zusammenhang allgemein auf die Stellungnahmen und Auswertungsberichte verwiesen wird.

92 Siehe etwa die Entwicklungen bei einem der umstrittensten Themen der Konsultation, die weitere Entwicklung der Arbeitszeitrichtlinie, zu der vor allem von Gewerkschafts- und Arbeitgeberseite diametral entgegen gesetzte Vorschläge unterbreitet wurden (siehe Annex II, Vorschläge 13 bis 21).

und Ganzen unstrittigen Demokratieprinzipien und –kriterien soweit an das Instrument und die formalen und strukturell gegebenen Rahmenbedingungen angepasst, dass eine realistische normative Erwartung an die Beratungspraxis in Online-Konsultationen gestellt werden konnte: Demnach erwarten wir eine pluralistische Inklusion aller relevanten Positionen und Perspektiven zu einem gegebenen Beratungsgegenstand, anspruchsvolle Stellungnahmen, in denen versucht wird, die Kommission von den eigenen Positionen zu überzeugen sowie eine adäquate Rezeption und Verarbeitung der eingebrachten Positionierungen und Vorschläge durch die Kommission.

Dabei konnte nur zum Teil auf die vorhandenen Ansätze zur empirischen Operationalisierung dieser Fragen zugegriffen werden: Die Fragen nach der tatsächlichen Überzeugungskraft sowie danach, ob – in diesem Fall – die Kommission ihrer ›Pflicht zur Rechtfertigung‹ angemessen nachkommt, ist bisher nicht befriedigend operationalisiert worden. Mit dem Kriterium der Prima-facie-Überzeugungskraft wird hier ein Vorschlag ausgebreitet, der deutlich über die bisher üblichen formalistischen Verständnisse (die allein oder vornehmlich auf die Qualität und Komplexität der argumentativen Backings zielen) hinausgeht und ihnen ein dreidimensionales Verständnis von Überzeugungskraft entgegengesetzt. Danach ergibt sich Überzeugungskraft aus der (fiktiven) Zustimmung der Adressaten zu den transportierten Positionierungen, aus dem relevanten Argumentationskontext sowie aus der formalen Qualität der Argumentation. Den unbestreitbaren Reliabilitätsproblemen solcher Messungen ist nicht nur konzeptionell, sondern auch begrifflich Rechnung getragen worden: Mit akzeptablem Forschungsaufwand lässt sich nur eine allgemeine Grobverortung der tatsächlichen Überzeugungskraft leisten. Das Kriterium ist, so die These, im Hinblick auf die Validität vor allem rein formalistischen Ansätzen vorzuziehen. Was nutzt es denn, wenn verschiedene Forscher zwar zuverlässig bei gleichen Fällen zum gleichen Ergebnis kommen, wenn die Ergebnisse jedoch nicht zuverlässig das zu messen in der Lage sind, was uns – aus der geteilten theoretischen Perspektive heraus – interessiert?

Responsivität und symbolische Rechenschaft sind hier als alternative Varianten normativ anspruchsvoller Reaktionen des Adressaten seiner ›Pflicht zur Rechtfertigung‹ nachzukommen, operationalisiert worden. Dabei haben wir großen Wert darauf gelegt, das reaktive Verhalten der Kommission nicht als eine isolierbare Sequenz zu bestimmen, sondern als eine die sich daraus ergibt, dass in den Stellungnahmen auf Fragen der

Kommission reflektiert aber eben auch kontrovers geantwortet wurde und dass die Kommission im Rahmen von Konsultationsprozessen mit spezifischen, an sie gerichteten Erwartungen konfrontiert wurde (Vorschläge). Mit Hilfe der Tabelle im Anhang (Annex II) lässt sich unser gesamter Bewertungsprozess für jeden Vorschlag transparent nachvollziehen. Aber wir haben nicht nur dem Problem der zu berücksichtigenden Kapazitätsgrenzen von Diskursteilnehmern (›Man kann nicht auf alles antworten‹) und der methodischen Norm der Transparenz genügt, wir haben auch das theoretische Problem, dass es mehrere normativ plausible Reaktionen der Kommission geben kann, in unserer Forschung berücksichtigt.

Das Ergebnis im Hinblick auf die Hauptfragestellung ist zweigeteilt: Zum einen können wir belegen, dass durch die Nutzung von Online-Konsultationen eine partikulare Demokratisierung der EU befördert wird – nicht mehr, aber auch nicht weniger. Zum anderen wird sehr deutlich, dass die demokratischen Möglichkeiten, die das Instrument bietet in der Praxis nicht annährend ausgeschöpft werden. Im Einzelnen:

Wir können unbestreitbar zeigen, dass die in den Konsultationsdokumenten von der Kommission aufgebrachten Vorstellungen aus pluralistischen Perspektiven heraus behandelt werden und dabei in hohem Maße mit Kritik konfrontiert werden. Unstrittig dürfte auch sein, dass die Konsultationen ein großes Reservoir an Ideen und Vorschlägen produziert haben, die die Stellungnahmen zusammengenommen auch als einen Entdeckungszusammenhang wirken lassen. Kurz: die Kommission wird in hohem Maße zu Fragen, die sie selber aufwirft, aufgeklärt über gesellschaftliche Präferenzen und Perspektiven, die sie in dieser Breite und Anzahl mit keinem ihrer anderen Instrumente erzielen kann. Es ist völlig klar, dass diese Entwicklungen nicht für eine umfassende Demokratisierung stehen können, gerade weil wichtige demokratierelevante Bereiche mehr oder weniger komplett ausgespart bleiben. Aber es ist auch plausibel zu behaupten, dass europäische Politik mit einer solchen Pluralisierung vor der Kontrastfolie eines gradualistischen Demokratieverständnisses eine positive Entwicklung genommen hat.

Positiv zu verbuchen als Ergebnis unserer Untersuchung ist schließlich, dass wir anders als Naurin überhaupt keine Anhaltspunkte dafür finden konnten, dass die deliberative Qualität durch Nicht-Transparenz (der Stellungnahmen) hätte befördert werden können. Ganz im Gegenteil: Wir haben in den von uns untersuchten 204 Stellungnahmen keinerlei Versuche finden können, die man plausibel unter ›Bargaining‹ hätte abbuchen können (siehe 9.3.3.1). Ob die deliberative Qualität noch gesteigert werden könnte, hängt dann auch nicht an der Frage der Transparenz, sondern vor allem an der Frage der bewussten Strukturierung und Moderation des argumentativen Austauschs (siehe 9.3.5).

Dabei ist ganz entscheidend, dass die Kommission vielleicht in einzelnen Fällen diese Prozesse strategisch für ihre Ziele nutzen kann, sie aber vor allem im Rahmen des Gesamtprozesses der Folgenabschätzung zu diesen Gegenständen ›argumentativ verwickelt‹ (Risse) wird. Der Beratungsprozess läuft weitgehend transparent ab. Dadurch lassen sich allgemeine demokratische Erwartungen, etwa dass die Kommission die Stellungnahmen vernünftig rezipiert und darauf antwortet, leicht überprüfen. Abweichungen können von den Beteiligten selbst schnell erkannt und in der Öffentlichkeit auch belegt werden. Deshalb ist auch nicht zu erwarten, dass die Qualität der Antworten und Weiterverarbeitungen, die die Kommission anbietet dauerhaft defizitär bleiben wird: Entweder die Kommission schafft es, das Instrument selbst soweit abzuschleifen, dass sie solche argumentativen Nötigungen weitgehend vermeiden kann oder sie wird über die Zeit dazu kommen, Verfahren und Routinen zu entwickeln, in denen sich die in Online-Konsultationen generierte pluralistische Inklusion spiegelt.

Die Möglichkeit, dass es über die Zeit hinweg zu einer verbesserten demokratischen Performanz von Online-Konsultationen kommt, rührt nicht zuletzt von dem großen ungenutzten Potenzial dieses Verfahrens. Dieses liegt nicht so sehr darin, die pluralistische Inklusion noch weiter zu befördern. Da eine repräsentative Rückbindung an den Demos über dieses Instrument aussichtslos ist, würde über diesen Weg auch kein großer Demokratienutzen gestiftet. Es bieten sich aber eine ganze Reihe ungenutzter Optionen, die Qualität des Beratungsprozesses, insbesondere den Austausch zwischen den Stellungnahmen, aber auch zwischen der Kommission und den Autoren der Stellungnahmen zu verbessern (siehe 9.3.4 und 9.3.5).

Es soll hier nicht über die empirischen Aussichten dieser beiden konkurrierenden Zukunftsoptionen spekuliert werden. Es soll aber auch nicht verschwiegen werden, dass es innerhalb der Kommission Widerstände gegen den Demokratisierungsdruck geben wird. Zum einen kosten diese Verfahren den Mitarbeitern der Kommission eine Menge an Ressourcen. Zum anderen ist es nicht unwahrscheinlich, dass die Kommission über eine weitergehende Demokratisierung auch an eigenem Gestaltungsspielraum verlieren könnte, weil die Funktionen einer aktiven Demokratieförderung mit denen einer ›Hüterin der Verträge‹ nicht spannungsfrei sein dürften.

Darüber hinaus würden weitergehend demokratisierte Online-Konsultationen mit hoher Wahrscheinlichkeit auch zu einer weiteren Politisierung dieser Prozesse führen. Gegenwärtig ist das Instrument noch in weiten Teilen der Gesellschaft unbekannt und der Nutzen der Beteiligung durchaus umstritten. Durch ein Ausschöpfen des vorhandenen Demokratisierungspotenzials über die nächsten Jahre, würde sich dies so ändern, dass die Nutzung des Instruments deutlich an Attraktivität gewänne. In der Folge würde auch die Politisierung zunehmen, wenn nachgewiesen würde, dass die Stellungnahmen Einfluss haben (können), weil die Beratungsprozesse weniger kommissionszentriert ablaufen würden und möglicherweise auch die jeweiligen *Constituencies* der zivilgesellschaftlichen Organisationen ein Auge auf die Positionstreue ihrer Vertreter hätten. Auch wenn von vielen Seiten aus demokratietheoretischen Überlegungen für eine mindestens graduelle Politisierung der Europapolitik plädiert wird, heißt das noch nicht, dass dies auch die Position der Kommission wäre.

9.5 Noch einmal: Assoziative Demokratisierung der EU?

Anders als im Nationalstaat ist auch im Hinblick auf spezifische Politikbereiche bestenfalls eine partikulare Demokratisierung in der EU möglich und zwar unabhängig von den tatsächlich gewählten Instrumenten. Anders formuliert: Das Potenzial assoziativer Demokratisierung ist in der EU geringer als im Nationalstaat, weil der europäischen Zivilgesellschaft der mitgliedschaftliche Unterbau und die enge Verflechtung mit den privaten Bereichen der Lebenswelt weitgehend fehlt (siehe Kapitel 7).

Das kann auch ein Grund dafür sein, dass solche Instrumente mit großem Potenzial zur Demokratisierung politischer Beratungen, wie die Online-Konsultationen, im Rahmen der EU durchgeführt werden können, nicht aber im Nationalstaat. Gerade weil demokratische Praxis in der EU schwieriger zu motivieren ist, lassen sich dort anspruchsvollere Verfahren verwirklichen als im Nationalstaat.

Das gleiche motivationale Grundproblem europäischer Demokratisierung führt auch dazu, dass das erfolgreiche Wirken von Instrumenten der (assoziativen) Demokratisierung in viel höherem Maße von der aktiven politischen Gestaltung und Strukturierung abhängt als bestimmte Verfahren im Nationalstaat. Während sich beispielsweise über Wahlen bei hoher Wahlbeteiligung politische Gleichheit mehr oder weniger automatisch realisiert, muss sie im Rahmen europäischer Politik in hohem Maße aktiv gestaltet werden. In Kapitel 7 und Kapitel 9 sind zwei sehr verschiedene Argumente dafür gemacht worden, warum die Kompetenzhäufungen bei der Kommission ein zentrales Hindernis auf dem Wege sind, die assoziativen Demokratisierungspotenziale auszuschöpfen: Die Kommission hat sowohl im Hinblick auf die Beteiligung ermöglichenden und strukturierenden Aufgaben wie bei der Durchführung und Auswertung der Policy-Beratungen mehr oder weniger exklusive Kompetenzen und darüber hinaus noch den Auftrag als ›Hüterin der Verträge‹ zu fungieren.

Die Strukturierungsleistungen im Zuge politischer Einbindung zivilgesellschaftlicher Organisationen sollten weitgehend von der Kommission entkoppelt werden. Dafür gibt es viele Wege. Der eleganteste ist freilich von Philippe Schmitter schon vor einigen Jahren aufgezeigt worden. Über die finanziellen Zuwendungen an europäische ZGO kann in demokratischen Verfahren entschieden werden. Und es wäre denkbar, dass die Durchführung von Konsultationsprozessen zu allen legislativen Vorhaben und ihre Auswertungen von der Kommission an eine unabhängige Agentur delegiert werden. Darüber ließen sich nicht nur eine ganze Reihe vermeidbarer Mängel, die in der empirischen Untersuchung sichtbar geworden sind, vermeiden. Auch die Interessenskonflikte innerhalb der Kommission würden auf diese Weise neutralisiert.

In Teil II ist argumentiert worden, dass es keine Königsstrategie zur Behebung aller relevanten demokratischen Defizite der europäischen Mehrebenenpolitik gibt, sondern eine Vielzahl sehr unterschiedlicher Defizite und Ursachen. Entsprechend wäre es nun unplausibel, von der assoziativen Erweiterung der europäischen Politik eine umfassende Demokratisierung zu erwarten. Zumindest in zwei Bereichen lassen sich aber Demokratisierungsmöglichkeiten durch anspruchsvolle Verfahren assoziativer Einbindung erwarten. Zu allererst können die bei der Kommission zentrierten Prozesse der Politikberatung durch breite Konsultationen inklusiver, transparenter und über die Jahre bei besonders umstrittenen Gegenständen auch öffentlicher werden und dabei effektive (symbolische) Rechtfertigungsprozesse institutionalisieren. In solchen issue-spezifischen Beratungsprozessen ließen sich die unterschiedlichen Positionen und Verantwortungen der verschiedenen Akteure innerhalb der europäischen Politikgestaltung klarer identifizieren und zurechnen als dies heute der Fall ist. Dem Problem diffuser Rechenschaftsstrukturen in der EU durch die institutionelle Verschränkung der Politikgestaltung könnte durch assoziative Einbindung weitgehend begegnet werden. Gleiches gilt für die voraus liegenden Prozesse der Agendagestaltung. Es ist heute weitgehend unklar und informalisiert, welche Ziele und Ideen welcher Akteure über die Kommission auf der europäischen politischen Agenda landen. Das Lobbying zivilgesellschaftlicher Organisationen (im weiten Sinne) ist hier vor allem ein Teil des Problems. Indem man diese Prozesse aber transparent macht und die Kommission sich für ihre tatsächlichen Agendasetzungen rechtfertigen muss, lässt sich das Initiativrecht in der EU demokratisieren: es wäre nicht nur pluralistischer, transparenter und von effektiven Rechenschaftsstrukturen bestimmt, auch die unerwünschten Effekte informellen Lobbyings könnten damit eingeschränkt werden.

Vor dem Maßstab des hier entwickelten graduellen Demokratieverständnisses können mit der zivilgesellschaftlichen Einbindung in die europäische Politikgestaltung signifikante Demokratisierungen in bestimmten Teilbereichen eintreten. Diese Möglichkeiten werden aber nur zu einem kleinen Teil durch die Reformen in der Folge des Weißbuchs »Europäisches Regieren« ausgeschöpft. Und ironischerweise ist die EU-Kommission nicht nur der wichtigste Motor dieser Entwicklung zivilgesellschaftlicher Einbindung, sondern zugleich auch ein Haupthindernis für die effektive Demokratisierung.

IV Demokratie und Sozialregulierungsfähigkeit in der EU

10 Bessere Sozialregulierung durch assoziative Demokratisierung?

In der Einleitung wurde die Vorstellung einer reinen Output-Legitimität, die weitgehend neben und unabhängig von demokratischen Prozessen erzeugt werden kann, auf einen sehr schmalen praktischen Wirkungsbereich eingeschränkt: Es gibt keine kollektiv-verbindlichen Politikinhalte, die gleichzeitig einige oder viele besser stellt und kein einziges Individuum innerhalb einer politischen Ordnung nicht objektiv schlechter stellen würde. Wenn das individualistisch interpretierte Pareto-Kriterium das zentrale Merkmal für ›reine‹ Outputlegitimität darstellt, dann müssen alle relevanten europäischen Regeln letztlich von demokratischer Autorisierung zehren – und sei dies auch nur vermittelt durch entsprechende, demokratisch legitimierte Rahmengesetze für die Delegation an Agenturen und andere Verwaltungseinheiten. Weil es diese eindeutig legitimen Lösungen nicht gibt, können wesentliche Entscheidungen in diesen Bereichen auch nicht an die Kommission oder den EuGH ›delegiert‹ werden beziehungsweise ihre eigenmächtigen Handlungen in diesen Bereichen klaglos hingenommen werden (Scharpf 2009a).

Der Kern der aktuellen ›europäischen‹ Lösung des Demokratieproblems besteht darin, dass die europäische Integration dominant über nationale demokratische Prozesse ihre Legitimität sichert beziehungsweise sichern soll. Diese nationalstaatszentrierte Lösung führt zu mehreren strukturellen Demokratiedefiziten der europäischen Mehrebenenpolitik: Die europäische Sekundärrechtsetzung kennt keinen demokratischen Politikinitialisierungsmodus und erschwert aufgrund der gewünschten Verflechtung von vielen Akteuren und Institutionen in den Entscheidungsverfahren demokratische Rechenschaftsprozesse. Daneben sind tatsächliche und potenzielle Verselbständigungsphänomene in der europäischen Mehrebenenpolitik größer als in den nationalen Demokratien – und zwar selbst als in föderalen Ordnungen. Darüber hinaus ist ein zentrales Element in den europäischen Routineentscheidungen (die mehrheitliche oder einstimmige Entscheidung im Rat) entweder demokratisch dubios oder starrsinnig. Als Mehrheitsentscheid wird mehr oder weniger systematisch nur die Zustimmung einer Minderheit des europäischen Demos erwartet und als Einstimmigkeitsentscheid können selbst überwältigende tatsächliche Mehrheiten auf der Strecke bleiben. (siehe 6.1.2)

Es sind aber nicht nur irgendwelche Entscheidungen, die aktuell auf der Strecke bleiben, sondern auch solche zu Gegenständen, zu Konflikten und Problemen die im Zuge der europäischen Integration erst entstanden sind beziehungsweise sich dadurch ganz anders darstellen als in der nationalen Konstellation (Höpner/Schäfer 2008c: 20ff.). Eines der wichtigsten europapolitischen Handlungsfelder dieser Art ist die marktbegleitende Sozialregulierung und hier insbesondere die sehr unterschiedlichen Fragen des (europäischen) Arbeitsrechts und die Sozialpolitik. Zum einen hat das Europarecht in der Variante der EuGH-Entscheidungen Auswirkungen auf nationale arbeitsrechtliche Bestimmungen, zum anderen setzt die europäische Integration bestimmte Bereiche des nationalen Arbeitsrechts einem innereuropäischen Wettbewerbsdruck aus, macht bestimmte Instrumente unwirksam. Sozialpolitische Errungenschaften, wie hohe Standards für Gesundheitsschutz am Arbeitsplatz, Regelungen von Arbeits- und Urlaubszeiten, Kündigungsschutzregeln und nicht zuletzt die sozialen Sicherungsnetze erzeugen dann einen Anpassungsdruck, wenn sie nicht für alle Marktteilnehmer mehr oder weniger verbindlich fixiert sind. In voll harmonisierten Märkten könnten derartige Kosten theoretisch vergleichsweise unproblematisch über den Preis an die Kunden weitergereicht werden, bei verschiedenen nationalen Regelungen mit auseinanderklaffenden Kosten ist diese Möglichkeit ceteris paribus nur begrenzt gegeben.

Sehr vereinfacht können die zentralen Aspekte dieser Situation als eine Spielart des Gefangenendilemmas modelliert werden (Scharpf 1996), das zwei Besonderheiten aufweist: Die beiden Akteure (reiche und arme EU-Mitgliedsländer) haben unterschiedliche individuelle Präferenzen beziehungsweise realisieren in keinem Fall identische Ergebnisse. Das Spiel ist insofern »asymmetrisch«. Außerdem würden sich als Folge national sehr unterschiedlicher arbeitsrechtlicher- und sozialpolitischer Arrangements auch Schwierigkeiten ergeben, das eine Kollektivgut (also eine spezifische Variante vollharmonisierter europäischer Sozialpolitik) auszuweisen (siehe auch Obinger u.a. 2005: insb. 556). Entsprechend erwartet Scharpf, dass im Rat weder bei Einstimmigkeits- noch bei qualifizierter Mehrheitsregel eine Harmonisierung auf europäischer Ebene in diesen Bereichen verabschiedet würde, weil vor dem Hintergrund einer Vielzahl unterschiedlicher nationaler Sicherungssysteme den beteiligten Akteuren die Transaktionskosten für eine solche einheitliche Lösung ›rationalerweise‹ zu hoch seien. Aber da auch der Spielraum für effektive nationale Lösungen gerade durch die europäische Integration beschränkt werde, erwartet Scharpf für diesen Bereich von der europäischen Mehrebenenpolitik im Großen und Ganzen keine erfolgreichen Lösungen (Scharpf 1999: 107ff.), obwohl wir sie eigentlich bräuchten (Scharpf 2002). Vor diesem Hintergrund sei es angemessen, die historisch vorhandenen nationalen Gestaltungsspielräume so weit es geht zu erhalten und nicht durch technokratische europäische Entscheidungen zu unterhöhlen (zuletzt: Scharpf 2009a).

Drei Bedenken werden hier gegen diese Lesart – zumindest tentativ – geltend gemacht: Zum einen fällt es schwer zu sehen, wie die Strategie der nationalen Autonomieschonung vor dem Hintergrund der existierenden Reichweite der europäischen Integration Ergebnisse hervorbringen würde, die Lichte des Kantischen Kategorischen Imperativs angemessen erscheinen. Scharpf misst an einem solchen Maßstab zurecht das jüngste Urteil des BVerfG zum Lissabon-Vertrag (Scharpf 2009a: 33). Aber auch seine eigenen Überlegungen dürfen vor diesem Maßstab nicht zuallererst als ein Programm zum größtmöglichen Schutz des deutschen Sozialstaates erscheinen (Moravcsik 2002: 619).

Zum zweiten äußert Scharpf das Bedenken, dass die gesellschaftlichen Voraussetzungen für weit reichende umverteilende Politik auf europäischer Ebene nicht gegeben sind beziehungsweise ihre Legitimität nicht aus ihrer demokratischen Generierung geschöpft werden kann. Soweit aber die sozialregulativen Probleme und Konflikte der europäischen Integration zugerechnet werden können. müssen auch diese möglichen Legitimitätsprobleme tatsächlichen europäischen Handelns mit denen europäischen Nicht-Handelns verrechnet werden. Wichtiger aber sind zwei andere Gesichtspunkte, die Zweifel an der Demokratieunfähigkeit der EU hegen. Zum einen kann die ›demokratische Frage‹ im Rahmen der EU – anders als im Nationalstaat – sehr genau beschränkt werden auf einen vergleichsweise schmalen Anwendungsbereich und selbst wenn in diesem anspruchsvolle Umverteilungsprozesse beschlossen würden, kann trotzdem nicht einfach von den nationalen Voraussetzungen für stabile politische Akzeptanz auf die spezifischen europäischen Erfordernisse geschlossen werden (siehe 2.2). Mindestens genauso wichtig ist aber Madisons Einsicht, dass eine zunehmende Spaltung stabile demokratische Lösungen für das Problem gesellschaftlicher Spaltungen erst ermöglicht. Mit Blick auf die europäische Sozialpolitik können wir Madison folgend ziemlich sicher sein, dass gerade eine demokratische europäische Prozedur in der Lage wäre, die verschiedenen Ansprüche zu akkommodieren, gerade weil sich keine der relevanten Parteien ohne Kompromisse durchsetzen kann und gerade weil alle Beteiligten sich der Gefahr bewusst sind, dass sie mit ihren wichtigsten Ansprüchen in einem kompetitiven Modus auch bei der Minderheit landen könnten. Anders formuliert: Demokratische europäische Entscheidungen wären aller Wahrscheinlichkeit in hohem Maße sensitiv gegenüber starken nationalen Präferenzen, unmäßigen Lasten usw.

Letztlich steckt dahinter die Vorstellung, dass wir Demokratie in der europäischen Mehrebenenpolitik nicht vollkommen eindeutig in der Suprematiefrage klären müssen, sondern dass eine Teildemokratisierung der EU durchaus eine Lösung sein könnte. Themenspezifische Unterschiede in den Verfahren und Abstimmungsprozeduren sind ein zentrales Merkmal der europäischen Sekundärrechtsetzung. Es ist kaum plausibel davon auszugehen, wenn einige dieser Verfahren demokratischer wären, dadurch automatisch die Legitimität der europäischen Mehrebenenpolitik untergraben würde. Darauf wird zurückzukommen sein.

Zum dritten ist der Scharpf'sche Pessimismus in der Frage der Problemlösungsfähigkeit der europäischen Mehrebenenpolitik in sozialpolitischen und arbeitsrechtlichen Bereichen möglicherweise einer gedanklichen Schranke geschuldet. Lassen sich nicht für wichtige Probleme in diesen Bereichen Lösungen denken, die ähnlich funktionieren, wie die europäische Regelung zur Beschränkung von Staatsdefiziten? Es könnten also verbindliche, anspruchsvolle, nach ökonomischer Leistungsfähigkeit differenzierte und sanktionsbewährte sozialpolitische Ziele festgelegt werden, ohne damit eine Festlegung auf einen bestimmten sozialpolitischen Pfad zu verknüpfen. Um zugleich den ungleichen nationalen Startbedingungen beziehungsweise ökonomischen Interessenkonflikten wie dem Gerechtigkeitsideal allgemeiner anspruchsvoller Sozialstandards zu genügen, müssten die Mitgliedsländer (möglicherweise nach Wirtschaftssparten differenziert) eingangs entsprechend ihrer wirtschaftlichen Leistungsfähigkeit klassifiziert werden (etwa in A-, B- und C-Ländern) und die zunächst durchaus variablen sozialpolitischen Ansprüche vor allem mit der jeweiligen ökonomischen Leistungsfähigkeit verknüpft sein (Scharpf 1999: 156ff.). Über die Zeit hinweg sollte die europäische Integration von sich aus einen gewissen ökonomischen Nivellierungseffekt zeitigen, der entsprechend automatisch mit weitergehenden sozialpolitischen Ansprüchen verknüpft wäre. Darüber hinaus könnten weniger produktive Gesellschaften oder Regionen zusätzlich durch eine Art europäischen Sozialausgleichsfonds unterstützt werden. Zumindest bestimmte ideologische (Markt vs. Staat) und institutionellen Reibungspunkte (inkompatible nationale Sozialschutzsysteme) können im Großen und Ganzen beiseite geschoben werden, solange anspruchsvolle und sanktionsbewährte Ziele für alle Beteiligten verbindlich gelten. Für die Behebung des unerwünschten Wettbewerbsdrucks reicht es und falls sich unter einheitlichen anspruchsvollen Standards zeigt, dass es ein »funktional überlegene[s] Modell« gibt (Scharpf 1999: 162), dann würden die Nationalstaaten schon von sich aus darauf zusteuern, weil sie aufgrund der verbindlichen Standards die finanziellen Lasten der Ineffizienz spüren.

Mir geht es hier keinesfalls darum, die Grundzüge einer anspruchsvollen europäischen Sozialpolitik zu skizzieren, sondern allein um die Feststellung, dass es zwischen nationalstaatlichem Separatismus in der Sozialpolitik und der einen allgemein gültigen europäischen Sozialpolitik durchaus normativ attraktive Zwischenlösungen gibt, die darauf ausgerichtet sein könnten, langfristig die in Europa erfahrbaren sozialpolitischen Leistungen anzugleichen und zwar auf höchstmöglichem Niveau.

Weil und sofern die verbindlichen sozialpolitischen Vorgaben an die ökonomische Leistungsfähigkeit geknüpft sind, bestehen keine grundsätzlichen Interessensunterschiede zwischen ›armen‹ und ›reichen‹ EU-Ländern beziehungsweise den jeweiligen Sparten. Der Wettbewerbsvorteil für die armen Länder wird zumindest temporär konserviert, gleichzeitig wird ihren Bevölkerungen diesseits der innereuropäischen Migration eine sozialpolitische Zukunft aufgezeigt. Da der mit bestimmten sozialpolitischen Standards verbundene Kostendruck immer nur in Kombination mit der tatsächlichen Produktivität entsteht, erzeugen auch die unterschiedlichen europäischen Sozialstandards keinen Kostendruck und sie verhindern eine sozialpolitische Abwärtsspirale in den reichen Ländern – jedenfalls soweit der ökonomische Wettbewerb auf den EU-Raum beschränkt ist.

Während für Scharpf die objektiven nationalen sozialpolitischen Interessensunterschiede eine mehrheitliche Zustimmung im Rat rationaler Weise verhindern, wird hier die Ursache für die beschränkte europäische Sozialregulierungsfähigkeit hinterfragt. Die Faktoren, die anspruchsvolle Sozialregulierung in Europa verhindern, dürften vor allem dreierlei Art sein: ein ideologischer Nationalismus (vor allem in den Gesellschaften der neuen osteuropäischen Mitgliedsländer), national strukturierte Massenkommunikationen und das institutionelle Eigeninteresse nationaler Regierungen ihre Macht über die Zeit hinweg mindestens zu konservieren. Alle anderen Ursachen können vielleicht erklären, warum es nicht zu einer Harmonisierung spezifischer Sozialvorschriften und Institutionalisierungsformen kommt, nicht aber warum anspruchsvolle Sozialpolitikformulierung in Europa selbst dann auf der Strecke bleibt, wenn fast ausschließlich sozialdemokratische Regierungen im Amt sind.[93]

In den beiden abschließenden Abschnitten werde ich zunächst die These vertreten, dass der Mangel an europäischer Sozialregulierungsfähigkeit vor allem aus ›nationalen‹ Ursachen herrührt und anschließend argumentieren, dass die aktuell verfolgten Varianten einer assoziativen Einbindung/Demokratisierung der europäischen Politik keine Lösung des Problems darstellen.

10.1 Begrenzte europäische Sozialregulierungsfähigkeit

Sozialregulierungsfähigkeit. Unter Regulierung werden hier alle positiven, also politisch gesetzten, allgemein bekannten und verbindlichen Verhaltensvorgaben verstanden. Die marktnahe *Sozial*regulierung umfasst alle regulativen Maßnahmen, die zur Gestaltung von Märkten und insbesondere zur Verhinderung und Korrektur unerwünschter Marktergebnisse eingesetzt werden. In den vergangenen Jahren hat der Begriff der Sozialregulierung (social regulation) vor allem in der europapolitischen Debatte in Absetzung von (re-)distributiver Politik eine prominente Stellung erhalten. Im Unterschied zu distributiver und redistributiver Politik geht es bei *sozialregulativer* Politik um Verhaltenssteuerung, die nicht durch *direkte* Verteilung oder Umvertei-

---

[93] Hooghe und Marks (2008a) hatten ursprünglich die nationalen Ideologien und eine neoliberale Wirtschaftsgestaltung zu einem konservativen Projekt zusammengefasst. Abgesehen von dem fundamentalen Mangel, dass das neo-liberale Projekt kein nationales Projekt ist, sondern nur sehr mühsam in bestimmten politischen Strömungen zusammengehalten wird beziehungsweise rhetorisch vermeintliche nationale Souveränitätsansprüche gegen supranationalen Politikgestaltungswillen angeführt wird, haben sie neuerdings gezeigt, dass dadurch die eigenständige und übergreifende ›Variable‹ nationaler Ideologien und vor allem entgegenkommender nationaler Institutionen unterschätzt wurde (Hooghe/Marks 2008b; 2009).

lung materieller Ressourcen bewirkt werden soll (Lowi 1964). Die Unterscheidung ist mit der Vermutung eingeführt worden, dass auf europäischer Ebene sozialregulative Politik leichter oder allein legitim sei, weil für Umverteilungen keine hinreichende Legitimität bestehe oder dies empirisch zumindest sehr viel schwieriger durchzusetzen sei (Majone 1996; siehe auch Knill 2005).

Tatsächlich ist schon die Abgrenzung beider Bereiche nicht ganz einfach: Der Gesundheitsbereich wäre etwa in Deutschland ein Bereich, in dem (noch) deutlich umverteilt wird, weil zumindest innerhalb der gesetzlichen Krankenversicherung nicht nur die Nutzung von Gesundheitsdienstleistungen nicht von der Höhe der Beiträge abhängt, sondern vor allem weil die jeweilige Beitragshöhe in erster Linie einkommensabhängig ist. Theoretisch können wir uns eine Regelung des Gesundheitsweisens vorstellen, bei dem der Staat keinen Cent bezahlt und nur Regelungen zur Beitragshöhe und die Eckpfeiler verpflichtender Verwendungen festlegt und dies in der Konsequenz im hohen Maße redistributiv wirkt. Das wäre trotzdem im Sinne Lowis und Majones regulative Politik, weil der Staat beziehungsweise die EU nicht über die Verwendung ›eigner‹ Mittel beschließt, sondern nur darüber, wie die Mittel Anderer durch diese Anderen zu verwenden sind.

Der wichtige Unterschied zwischen regulativer und distributiver Politik kann demnach nicht in den Wirkungen einer Politik gesucht werden, sondern nur darin, dass es in politischen Entscheidungsgremien einfacher sein könnte, regulative Politik zu machen, weil das Geld des Staates ein knappes Gut ist über dessen Verwendung die Mitglieder einer Regierung unterschiedliche Auffassung haben dürften. Es mag sein, dass solche Konflikte in Entscheidungsgremien generell schwer zu bearbeiten sind. Es ist dann aber schwer zu sehen, wie sich entlang dieser Unterscheidung ein genereller Legitimitätsunterschied begründen lässt, wenn es nur um diesen Unterschied geht. Entsprechend wird hier der Begriff der Sozialregulierung auch nicht auf nicht-distributive Politikinhalte eingeengt.

Tatsächlich steht die EU vor einer besonderen empirischen Restriktion. Weil sie weder über signifikante nicht-zweckgebundene Einnahmen verfügt und sich zudem nicht verschulden darf, kann sie distributiv praktisch nicht aktiv werden. Dadurch sind bestimmte supranationale sozialpolitische Aktivitäten aus empirischen Gründen weitgehend ausgeschlossen (Obinger u.a. 2005: 565). Verbindliche, sanktionsbewährte Sozialstandards, wie sie gerade vorgeschlagen wurden, haben dieses Problem nicht.

Hier wird zudem der wenig gebräuchliche Begriff der *Sozialregulierungsfähigkeit* als normativer Erfolgsbegriff genutzt, wenn es darum geht, Aussagen über die substantielle Qualität sozialregulativer Politik in einer bestimmten Polity zu machen. Begrifflich kann auf entsprechende Anwendungen des Begriffs Problemlösungsfähigkeit verwiesen werden (Grande/Jachtenfuchs 2000), obwohl auch hier bisher keine klare und einheitliche Begriffsbestimmung vorliegt. Während jener Begriff allgemein Performanzstandards für politische Systeme zur Bearbeitung aller möglichen Probleme ausweist (und mehr oder weniger gut begründet), richtet sich Sozialregulierungsfähigkeit enger auf die Bearbeitung von Problemen und Konflikten, die im Zuge der Marktschaffung auftreten und die durch den Markt nicht gelöst beziehungsweise bearbeitet werden können. Es geht also um Markt begleitende und korrigierende Regulierung und deren substantielle Qualität.

Offensichtlich ist die Frage, was die institutionelle Performanz bei der Bearbeitung sozialregulativer Probleme und Konflikte ›gut‹ beziehungsweise erfolgreich macht, hochgradig umstritten. Objektiv variieren die Antworten mit den individuellen Positionen der Individuen (vor allem Arbeitgeber/Arbeitnehmer, reiches vs. armes EU-Mitgliedsland, Bildungsstand) und je nach politischer Präferenz beziehungsweise Ideologie unterstützen sie zudem unterschiedliche politische Grundausrichtungen.

Weil die Bewertung substantieller Qualität sozialregulativer Politik (auch) von konkreten subjektiven Präferenzen abhängt, kann sie in der Regel nicht unabhängig von demokratischen oder proto-demokratischen Meinungs- und Willensbildungsprozessen bestimmt werden. Wenn es nun aber so ist, dass substantielle Gütekriterien nicht ohne prozedurale Einhegung zu bestimmen sind, kann man dann nicht die Ergebnisse dieser prozeduralen Prozesse selbst zum alleinigen Maßstab machen? Das geht aus drei Gründen ebenfalls nicht: Zum ersten müsste es dann entsprechende anspruchsvolle Meinungs- und Willensbildungsprozesse auch tatsächlich geben beziehungsweise vorher gegeben haben. Das ist aber häufig schlicht nicht der Fall. Zum zweiten müssten zur Bewertung der Ergebnisse solcher Prozesse klare Maßstäbe zur Verfügung stehen. Aktuelle politische und rechtliche Auseinandersetzungen münden häufig nur in unklare Zwischenresultate, zu deren Bewertung kein eindeutiger Maßstab existiert. Und schließlich würde man drittens damit auch alle relevanten Fragen sozialregulativer Performanz auf solche in symbolischen Interaktionen gewonnenen ›Einsichten‹ reduzieren. Angemessener Verbraucher-, Umweltschutz usw. hängt aber auch von angemessenen (sprich: wahren) Antworten auf empirische Fragen (vor allem über Wirkungszusammenhänge) ab und diese (objektiven) Wahrheiten lassen sich bekanntlich nicht durch demokratischen Konsens verändern.[94] In den Grenzen des Nationalstaats können wir uns dieses Problems oft dadurch plausibel entledigen, indem wir die geronnenen dauerhaften Maßstäbe, die sich in Verfassungsbestimmungen ausdrücken, in Anschlag bringen. Die Ermittlung einer »Kluft zwischen erklärten Verfassungsnormen und einer abgründigen Verfassungswirklichkeit« (Habermas 1999: 64) kann dann auf normative Relevanz rechnen. Was aber, wenn wir es im Fall der EU schon mit abgründigen ›Verfassungsnormen‹ beziehungsweise sozialregulativen Zielen zu tun hätten? Jedenfalls scheinen die im Nationalstaat unstrittigen normativen Positionen hier nicht ohne weiteres und eindeutig anwendbar zu sein.

Bei ›alten‹ Themen, also solchen, die schon länger auf der sozialregulativen Agenda stehen, lässt sich Erfolg annäherungsweise als Veränderung gegenüber dem Status quo ante bestimmen:[95] ex negativo als Veränderungen der ökonomischen Rahmenbedingungen für sozialregulative Politik, die gemessen werden können etwa in Veränderungen staatlicher Einnahmen als Vorbedingungen distributiver Staatstätigkeit (Ganghof/Genschel 2008: 312), in Veränderungen im innereuropäischen Regimewettbewerbsdruck (Höpner/Schäfer 2008c: 28ff.) sowie in der Veränderungen des relativen Einflusses ökonomischer Akteure (Lindblom 1977: Kap. 13) und positiv in Veränderungen der sozialpolitischen und arbeitsrechtlichen Schutzniveaus.

Bei ›neuen‹ Themen lassen sich häufig anspruchsvollere und weniger anspruchsvolle sozialregulative Ziele unterscheiden und überprüfen, welche in der sozialregulativen Praxis realisiert werden. Und schließlich lässt sich die Frage ein Stück weit prozeduralisieren, indem etwa die Ergebnisse

---

94 Siehe hierzu Habermas‹ Plädoyer für einen schwachen Naturalismus, der sich gerade einer konstruktivistischen Einebnung der objektiven und subjektiven Welten verschließt (Habermas 1999: 36ff.)
95 Tatsächlich ist der Sozialstaat auch unabhängig von Globalisierungsphänomenen unter normativen Druck geraten. Auch Autoren, die unverdächtig sind, ein ›neo-liberales‹ Projekt zu verfolgen, haben argumentiert, dass bestimmte sozialpolitische Strategien und eine Maximierung staatlicher sozialer Leistungen unerwünschte Nebeneffekte zeitigen würde. Im Gesundheitsbereich dürften die Ansprüche in den vergangenen Dekaden eher gestiegen als gesunken sein. Nicht die Reichweite aber die Art der medizinischen Versorgung der 60-iger Jahre dürfte heute kaum mehr als Erfolgsmaßstab taugen.

in transnationalen Entscheidungsarenen mit den verschiedenen nationalen Verhandlungspositionen abgeglichen werden unter dem Gesichtspunkt, ob sich Ergebnisse jenseits der unter gegebenen institutionellen Rahmenbedingungen erwartbaren optimalen rationalen Ergebnisse einstellen oder ob gar nur der selbst in rationaler Perspektive suboptimale kleinste gemeinsame Nenner realisiert werden kann.

Sozialregulative Politikformulierungsdefizite in der europäischen Mehrebenenpolitik. Es gibt eine ausgeprägte europäische sozialregulative Politikformulierung in den Bereichen Gesundheitsschutz und Sicherheit am Arbeitsplatz, allgemeine Arbeitsbedingungen sowie zu Fragen sozialer Diskriminierung (im Arbeitsleben). Einen guten Überblick über die vertraglich fixierten europäisierten Zuständigkeiten und Entscheidungsregeln im Sozialpolitik-Feld bieten Falkner et al. (2005: 42). Eichener (2000), Vogel (2001) und andere haben gezeigt, dass die sozialregulative Performanz in diesen europäisierten Politikfeldern sehr unterschiedlich ausfällt, keinesfalls aber insgesamt als ›race to the bottom‹ gedeutet werden kann. Trotzdem finden wir auch in diesen drei sozialpolitischen Bereichen durchaus auch Minimalstandards die anspruchsvoller und verbindlicher sein sollten, um den von Sozialstandards ausgehenden Wettbewerbsdruck zu mildern. Ein gutes Beispiel ist das im April 2009 gescheiterte Vermittlungsverfahren zur Novellierung der Arbeitszeitrichtlinie aus dem Jahr 2003. In der Richtlinie sind bestimmte europäische Mindeststandards bezüglich der Arbeitszeit (wöchentliche Höchstarbeitszeiten, Mindestjahresurlaub usw.) verbindlich festgelegt sind, die aber zugleich den Mitgliedsländern die Möglichkeit beließ, zentrale Regelungen für ihren Geltungsbereich außer Kraft zu setzen (Opting-out). Einen Überblick über die Inhalte der Richtlinie und die nationalen Implementationsdefizite bieten Falkner et al. (2005: Kap. 6).

Eine Novellierung wurde vor allem deshalb nötig, weil der EuGH in verschiedenen Urteilen auf Lücken in der Richtlinie hingewiesen hat, die es zu schließen gilt. Sehr grob gesagt, hat sich nun das EP dafür eingesetzt den Sozialschutz in wichtigen Punkten über die bestehende Richtlinie hinaus auszuweiten (volle Einrechnung von Bereitschaftszeiten, mittelfristiges Ende von Opting-out) während der Rat noch hinter die Minimalstandards von 2003 beziehungsweise die Vorgaben des EuGH zurückschreiten wollte. Auf den ersten Blick ist es kaum irritierend, dass sich im Rat der EU-27 keine Mehrheit für anspruchsvollere Arbeitszeitstandards finden ließ. Aber dass sich Rat und EP nahezu *blockartig* gegenüberstanden, dass etwa die

Position des sozialdemokratischen deutschen Arbeitsministers (für Optingout) nicht mit der Vision eines europäisch anspruchsvoll regulierten Kapitalismus in Einklang stand und ebenfalls nicht mit der seiner eigenen Partei und der des DGB überrascht dann doch.[96] Es ist erklärungsbedürftig, dass sich die sozialdemokratischen Regierungsmitglieder (vor allem der reichen Länder) und die sozialdemokratischen EP-Mitglieder nicht einmal im Vermittlungsverfahren auf einen für alle tragfähigen Kompromiss einigen konnten, weil insbesondere die Gewerkschaftsseite in reichen EU-Ländern am meisten von einer anspruchsvolleren Regulierung profitiert hätten und zwar nicht nur in den Sparten, in denen Ausnahmeregelungen vereinbart wurden, sondern vor allem weil die Ausnahmeregelungen in anderen Mitgliedstaaten wirksam verhindert worden wären. Tatsächlich ist der Staat in Deutschland aber gerade im sozialen Bereich direkt oder indirekt auch Arbeitgeber, den vor allem eine vollständige Anrechnung von Bereitschaftszeiten als Arbeitszeiten durchaus finanzielle Lasten beschert hätte.

Auch das Abstimmungsverhalten der Europaparlamentarier im Vermittlungsverfahren spricht nicht für einen politisierten Konfliktaustrag entlang spezifischer ökonomischer Interessenlagen. Sie haben sich einmütig für die anspruchsvollere supranationale Lösung ausgesprochen. Wie man es auch dreht und wendet, eine rationale Interessenskoalition hat sich in dieser wichtigen europäischen sozialpolitischen Entscheidung nicht eingestellt.

Das eigentliche sozialregulative Defizit sieht Scharpf aber zu recht in Bereichen, die aufgrund fehlender oder unzulänglicher vertraglicher Vereinbarungen entweder gar nicht oder nur sehr unzureichend auf europäischer Ebene in verbindlicher Form geregelt werden sowie in bestimmten Auswirkungen der (negativen) europäischen Integration auf die nationalen sozialpolitischen Systeme. Im Hinblick auf aktuelle intergouvernementale Verhandlungen fällt die Erklärung dieser Defizite leicht – weil im Zuge der EU-Erweiterungsrunden und der damit verbundenen Heterogenisierung der nationalen sozio-ökonomischen Interessenlagen eine einstimmige Entscheidung im Europäischen Rat für einen ›regulierten Kapitalismus‹ nahezu aussichtslos erscheint. Das war genau einmal anders und zwar Ende der

---

96 Diese Position hat das Bundesarbeitsministerium schon in seiner Stellungnahmen im Rahmen der Arbeitsrechtskonsultation vertreten. In dieser Konsultation haben sich auch die SPD (S. 5) und der DGB (S. 6) beteiligt. Der DGB hat Opting-out in seiner Stellungnahme explizit abgelehnt, die SPD-Stellungnahme ist an dieser Stelle nicht explizit, legt eine solche Position aber zumindest nahe. Die Stellungnahmen finden sich unter URL http://ec.europa.eu/employment_social/labour_law/green_paper_responses_en.htm.

1990-er Jahre, als 13 der 15 Mitgliedsländer der EU sozialdemokratisch regiert und die sozialen Kosten der vertieften europäischen Integration bereits offensichtlich waren (Pollack 2000). Warum, so ist gefragt worden, wurde im Zuge der Beratungen zum Amsterdamer Vertrag nicht auch eine effektive europäische Bearbeitung des zunehmenden Drucks auf die sozialen Sicherungssysteme vereinbart? Pollack zeigt sehr deutlich, dass die Ursache dafür in der Uneinigkeit der linken Regierungen zu suchen ist. Wenn der Streit (zwischen den Protagonisten Jospin und Blair) vor allem einer um die angemessenen *Mittel* einer modernen sozialdemokratischen Politik gewesen wären, wie Pollack ausführt, dann ist völlig unklar, warum nicht zumindest verbindliche, anspruchsvolle und vor allem sanktionsbewährte *Ziele* vereinbart worden sind (etwa im Hinblick auf arbeitsmarktpolitische Ziele)? Selbst vor dem Hintergrund der strategischen Unterschiede zwischen ›New Labour‹ und der traditionellen Sozialdemokratie erscheinen die Ergebnisse von Amsterdam immer noch als ›irrational‹, solange nicht eine zweite politische Spaltungslinie (nationale vs. supranationale Politikgestaltung) als einflussreiche unabhängige Variable in der Politikformulierung des Rates berücksichtigt wird.

Ich werde hier nicht klären können, ob die europäische Linke vor 10 Jahren vor allem an den anti-integrationistischen Haltungen ihrer eigenen Regierungen gescheitert sind oder nicht. Trotzdem kann kaum bestritten werden, dass anti-integrationistische Motive vor allem in den nationalen Regierungen bei vielen wichtigen Sach- und Personalentscheidungen mitgewirkt haben müssen und die integrationsfreundlicheren Überzeugungen in den supranationalen Institutionen eine Re-Regulierung des Kapitalismus jedenfalls eher zu befördern helfen.

Heute und auf absehbare Zukunft steht eine anspruchsvolle sozialpolitische Option sowieso nicht mehr auf der europäischen Tagesordnung – jedenfalls nicht bei den aktuellen Abstimmungsregeln im Rat (mindestens doppelte Mehrheit) in einer EU-27. Eine Reform der Abstimmungsregeln im Rat wäre im Hinblick auf die durch europäische Integration erst entstandenen sozialregulativen Probleme und Konflikte normativ angezeigt. Wenn dem Rat in diesen Fragen bloß noch ein Vetorecht mit qualifizierter Mehrheit zukäme, würde dies aller Voraussicht nach, sowohl ein Demokratiedefizit abbauen als auch anspruchsvollere supranationale Sozialregulierung befördern.

Da eine solche Reform des Ratseinflusses aber kurz- und mittelfristig nicht auf der Tagesordnung stehen wird, macht es wenig Sinn, diese Überlegungen hier detailliert zu entwickeln. Stattdessen soll abschließend die Frage untersucht werden, ob die Veränderungen in der Einbindung zivilgesellschaftlicher Akteure anspruchsvollere europäische Sozialregulierung befördern könnte?

10.2 ›Bessere‹ Sozialregulierung durch assoziative Demokratisierung?

Es gibt für unsere Frage zwei wichtige Typen assoziativer Einbindung in die europäische Politikgestaltung. Die oben diskutierten Online-Konsultationen, aber auch der WSA werden als Teil des von der Kommission initialisierten Politikprozesses gehört, der in der Regel auf kollektiv verbindliche Entscheidungen hinausläuft, generiert in den Modi der Gemeinschaftsmethode. Gegenwärtig werden diese und andere Einbindungsinstrumente im Rahmen der Folgenabschätzungen der Kommission zusammengeführt. Allen darunter subsumierten Beteiligungsinstrumenten gemeinsam ist, dass sie bloß konsultativen Charakter haben. Daneben sind in den vegangenen Jahren verschiedene, sozialpartnerzentrierte Foren entstanden (Sozialer Dialog, OMK), die jenseits verbindlicher politischer Regelungen entweder auf freiwillige Vereinbarungen nicht-staatlicher Akteure mit unterschiedlichen Folgeverbindlichkeiten setzt (Sozialer Dialog) oder auf transparenten Austauschprozessen zwischen den relevanten nationalen sozialpolitischen Akteuren (OMK) zielen.

Falkner et al. (2005: Kap. 3) zeigen gegen die soft-law-Rhetorik deutlich die parallele Expansion von sozialpolitischen Entscheidungen, die in beiden Verfahrenstypen generiert wurden. Offensichtlich ist auch, dass die Kommission zwar zeitlich begrenzt auf politische Aktivitäten zugunsten des Sozialen Dialogs verzichtet (hat), mit der Konsultation zur Modernisierung des Arbeitsrechts aber viele relevante sozialpolitische Gegenstände wieder in den Modus der Gemeinschaftsmethode zurückgeholt hat.

Leiber, Schäfer und Streeck haben gezeigt, warum der Soziale Dialog in Europa, anders als neo-korporatistische Arrangements in den Nationalstaaten so erfolglos geblieben ist und auch bleiben wird (Leiber/Schäfer 2007; Schäfer/Streeck 2008): Erstens ist der Schatten einer möglichen hierarchischen Lösung geringer als im Nationalstaat, weil über die üblichen Entscheidungskanäle keine anspruchsvollen Regelungen zu erwarten sind (siehe auch oben), zweitens fehlt den europäischen Gewerkschaften praktisch vollständig ihre frühere Verhandlungsmacht, weil dafür wichtige Bereiche (vor allem Koalitions-, Streik- und Aussperrungsrecht) gar nicht europäisiert worden sind und schließlich haben die Arbeitgeber drittens praktisch keinen Bedarf an europäischen Regeln, die von der Kooperation der Gewerkschaften abhingen. Vor diesem Hintergrund können die Arbeitgeber praktisch nicht zu für sie kostenträchtigen Politikinhalten gezwungen werden, nicht einmal zu anspruchsvollen Kompromisslösungen.

Im Fall der OMK stellt sich das strukturelle Problem anders aber nicht besser da: Anders als im Sozialen Dialog gibt es in den Kernbereichen der OMK nicht einmal einen kurzen Schatten einer europäischen Hierarchie. Sie ist geradezu als Ersatz für supranationale Regulierungen erfunden worden. Es kann offen bleiben, ob mit diesem Instrument bestimmte regulative Verbesserungen (›learning by monitoring‹) im Bereich gemeinsamer Probleme zu erzielen sind (für entsprechende Hoffnungen, siehe etwa Mosher/Trubek 2003; Sabel/Zeitlin 2007; einen Diskussionsüberblick liefert Kröger 2009). Konflikte die primär aus objektiven Interessensgegensätzen rühren, werden sich so kaum wegdiskutieren lassen. Auch empirisch gibt es dafür keine Hinweise. (Daly 2008; Leiber/Schäfer 2007)

Es mag manchmal so erscheinen, dass die erweiterte oder vertiefte Einbindung zivilgesellschaftlicher Organisationen und die Einführung ›weicher‹ Governance-Modi weitgehend kongruente Phänomene darstellen. Das ist aber nicht so. Auch im Rahmen der über die Gemeinschaftsmethode bearbeiteten Politikinhalte hat es in der vergangenen Dekade deutliche Veränderungen in der Einbindung zivilgesellschaftlicher Organisationen gegeben. Die in Teil III untersuchten Online-Konsultationen sind eine wichtige Spielart dieser erweiterten zivilgesellschaftlichen Einbindung in die europäische ›Routinepolitik‹, die vor allem über die verpflichteten Folgenabschätzungen Eingang in die Policy-Beratungen der Kommission gewinnen (sollten) (siehe 8.2). Neben diesen policy-spezifischen Online-Konsultationen gibt es auch noch den WSA der als ständiges Forum zivilgesellschaftlicher Organisationen weitergehende Konsultationsrechte genießt. Während der WSA im Prinzip durchaus in der Lage ist, Gegenstände weitgehend unabhängig von der Kommission in den politischen Beratungsprozess einzuspeisen, ist er im Hinblick auf die hier fraglichen Gegenstände, die kontroversen Themen der marktbegleitenden Sozialregulierung aber weitgehend ungeeignet, weil sich die Sozialpartner auch im WSA kaum auf gemeinsame Positionen einigen können. Dagegen bieten die Online-Konsultationen zwar einen direkten Zugang für die Stellungnahmen der verschiedenen zivilgesellschaftlichen Organisationen, aber der gesamte Beratungsprozess ist viel zu sehr von einer allmächtigen Prozessgestaltung der Kommission dominiert: Sie bestimmt die Gegenstände und Fragen, legt den Konsultationsmodus und den Kreis der Beteiligten fest, entscheidet darüber welche Konsultationsprozesse (Stellungnahmen, Ergebnisbereichte etc.) transparent gemacht werden, sie wertet die Stellungnahmen selbst aus und macht anschließend allein Vorschläge zur politischen Gestaltung des Gegenstandes. Damit ist mit dem Instrument der Online-Konsultation sehr viel Gestaltungsspielraum der Kommission verbunden, der zumindest die Gefahr einer Instrumentalisierung birgt.

Es sind die komplementären Schwächen von WSA und Online-Konsultationen, die eine effektive assoziative Demokratisierung der Gemeinschaftsmethode verhindern: Während der WSA vor allem klare Positionen zu konsentierten Gegenständen liefern kann, werden im Zuge der Online-Konsultationen zwar klare Positionen zu kontroversen Gegenständen hervorgebracht, gerade dies eröffnet der Kommission aber erst eine gestalterische Tätigkeit wahrzunehmen, in deren Folge dann zumindest ein Teil der Zivilgesellschaft ihre Position ›unterstützt‹ – jedenfalls kann die Kommission es so darstellen.

Im Hinblick auf die Sozialregulierungsfähigkeit unterliegt der WSA nicht nur den gleichen Einigungsschwierigkeiten wie der Soziale Dialog. Er kann darüber hinaus aber nicht einmal theoretisch verbindliche Entscheidungen fällen. Dagegen können die pluralistischen Inklusionen über die Online-Konsultationen zumindest im Hinblick auf die Bearbeitung der ›alten‹ sozialregulativen Konflikte zwar die Positionen zuverlässig abbilden, aber sie geben keine klare Richtung für die Politikgestaltung vor. Entsprechend kann von ihnen auch kein direkter Impuls für die effektivere Bearbeitung der tiefen sozialregulativen Konflikte in Europa ausgehen.

Anhang

I: Fragebogen Fallstudie am Beispiel der Konsultation zur Modernisierung des Arbeitsrechts

1. *Allgemeines*

Name der Organisation (und fortl. Nr.): _____

Bearbeitet von: _____

Dauer der Bearbeitung: _____

2.1 Thema/Issue

	Ja	Nein
Behandelt eine Stellungnahme Flexicurity allgemein? Taucht der Begriff auf?		

Wenn ›Nein‹, dann wird der Beitrag sofort beiseite gelegt!

Behandelt eine Stellungnahme Unterthemen von Flexicurity?	Ja	Nein
Flexibilisierung der Arbeitsverträge (neue Arbeitsvertragsformen, kürzere Kündigungsfristen) und/oder geringe Kosten und einfache Verfahren bei Entlassungen (1)		
Europaweiter Sozialschutz und/oder Beschäftigungssicherheit für bereits Beschäftigte (2)		
Integration von ›Outsidern‹ in den Arbeitsmarkt (3)		

2.2 Positionierung

Wie werden die verschiedenen Themen/ Unterthemen in der Stellungnahme bewertet?	Positiv	Sowohl als auch	Negativ	Gar nicht
Flexicurity allgemein				
Flexibilisierung der Arbeitsverträge (neue Arbeitsvertragsformen, kürzere Kündigungsfristen) Geringe Kosten und einfache Verfahren bei Entlassungen (1)				
Europaweiter Sozialschutz Beschäftigungssicherheit für bereits Beschäftigte (2)				
Integration von ›Outsidern‹ in den Arbeitsmarkt (3)				

2.3 Vorschläge

	Ja	Nein
Werden im Konsultationsbeitrag konkrete eigene Vorschläge in Bezug auf Flexicurity oder eines der Unterthemen eingebracht?		

Jeder Vorschlag, der sich auf Flexicurity allgemein oder eines der Unterthemen bezieht, soll im Wortlaut (mit Verweis auf die Stellungnahme (Nr. genügt) aus der er stammt, in einer gesonderten Datei erfasst werden.).

3.1 Diskursive und nicht-diskursive Konsultationsaussagen

Diskursive Aussagen...

mit...	Anzahl	Qualität: Wie ist das argumentative Backing der diskursiven Aussagen?		Überzeugungskraft: Wie ist die ›Primafacie‹-Überzeugungskraft der Aussagen einzuschätzen? (Gewichtung)		
		Weitgehend explizit	Weitgehend implizit	Eher Hoch	Eher Mittel	Eher Gering
normativer Argumentation						
pragmatischer Argumentation oder empirischer Argumentation						
juristischer Argumentation						

Nicht-diskursive Aussagen

	Anzahl
Mitteilungen von Assoziationspositionen (ohne Begründung)	
Aussagen mit subjektiv zentrierten Begründungen	
Bargaining /Drohungen	
Aussagen, die nicht klar zuzuordnen sind	

Komplexe Argumentationen

	Ja	Nein
Finden komplexe Argumentationen statt, in denen Gesichtspunkte (1) gegenüber (2) und/oder (3) bei der Positionierung abgewogen werden?		

Anhang

Bezugsgruppe der Argumentation (Beiträge)

	Internat.	EU	Nat.-staat	Subnat.	lokal	unklar
Wessen Ansprüche, Perspektiven, Positionen werden in einem Beitrag vornehmlich vorgetragen/unterstützt (Ebene)?						

	Mitglieder	Keine soz. Gruppe / Universell	Unklar
Wessen Positionen werden in einem Beitrag vornehmlich unterstützt (Bezugsgruppe)?			

Rechtfertigungstyp, -niveau (Beiträge)

	Ja	Nein
Werden in einer Stellungnahme vornehmlich die gesellschaftlichen Konflikte um Flexicurity thematisiert?		

	Eigeninteresse der ZGO beziehungsweise ihrer Mitglieder	Gesamtnutzen	Gerechtigkeit	Unklar
Welches Rechtfertigungsniveau erreicht ein Beitrag (vornehmlich)?				

3.2 Bezugnahme

	Ja							Nein
Wird in einer Stellungnahme auf Positionen/Begründungen anderer Akteure Bezug genommen?	Wenn ja, Zur Kommission?				Zu anderen Positionen / Akteuren?			
	Wenn ja,				Wenn ja,			
	positiv	Negativ	unklar		Positiv	Negativ	unklar	

3.3 Zivilität

	Ja	Nein
Werden andere Positionen niedergemacht oder Akteure als unvernünftige aus dem Diskurs ausgeschlossen?		

4. ›Meta‹-Diskurse
4.1 Framing

	Ja			Nein
Wird das Flexicurity-Framing der Kommission als ›gemeinsame Problemdeutung‹ thematisiert?	Wenn ja, wie wird es bewertet?			
	Positiv	Negativ	Sowohl-als-auch	

4.2 Thematisierung des Verfahrens
Konsultationsverfahren

		Ja		Nein
Wird das konkrete Verfahren von den ZGO-Teilnehmern bewertet (Breite der Einbindung, Gegenstand etc.)?				
Wenn ja, wie wird das konkrete Verfahren von den ZGO-Teilnehmern bewertet?	Positiv	Sowohl-als-auch		Negativ

Gesamtprozess zum Thema (Einbettung)

		Ja		Nein
Wird auf die Teilnahme an thematisch ähnlich gelagerten Konsultationsprozessen der Kommission Bezug genommen?		Ja		Nein
Wird die Einbettung in den Gesamtprozess (zeitlich, sachlich) bewertet?		Ja		Nein
Wie wird die Einbettung in den Gesamtprozess zum Thema bewertet (zeitlich, sachlich)?	Positiv	Sowohl-als-auch		Negativ

II: Vorschläge zivilgesellschaftlicher Organisationen in der Konsultation zur Modernisierung des Arbeitsrechts und die Rezeption durch die Kommission – ein Überblick

In Abschnitt 3.4 wurden Aussagen über die Leistungen der Kommission in der Behandlung von Vorschlägen aus dem Kreis zivilgesellschaftlicher Organisationen gemacht. Die folgende Tabelle ist zum einen deutlich präziser als die dort entwickelte Grobabschätzung, weil die einzelnen Kriterien für Rezeption, Responsivität und symbolische Rechenschaft hier genauer differenziert sind, als dies im Rahmen der allgemeinen Präsentation sinnvoll wäre. Die Stufen 0–4 klären über die Qualität der Rezeption auf, die Ausprägungen von Stufe 5 gegebenenfalls über die Qualität der Responsivität und der Stufen 6 über die im Hinblick auf symbolische Rechenschaft:

Stufe 0: kein Vorschlag/ keine Wertung
Stufe 1: Ein allgemeines Issue wird knapp als Gegenstand einer Stellungnahme durch die Kommission genannt
Stufe 2: Ein allgemeines Issue wird ausführlich rezipiert, so dass allein aus dem Auswertungsbericht der Sinn eines Vorschlags erkenntlich wird
Stufe 3: Ein spezifisches Issue wird knapp als Gegenstand einer Stellungnahme durch die Kommission genannt
Stufe 4: Ein spezifisches Issue wird ausführlich rezipiert, so dass allein aus dem Auswertungsbericht der Sinn eines Vorschlags erkenntlich wird
Stufe 5a: *Responsivität.* Im Auswertungsbericht wird Zustimmung zu einem Vorschlag durch die Kommission signalisiert (ohne Angabe von Gründen)
Stufe 5b: *Ablehnung.* Im Auswertungsbericht wird Ablehnung eines Vorschlags durch die Kommission signalisiert (ohne Angabe von Gründen)
Stufe 5c: Konkurrierende Vorschläge von ZGOs. Im Auswertungsbericht wird Ablehnung oder Zustimmung gegenüber eine/beide Seiten(n) signalisiert.
Stufe 5d: Kommission nimmt noch keinen abschließenden Standpunkt ein

Stufe 6: *Symbolische Rechenschaft.* Im Auswertungsbericht wird mit Gründen auf die eingegangenen Vorschläge geantwortet (egal ob zustimmend oder ablehnend).

Außerdem hat die Tabelle eine wichtige Transparenzfunktion. Die Leserin kann mithilfe dieser Tabelle die verschiedenen Vorschläge, ihre assoziativen Autoren, die Fundorte der Vorschläge in den Stellungnahmen und in den Auswertungsdokumenten der Kommission einfach nachvollziehen.

Die wichtigsten Ergebnisse im Überblick: Von den 42 in der Tabelle aufgelisteten Vorschläge zivilgeselslchaftlicher Organisationen wurden insgesamt 24 von der Kommission rezipiert, davon 18 in der anspruchsvollsten Stufe 4, 5 im Sinne der Stufe 3 und einer wurde nur sehr allgemein (Stufe 1) aufgenommen. Im Hinblick auf keinen der 24 beziehungsweise 42 Vorschläge versucht die Kommission symbolische Rechenschaft (im Sinne der Stufe 6) für ihren Umgang mit den Vorschlägen zu geben. Bei 3 der 24 rezipierten Vorschläge signalisiert sie zumindest unbegründete Zustimmung (5a).

Tabelle A1: *Vorschläge zivilgesellschaftlicher Organisationen in der Konsultation zur Modernisierung des Arbeitsrechts und die Rezeption durch die Kommission*

	Akteur (Nr.)	Vorschlag allgemein	Wertung allgemein	Gegenstand des Vorschlags	Rezeption*	Wertung**
1	Bundesarbeitskammer Österreich (24), S. 8, 18; ETUC (103), S. 5c; IG Metall (125), S. 6-7, 15; Irish Congress of Trade Unions (133), S.11; Martin-Luther Universität Halle (201), S. 4	Leiharbeit		*Leiharbeit*: Nichtdiskriminierung und besserer Schutz von Leiharbeitern	4 (COM9)	0
2	IG Metall (125), S. 7; ETUC (103), S. 5			*Leiharbeit*: Festlegung eines europäischen Mindeststandards	4 (SEC27)	0
3	Bundesarbeitskammer Österreich (24), S. 17; ETUC (103), S. 6a; IG Metall (125), S. 15			*Leiharbeit* umfassendere Haftung von Verleiher und Entleiher	4 (SEC27, 41, 42; COM9)	5a (SEC12)
4	Bundesarbeitskammer Österreich (24), S. 17f	Nachweisrichtlinie		*Nachweisrichtlinie*: wirksame Informationspflicht des Arbeitgebers in Bezug auf die Arbeitsbedingungen	4 (SEC17,22)	0

* Gestützt auf: Kommission der europäischen Gemeinschaften: Mitteilung der Kommission an den Rat, das europäische Parlament, den europäischen Wirtschafts- und Sozialausschuss und den Ausschuss der Regionen: Ergebnis der öffentlichen Anhörung zum Grünbuch der Kommission »Ein moderneres Arbeitsrecht für die Herausforderungen des 21. Jahrhunderts«, COM (2007) 627, accessed at, http://ec.europa.eu/employment_social/labour_law/docs/2007/follow_up_com _627_de.pdf [January 13, 2009] (*im Folgenden COM*) und SEC (2007) 1373/2 (*im Folgenden SEC*).
** Aus COM »Die nächsten Schritte«, S. 10-12.

Tabelle A1: Fortsetzung

	Akteur (Nr.)	Vorschlag allgemein	Wertung allgemein	Gegenstand des Vorschlags	Rezeption*	Wer- tung**
5	Bundesarbeitskammer Österreich (24), S. 8, 17; Irish Congress of Trade Unions (133), S.11	Entsenderichtlinie		Entsenderichtlinie: effektivere Kontrollen	0	0
6	ETUC (103), S. 3	Kündigungsschutz		(Keine) Lockerung des Kündigungsschutzes	4 (SEC8, 23; COM7)	0
7	Bundesarbeitskammer Österreich (24), S. 8; Diakonie Schleswig-Holstein (70), S. 10; Martin- Luther Universität Halle (201), S. 6	Sicherheit und Gesundheit		Modernisierung der Gesetzgebung im Arbeitnehmerschutz hinsichtlich Sicherheit und Gesundheit	3 (SEC12)	0
8	IG Metall (125), S. 7	Betriebsratsrichtlinie		Betriebsratsrichtlinie: Stärkung des Europäischen Betriebsrates (EBR) durch Einrichtung eines Wirtschaftsausschusses als Organ des EBR	0	0
9	IG Metall (125), S. 7			Betriebsratsrichtlinie: Ausdehnung des Geltungsbereichs und wirksamere Sanktionsmechanismen	0	0
10	Bundesarbeitskammer Österreich (24), S.8			Betriebsratsrichtlinie: Verbesserung der Mindeststandards	0	0
11	IG Metall (125), S. 7 Glamorgan(University/PEEL) (208), S. 2			Betriebsratsrichtlinie: Verbesserung der Beteiligungsrechte	0	0

Tabelle A1: Fortsetzung

	Akteur (Nr.)	Vorschlag allgemein	Wertung allgemein	Gegenstand des Vorschlags	Rezeption*	Wertung**
12	IG Metall (125), S. 7			Betriebsratsrichtlinie: verbindliches Beteiligungsrecht der Gewerkschaften sowie von Experten an Verhandlungen sowie ein Kündigungsrecht und Nachverhandlungsmandat von EBR-Vereinbarungen	0	0
13	ETUC (103), S. 6b; IG Metall (125), S. 16; Martin- Luther Universität Halle/ Wittenberge/ Prof. Dr. W. Kothe (201), S. 5	Arbeitszeit		Arbeitszeit: Standards für maximale Arbeitsstunden und minimale Ruhestunden	4 (SEC27)	0
14	Bundesarbeitskammer Österreich (24), S. 19			Arbeitszeit: Abschaffung beziehungsweise sozialpolitisch verträgliche Einschränkung von Verträgen auf Aufruf oder Null-Stunden-Verträgen	0	0
15	Martin- Luther Universität Halle (201), S. 5			Arbeitszeit: Mindestankündigungsfrist für die Änderung von Arbeitszeiten und Strukturierung deren Bandbreiten	4 (SEC23)	0
16	Gesamtmetall (8), S. 6; Handelsverband (27), S. 10; CECOP (34), S. 13; CONFCOMMERCIO (40), S. 10; CEEMET (57), S. 2, S. 10; EEF (74), S. 13			Arbeitszeit: Ausweitung der Ausgleichszeiten (Bezugszeiten) von 12 anstatt bisher 4 Monaten	0	0
17	CEMENT (57), S. 10			Arbeitszeit: Erholungszeit sollte für einen 14-tägigen und nicht wie bisher für einen wöchentlichen Zeitraum geregelt werden	0	0

Tabelle A1: Fortsetzung

	Akteur (Nr.)	Vorschlag allgemein	Wertung allgemein	Gegenstand des Vorschlags	Rezeption*	Wertung**
18	CEMENT (57), S. 2, 12; EEF (74), S. 13, ETUC (103), S. 28; IG Metall (125), S. 16			*Arbeitszeit*: Wertung aller Arten von Bereitschaftsdienst als Arbeitszeit? (Beseitigung der Unsicherheiten bezüglich Arbeitszeiten, die durch SIMAP/Jäger Fall entstanden sind)	4 (SEC42-43; COM10)	0
19	Martin-Luther Universität Halle (201), S. 6			*Arbeitszeit/Rente*: Recht auf altersbedingte Teilzeitarbeit mit Möglichkeit der Teilrente oder anderen Unterstützungsmaßnahmen	0	0
20	Bundesarbeitskammer Österreich (24), S. 8; Martin-Luther Universität Halle (201), S. 6; S. 19; CONFCOOPERATIVE (207), S. 6			*Arbeitszeit*: Flexible Arbeitszeiten für Eltern	1 (Bessere Vereinbarkeit von Beruf und Familie SEC27, 43)	0
21	Gesamtmetall (8), S. 6; Handelsverband (27), S. 10; CEMENT (57), S. 2 und 10; EEF (74), S. 13; ETUC (103), S. 6b; IG Metall (125), S. 16; Martin-Luther Universität Halle (201), S. 5			Opt-out Bestimmungen	4 (SEC27, 42, 43; COM10)	0
22	Bundesarbeitskammer Österreich (24), S. 8	Massenentlassungsrichtlinie		*Massenentlassungsrichtlinie*: soziale Ausgleichsmaßnahmen im Sinne eines Sozialplanes	0	0
23	IG Metall (125), S. 16	Lohnfortzahlung bei Entlassung		Lohnfortzahlung bei Entlassung	0	0

ANHANG 243

Tabelle A1: Fortsetzung

	Akteur (Nr.)	Vorschlag allgemein	Wertung allgemein	Gegenstand des Vorschlags	Rezeption*	Wertung**
24	avedisco (1), S. 6; FEDSA (110), S. 6	selbständige Handelsvertreter		Klarstellung, dass Richtlinie über selbständige Handelsvertreter nicht Teil des Arbeitsrechtes und von *flexicurity* ist	0	0
25	Diakonie Schleswig-Holstein (70), S. 10; ETUC (103), S. 1	verbesserte Dialogform (Methode)		strukturierte Dialogform über *flexicurity* (effektive und effiziente Beteiligung der unterschiedlichen Akteure/sozialen Partner)	4 (SEC5; COM4)	0
26	CONFCOMMERCIO (40), S. 7	Bürokratie		Abbau der bürokratischen und rechtlichen Hindernisse für die Gründung und Verwaltung von Unternehmen	+ (SEC21, 22, 23)	0
27	Deutscher Führungskräfte Verbund (63), S. 10	Freistellung und Rückkehrklausel		Prüfung der Einführung zweckgebundener Freistellungsansprüche mit Rückkehrklausel und Überforderungsschutz zugunsten der Unternehmen	0	0
28	Bundesarbeitskammer Österreich (24), S. 8	Mobilität		Verbot beziehungsweise Einschränkung von mobilitätshemmenden Vertragsklauseln	+ (SEC31,32; COM7)	0
29	Bundesarbeitskammer Österreich (24), S. 8	Elternschaft		*Elternurlaub*: Ausdehnung des Zeitraumes von drei Monaten	0	0
30	CONFCOOPERATIVE (207), S. 6; Martin-Luther Universität Halle (201), S. 6			Integrationsprogramme nach dem *Mutter- und Vaterschaftsurlaub*		
31	ETUC (103), S. 5a	Vereinigung und Tarifverhandlungen		Recht auf Vereinigung und kollektives Verhandeln	+ (SEC11, 12, 16, 27)	0

Tabelle A1: *Fortsetzung*

	Akteur (Nr.)	Vorschlag allgemein	Wertung allgemein	Gegenstand des Vorschlags	Rezeption*	Wertung**
32	ETUC (103), S. 4, 5a	Grundrechte	1 (SEC9)	Definition der sozialen Grundrechte unabhängig von der Rechtsform der Arbeitsbeziehung, Status oder Nationalität (gemäß der Europäischen Sozialcharta, Charta der Grundrechte der EU) (zum Schutz neuer abhängiger Arbeiter)	3 (COM4; Rechte unabhängig vom Beschäftigungsstatus SEC27, der Vertragsform SEC36 und der Nationalität SEC45)	0
33	Bundesarbeitskammer Österreich (24), S. 8; ETUC 103, S. 6d	Arbeitnehmerbegriff		Schaffung eines EU-weiten Arbeitnehmerbegriffs (im Gegensatz zu Selbstständigkeit)	4 (SEC27, 36, 37, 39; COM9)	0
34	Diakonie Schleswig-Holstein (70), S. 10; ETUC (103), S. 5b	Mindeststandards	1 (SEC6, 27)	EU-weite soziale Mindeststandards (zum Beispiel Arbeitsentgelt, Arbeitsbedingungen, Schutz der Familie, Rente)	3 (SEC 11, 16, 38, 39)	0
35	IG Metall (125), S. 15; Martin-Luther Universität Halle (201), S. 4	Unbefristete (Vollzeit)-Verträge		Verbesserte Übernahme in *unbefristete* Beschäftigung	4 (SEC23, 32; COM7)	0
36	ETUC (103), S. 2; Irish Congress of Trade Unions (133), S.11; Martin- Luther Universität Halle (201), S. 4			Begünstigung von unbefristeten Vollzeitverträgen	4 (SEC29; COM4-5)	0

Tabelle A1: Fortsetzung

	Akteur (Nr.)	Vorschlag allgemein	Wertung allgemein	Gegenstand des Vorschlags	Rezeption*	Wertung**
37	CONFCOMMERCIO (40), S. 7; Deutscher Führungskräfte Verbund (63), S. 9, 10; Diakonie Schleswig-Holstein (70), S. 10; ETUC (103), S. 3; Martin-Luther Universität Halle (201), S. 6	Förderung von lebenslangem Lernen		*Förderung von lebenslangem Lernen:* Ausbildung, Betreuung bei der beruflichen Orientierung und Um- und Weiterbildung	3 (SEC12, 31, 33; COM3, 7-8)	5a (SEC 11)
38	Bundesarbeitskammer Österreich (24), S. 8	Evaluierung bisheriger Richtlinien		Systematische Überprüfung der ordnungsgemäßen Umsetzung bestehender Richtlinien	3 (SEC22)	0
39	Diakonie Schleswig-Holstein (70), S. 10	Gender		Überprüfung des Grünbuchs unter dem *gender* Aspekts	0	0
40	Mouvement des Entreprises de France (MEDEF) (151), S.3	KMU		Erleichterungen für *KMU*	0	0
41	ETUC (103), S. 6e	Schwarzarbeit		Bessere Bekämpfung von nicht angemeldeter Erwerbstätigkeit durch eine stärkere Rolle der EU (zum Beispiel durch Errichtung eines europ. Socio-Pol)	4 (SEC45)	5a (SEC 11)
42	ETUC (103), S. 6f	Gastarbeiter		Vermeidung der Ausbeutung von (nicht dokumentierten) Gastarbeitern	4 (SEC27)	

Literatur

Abromeit, Heidrun (1998), »Ein Vorschlag zur Demokratisierung des europäischen Entscheidungssystems«, *Politische Vierteljahresschrift*, Jg. 38, H. 1, S. 80–90.
— (1999), »Volkssouveränität in komplexen Gesellschaften«, in: Brunkhorst, Hauke/Niesen, Peter (Hg.), *Das Recht der Republik*, Frankfurt a. M., S. 17–36.
— (2002), *Wozu braucht man Demokratie? Die postnationale Herausforderung der Demokratietheorie*, Opladen.
— (2004), »Die Messbarkeit von Demokratie: Zur Relevanz des Kontexts«, *Politische Vierteljahresschrift*, Jg. 45 (1), H., S. 73–93.
Abromeit, Heidrun/Stoiber, Michael (2006), *Demokratien im Vergleich. Einführung in die vergleichende Analyse politischer Systeme*, Wiesbaden.
Ackerman, Bruce (1991), *We the People. 1. Foundations*, Cambridge, MA.
Alter, Karen J./Vargas, Jeannette (2000), »Explaining Variation in the Use of European Litigation Strategies. European Community Law and British Gender Equality Policy«, *Comparative Political Studies*, Jg. 33, H. 4, S. 452–482.
Altides, Christina/Kohler-Koch, Beate (2009), *Multi-level accountability via civil society associations?*, Paper presented at the Conference »Bringing Civil Society In: The European Union and the rise of representative democracy". European University Institute, Florence 13–14 March.
Andersen, Svein S./Burns, Tom R. (1996), »The European Union and the Erosion of Parliamentary Democracy. A Study of Post-Parliamentary Governance«, in: Andersen, Svein S./Eliassen, Kjell A. (Hg.), *The European Union. How Democratic Is It?*, London, S. 227–251.
Andeweg, Rudy B. (2007), »A Comment on Auel, Benz, and Maurer«, in: Kohler-Koch, Beate/Rittberger, Berthold (Hg.), *Debating the Democratic Legitimacy of the European Union*, Lanham, S. 102–109.
Archibugi, Daniele (1998), »Principles of Cosmopolitan Democracy«, in: Archibugi, Daniele/Held, David/Köhler, Martin (Hg.), *Re-imagining Political Community. Studies in Cosmopolitan Democracy*, Cambridge; Oxford, S. 198–226.
— (2004), »Cosmopolitan Democracy and Its Critics: A Review«, *European Journal of International Relations*, Jg. 10, H. 3, S. 437–473.
Archibugi, Daniele/Held, David/Köhler, Martin (1998), *Re-imagining Political Community. Studies in Cosmopolitan Democracy*, Cambridge, Oxford.

Auel, Katrin/Benz, Arthur (2007), »Expanding National Parliamentary Control: Does it Enhance European Democracy?«, in: Kohler-Koch, Beate/Rittberger, Berthold (Hg.), *Debating the Democratic Legitimacy of the European Union*, Lanham, S. 57–74.

Bächtiger, André/Niemeyer, Simon/Neblo, Michael/Steenbergen, Marco R./Steiner, Jürg (2009), »Disentangling Diversity in Deliberative Democracy: Competing Theories, Their Blind Spots and Complementarities«, *Journal of Political Philosophy*, forthcoming.

Barber, Benjamin (1994), *Starke Demokratie. Über die Teilhabe am Politischen*, Hamburg.

Barry, Brian (2001), *Culture and Equality. An Egalitarian Critique of Multiculturalism*, Cambridge.

Barry, Brian/Rae, Douglas W. (1975), »Political Evaluation«, in: Greenstein, Fred I./Polsby, Nelson W. (Hg.), *Political Science: Scope and Theory. Handbook of Political Science. Volume 1*, Reading, MA, S. 337–401.

Bartolini, Stefano (2005), *Restructuring Europe. Centre Formation, System Building and Political Structuring Between the Nation-State and the European Union*, Oxford.

Beitz, Charles (2000), »Rawls's Law of Peoples«, *Ethics*, Jg. 110, H. 4, S. 669–696.

Bellamy, Richard (2006a), »Between Past and Future: The Democratic Limits of EU Citizenship«, in: Bellamy, Richard/Castiglione, Dario/Shaw, Jo (Hg.), *Making European Citizens. Civil Inclusion in a Transnational Context*, New York, S. 238–265.

— (2006b) (Hg.), *Constitutionalism and Democracy*, Aldershot.

Benz, Arthur (1998), »Ansatzpunkte für ein europafähiges Demokratiekonzept«, in: Kohler-Koch, Beate (Hg.), *Regieren in entgrenzten Räumen*, Opladen, S. 345–368.

Bergström, Carl Fredrik (2005), *Comitology : Delegation of Powers in the European Union and the Committee System*, Oxford.

Bessette, Joseph M. (1994), *The Mild Voice of Reason. Deliberative Democracy & American National Government*, Chicago.

Beyers, Jan (2004), »Voice and Access – Political Practices of European Interest Groups«, *European Union Politics*, Jg. 5, H. 2, S. 211–240.

Beyers, Jan/Eising, Rainer/Maloney, William (2008), »Researching Interest Group Politics in Europe and Elsewhere: Much We Study, Little We Know?«, *West European Politics*, Jg. 31, H. 6, S. 1103–1128.

Bignami, Francesca (2003), *Three Generations of Participation Rights in European Administrative Proceedings*.

Bohman, James (2007), *Democracy across Borders. From Demos to Demoi*, Cambridge, MA; London.

Bollen, Kenneth A. (1993), »Liberal Democracy: Validity and Method Factors in Cross-National Measures«, *American Journal of Political Science*, Jg. 37, H. 4, S. 1207–1230.

Bozzini, Emanuela (2009), *Democracy, Participation and Consultation. Paper Presented at the Conference »Bringing Civil Society« in: The European Union and the Rise of Representative Democracy, March 13–14. European University Institute*, Florenz.

Bradley, Kieran (2008), »Halfway House: The 2006 Comitology Reforms and the European Parliament«, *West European Politics*, Jg. 31, H. 4, S. 837–854.

Buchanan, Allen (2000), »Rawls´s Law of Peoples: Rules for a Vanished Westphalian World«, *Ethics*, Jg. 110, H. 4, S. 697–721.

Bühlmann, Marc/Merkel, Wolfgang/Müller, Lisa/Weßels, Bernhard (2008), »Wie lässt sich Demokratie am besten messen? Zum Forumsbeitrag von Thomas Müller und Susanne Pickel«, *Politische Vierteljahresschrift*, Jg. 49, H. 1, S. 114–122.

Christiano, Thomas (1996a), »Deliberative Equality and Democratic Order«, in: Shapiro, Ian/Hardin, Russell (Hg.), *Political Order: NOMOS XXXVII*, New York; London, S. 251–287.

— (1996b), *The Rule of the Many*, Boulder; CO.

Christiansen, Thomas (2002), »The Role of Supranational Actors in EU Treaty Reform«, *Journal of European Public Policy*, Jg. 9, H. 1, S. 33–53.

Cini, Michele (2008), »European Commission reform and the origins of the European Transparency Initiative«, *Journal of European Public Policy*, Jg. 15, H. 5, S. 743–760.

Coen, David (2007), »Empirical and Theoretical Studies in EU Lobbying«, *Journal of European Public Policy*, Jg. 14, H. 3.

Cohen, Joshua/Rogers, Joel (1995a) (Hg.), *Associations and Democracy*, London, New York.

— (1995b), »Secondary Associations and Democratc Goverance«, in: Wright, Erik Olin (Hg.), *Associations and Democracy*, London; New York, S. 7–98.

Collier, David/Hidalgo, Fernando Daniel/Maciuceanu, Andra Olivia (2006), »Essentially Contested Concepts: Debates and Applications«, *Journal of Political Ideologies*, Jg. 11, H. 3, S. 211–246.

Coppedge, Michael/Alvarez, Angel/Maldonato, Claudia (2008), »Two Persistent Dimensions of Democracy: Contestation and Inclusiveness«, *Journal of Politics*, Jg. 70, H. 3, S. 632–647.

Dahl, Robert A. (1971), *Polyarchy. Participation and Opposition*, New Haven; London.

— (1989), *Democracy and its Critics*, New Haven; London.

— (1999), »Can International Organisations be Democratic?«, in: Shapiro, Ian/Hacker-Cordon, Casiano (Hg.), *Democracy's Edges*, Cambridge.

Daly, Mary (2008), »Whither EU Social Policy? An Account and Assessment of Developments in the Lisbon Social Inclusion Process«, *Journal of Social Policy*, Jg. 37, H. 1, S. 1–19.

De Schutter, Olivier (2002), »Europe in the Search of its Civil Society«, *European Law Journal*, Jg. 8, H. 2, S. 198–217.

Decker, Frank (2000), »Demokratie und Demokratisierung jenseits des Nationalstaates: Das Beispiel der EU«, *Zeitschrift für Politikwissenschaft*, Jg. 10, H. 2, S. 585–629.

Döbert, Rainer (1996a), »§ 218 vor dem Bundesverfassungsgericht. Verfahrenstheoretische Überlegungen zur sozialen Integration«, in: van den Daele, Wolfgang/Neidhardt, Friedhelm (Hg.), *Kommunikation und Entscheidung. Politische Funktionen öffentlicher Meinungsbildung und diskursiver Verfahren*, Berlin, S. 327–367.

— (1996b), »Verhandeln – Entscheiden – Argumentieren in welchem Kontext? Einige Notizen zu T. Saretzkis ›Verhandelten Diskursen‹«, in: Prittwitz, Volker von (Hg.), *Verhandeln und Argumentieren. Dialog, Interessen und Macht in der Umweltpolitik*, Opladen, S. 169–181.

Dür, Andreas (2008), »Interest Groups in the European Union: How Powerful Are They?«, *West European Politics*, Jg. 31, H. 6, S. 1212–1230.

Dworkin, Ronald (1984), *Bürgerrechte ernstgenommen*, Frankfurt a. M.

Earnshaw, David/Judge, David (2006), »No Simple Dichotomies: Lobbyists and the European Parliament«, *Journal of Legislative Studies*, Jg. 8, H. 4, S. 61–79.

Eichener, Volker (2000), *Das Entscheidungssystem der Europäischen Union. Institutionelle Analyse und demokratietheoretische Bewertung*, Opladen.

Eising, Rainer (2001), »Assoziative Demokratie in der Europäischen Union?«, in: Zimmer, Annette/Weßels, Bernhard (Hg.), *Verbände und Demokratie in Deutschland*, Opladen, S. 293–329.

— (2007), »Instiutional Context, Organizational Resources and Strategic Choices. Explaining Interest Group Access in the European Union«, *European Union Politics*, Jg. 8, H. 3, S. 329–362.

Eising, Rainer/Kohler-Koch, Beate (2005) (Hg.), *Interessenpolitik in Europa*, Baden-Baden.

Elster, Jon (1994), »Argumenter et négocier dans deux Assemblées Constituantes«, *Revue Francaise de Science Politique*, Jg. 44, H. 2, S. 187–256.

Eriksen, Erik Oddvar (2000), »The European Union's Democratic Deficit: A Deliberative Perspective«, in: Saward, Michael (Hg.), *Democratic Innovation. Deliberation, Representation and Association*, London, S. 53–65.

— (2005) (Hg.), *Making the European Polity. Reflexive Integration in the EU*, London; New York.

— (2006), *Deliberation and the Problem of Democratic Legitimacy in the EU*. ARENA Working Paper 08/2006, Oslo

Eriksen, Erik Oddvar/Fossum, John Erik (2000) (Hg.), *Democracy in the European Union. Integration through Deliberation?*, London; New York.

Falkner, Gerda (2000), »EG-Sozialpolitik nach Verflechtungsfalle und Entscheidungslücke: Bewertungsmaßstäbe und Entwicklungstrends«, *Politische Vierteljahresschrift*, Jg. 41, H. 2, S. 279–301.

— (2002), »EU treaty reform as a three-level process«, *Journal of European Public Policy*, Jg. 9, H. 1, S. 1–11.

Falkner, Gerda/Treib, Oliver/Hartlapp, Miriam/Leiber, Simone (2005), *Complying with Europe. EU Harmonisation and Soft Law in the Member States*, Cambridge.

Fazi, Elodie/Smith, Jeremy (2006), *Civil Dialogue: Making it Work Better*, Brüssel.

Follesdal, Andreas/Hix, Simon (2006), »Why There is a Democratic Deficit in the EU: A Response to Majone and Moravcsik«, *Journal of Common Market Studies*, Jg. 44, H. 3, S. 533–62.

Forst, Rainer (2007), *Das Recht auf Rechtfertigung. Elemente einer konstruktivistischen Theorie der Gerechtigkeit*, Frankfurt a. M.

Fuchs, Dieter (2004), »Konzept und Messung von Demokratie. Eine Replik auf Heidrun Abromeit«, *Politische Vierteljahresschrift*, Jg. 45 (1), H., S. 94–106.

Fung, Archon (2003), »Associaions and Democracy: Between Theories, Hopes and Realities«, *Annual Review of Sociology*, Jg. 29, H., S. 515–539.

Gallie, W.B. (1956), »Essentially Contested Concepts«, *Proceedings in Aristotelian Society*, Jg. 51, H., S. 167–198.

Galligan, Yvonne/Clavero, Sara (2008), *Assessing Gender Democracy in the European Union. A Methodological Framework*, Recon Working Paper 2008/16. URL: http://www.reconproject.eu/projectweb/portalproject/RECONWorkingPapers.html.

Ganghof, Steffen/Genschel, Philipp (2008), »Deregulierte Steuerpolitik: Körperschaftsteuerwettbewerb und Einkommensbesteuerung in Europa «, in: Höpner, Martin/Schäfer, Armin (Hg.), *Die politische Ökonomie der europäischen Integration*, Frankfurt a. M., S. 311–334.

Genschel, Philipp/Jachtenfuchs, Markus (2009), *The Fiscal Anatomy of a Regulatory Polity: Tax Policy and Multilevel Governance in the EU*, Hertie School of Governance Working Papers 43. Berlin.

Gerhards, Jürgen/Neidhardt, Friedhelm/Rucht, Dieter (1998), *Zwischen Palaver und Diskurs. Strukturen öffentlicher Meinungsbildung am Beispiel der deutschen Diskussion zur Abtreibung*, Opladen.

Gerstenberg, Oliver/Sabel, Charles (2002), »Directly-Deliberative Polyarchy. An Institutional Ideal for Europe?«, in: Joerges, Christian/Dehousse, Renaud (Hg.), *Good Governance in Europe's Integrated Market*, Oxford, S. 289–341.

Göler, Daniel (2006), *Deliberation – Ein Zukunftsmodell europäischer Entscheidungsfindung? Analyse der Beratungen des Verfassungskonvents 2002–2003*, Baden-Baden.

Goodhart, Michael (2007), »Europe's Democratic Deficits Through the Looking Glass: The European Union as a Challenge for Democracy«, *Perspectives on Politics*, Jg. 5, H. 3, S. 567–584.

Goodin, Robert E. (1995), »Political Ideals and Political Practice«, *British Journal of Political Science*, Jg. 25, H. 1, S. 37–56.

Gornitzka, Ase/Sverdrup, Ulf (2008), »Who Consults? The Configuration of Expert Groups in the European Union«, *West European Politics*, Jg. 31, H. 4, S. 725–750.

Grande, Edgar/Jachtenfuchs, Markus (2000) (Hg.), *Wie problemlösungsfähig ist die EU? Regieren im europäischen Mehrebenensystem*, Baden-Baden.

Greenwood, Justin (2007a), *Interest Representation in the EU*, 2nd ed., Basingstoke.

— (2007b), »Review Article: Organized Civil Society and Democratic Legitimacy in the European Union«, *British Journal of Political Science*, Jg. 37, H. 2, S. 333–357.

— (2009), *Evaluating recent EU procedural democracy with Organised Civil Society*, Paper presented at the workshop on ›Participation, Consultation and Deliberation in the EU: theoretical reflections and empirical evidence«, University of Trento, 19–20 June 2009.

Greven, Michael Th. (2007), »Some Considerations on Participation in Participatory Governance«, in: Kohler-Koch, Beate/Rittberger, Berthold (Hg.), *Debating the Democratic Legitimacy of the European Union*, Lanham, S. 233–248.

Grote, Jürgen/Gbikpi, Bernard (2002) (Hg.), *Participatory Governance. Political Societal Implications*, Opladen.

Guéguen, Daniel/Rosberg, Caroline (2004), *Comitology and Other EU Committees and Expert Groups. The Hidden Power of the EU: Finally a Clear Explanation*, Brussels.

Gutmann, Amy/Thompson, Dennis (1996), *Democracy and Disagreement*, Cambridge, MA; London.

— (2004), *Why Deliberative Democracy?*, Princeton, NJ.

Habermas, Jürgen (1992a), »Drei normative Modelle der Demokratie: Zum Begriff deliberativer Politik«, in: Münkler, Herfried (Hg.), *Die Chance der Freiheit. Grundprobleme der Demokratie*, München.

— (1992b), *Faktizität und Geltung*, Frankfurt a. M.

— (1999), *Wahrheit und Rechtfertigung*, Frankfurt a.M.

— (2005), »Öffentlicher Raum und politische Öffentlichkeit. Lebensgeschichtliche Wurzeln von zwei Gedankenmotiven«, in: Habermas, Jürgen (Hg.), *Zwischen Naturalismus und Religion*, Frankfurt a.M., S. 15–26.

— (2007), »Kommunikative Rationalität und grenzüberschreitende Politik: eine Replik«, in: Niesen, Peter/Herborth, Benjamin (Hg.), *Zivilgesellschaftliche Partizipation und die Demokratisierung internationalen Regierens*, Frankfurt a.M., S. 406–459.

— (2008a), *Ach, Europa*, Frankfurt a.M.

— (2008b), »Europapolitik in der Sackgasse. Plädoyer für eine Politik der abgestuften Integration«, in: Habermas, Jürgen (Hg.), *Ach, Europa*, Frankfurt a. M., S. 96–127.

Heinelt, Hubert (1998), »Zivilgesellschaftliche Perspektiven einer demokratischen Transformation der Europäischen Union«, *Zeitschrift für internationale Beziehungen*, Jg. 5, H. 1, S. 79–107.

Held, David (1995), *Democracy and the Global Order. From the Modern State to Cosmopolitan Governance*, Cambridge, Oxford.

Hix, Simon (1998), »Elections, Parties and Institutional Design: A Comparative Perspective on European Union Democracy«, *West European Politics*, Jg. 21, H. 3, S. 19–52.

— (2005), *The Political System of the European Union*, London.

— (2008), *What's Wrong with the European Union & How to Fix It*, Cambridge.

Holmes, Stephen (1994), »Verfassungsförmige Vorentscheidungen und das Paradox der Demokratie«, in: Preuß, Ulrich K. (Hg.), *Der Begriff der Verfassung*, Frankfurt a. M.

Holzinger, Katharina (2005), »Institutionen und Entscheidungsprozesse in der EU«, in: Holzinger, Katharina/Knill, Christoph/Peters, Dirk/Rittberger, Berthold/Schimmelfennig, Frank/Wagner, Wolfgang (Hg.), *Die Europäische Union. Theorien und Analysekonzepte*, Paderborn, S. 81–152.

Hooghe, Liesbet/Marks, Gary (2008a), »Die Entstehung eines politischen Gemeinwesens. Der Kampf um die europäische Integration«, in: Höpner, Martin/Schäfer, Armin (Hg.), *Die Politische Ökonomie der europäischen Integration*, Frankfurt a.M., S. 159–195.

— (2008b), »Politisierung und nationale Idenitäten«, in: Höpner, Martin/Schäfer, Armin (Hg.), *Die Politische Ökonomie der europäischen Integration*, Frankfurt a.M., S. 197–202.

— (2009), »A Postfunctionalist Theory of European Integration: From Permissive Consensus to Constraining Dissensus«, *British Journal of Political Science*, Jg. 39, H. 1, S. 1–23.

Höpner, Martin (2008), *Usurpation statt Delegation. Wie der EuGH die Binnenmarktintegration radikalisiert und warum er politischer Kontrolle bedarf*, MPIfG Discussion Paper 08 / 12. Köln.

Höpner, Martin/Schäfer, Armin (2008a) (Hg.), *Die Politische Ökonomie der europäischen Integration*, Frankfurt a. M.; New York.

— (2008b), »Eine neue Phase der europäischen Integration: Legitimitätsdefizite europäischer Liberalisierungspolitik«, in: Höpner, Martin/Schäfer, Armin (Hg.), *Die Politische Ökonomie der europäischen Integration*, Frankfurt a. M., S. 129–156.

— (2008c), »Grundzüge einer politökonomischen Perspektive auf die europäische Integration«, in: Höpner, Martin/Schäfer, Armin (Hg.), *Die Politische Ökonomie der europäischen Integration*, Frankfurt a. M., S. 11–45.

Höreth, Marcus (2009), »Überangepasst und realitätsentrückt. Zur Paradoxie der Theorie der deliberativen Demokratie in der EU«, *Zeitschirft für Politikwissenschaft*, Jg. 19, H. 3, S. 307–330.

Hüller, Thorsten (2005), *Deliberative Demokratie: Normen, Probleme und Institutionalisierungsformen*, Münster.

— (2006), »Herrschaft des Quorums? Zur Lösung eines Problems direkter Demokratie«, *Zeitschrift für Parlamentsfragen*, Jg. 37, H. 4, S. 823–833.

— (2007a), *Adversary or ›Depoliticized‹ Institution? Democratizing the Constitutional Convention*, RECON Working Paper 2007/07.

— (2007b), »Assessing EU Strategies for Publicity«, *Journal of European Public Policy*, Jg. 14, H. 4, S. 563–581.

— (2008a), »Demokratisierung der EU durch Online-Konsultationen?«, *Forschungsjournal Neue Soziale Bewegungen*, Jg. 21, H. 2, S. 73–82.

— (2008b), »Gut beraten? Die Online-Konsultationen der EU Kommission«, *Zeitschrift für Politikberatung*, Jg. 1, H. 3/4, S. 359–382.

— (2010), »Playground or Democratisation? New Participatory Procedures at the European Commission«, *Swiss Political Science Review*, Jg. 16, H. 1, (im Erscheinen).

Hüller, Thorsten/Kohler-Koch, Beate (2008), »Assessing the Democratic Value of Civil Society Engagement in the European Union«, in: Kohler-Koch,

Beate/De Biévre, Dirk/Maloney, William (Hg.), *Opening EU Governance to Civil Society – Gains and Challenges*. CONNEX Report Series, Vol 5., S. 145–181.

Huster, Sebastian (2008), *Europapolitik aus dem Ausschuss. Innenansicht des Ausschusswesens der EU*, Wiesbaden.

Joerges, Christian (2006), »Deliberative Political Processes« Revisited: What Have we Learnt About the Legitimacy of Supranational Decision-Making«, *Journal of Common Market Studies*, Jg. 44, H. 4, S. 779–802.

Kelso, William Alton (1978), *American Democratic Theory. Pluralism and Its Critics*, Westport London.

Kielmansegg, Peter Graf (1977), *Volkssouveränität. Eine Untersuchung der Bedingungen demokratischer Legitimität*, Stuttgart.

Knill, Christoph (2005), »Die EU und die Mitgliedstaaten«, in: Holzinger, Katharina/Knill, Christoph/Peters, Dirk/Rittberger, Berthold/Schimmelfennig, Frank/Wagner, Wolfgang (Hg.), *Die Europäische Union. Theorien und Analysekonzepte*, Paderborn, S. 153–180.

— (2006), »Implementation«, in: Richardson, Jeremy (Hg.), *European Union. Power and Policy-Making*, New York, S. 351–376.

Kohler-Koch, Beate (2007), »The Organisation of Interests and Democracy in the European Union«, in: Kohler Koch, Beate/Rittberger, Berthold (Hg.), *Debating the Legitimacy of the European Union*, Lanham, S. 255–271.

— (2009), »The Three Worlds of European Civil Society – What Role for Civil Society for What Kind of Europe?«, *Policy and Society*, Jg. 28, H., S. 47–57.

Kohler-Koch, Beate/Conzelmann, Thomas/Knodt, Michèle (2004), *Europäische Integration – europäisches Regieren*, Wiesbaden.

Kohler-Koch, Beate/Finke, Barbara (2007), »The Institutional Shaping of EU-Society Relations. A Contribution to Democracy via Participation?«, *Journal of Civil Society*, Jg. 3, H. 3, S. 205–221.

Kohler-Koch, Beate/Rittberger, Berthold (2006), »The ›Governance Turn‹ in EU Studies«, *Journal of Common Market Studies*, Jg. 44, H. Annual Review, S. 27–49.

— (2007) (Hg.), *Debating the Democratic Legitimacy of the European Union*, Lanham.

Kommission (2001), *Europäisches Regieren. Ein Weißbuch*, KOM(2001) 428 endgültig. Brüssel.

— (2002a), *Mitteilung der Kommission ›Europäisches Regieren: Bessere Rechtsetzung‹*, KOM(2002) 275 endgültig/2. Brüssel.

— (2002b), *Mitteilung der Kommission ›Hin zu einer verstärkten Kultur der Konsultation und des Dialogs – Allgemeine Grundsätze und Mindeststandards für die Konsultation betroffener Parteien durch die Kommission‹*, KOM(2002) 704 endgültig. Brüssel.

— (2002c), *Mitteilung der Kommission 'Über die Einholung und Nutzung von Expertenwissen durch die Kommssion: Grundsätze und Leitlinien'*, KOM(2002) 713 endgültig. Brüssel.

— (2005), *Grünbuch »Förderung gesunder Ernährung und körperlicher Bewegung: eine europäische Dimension zur Verhinderung von Übergewicht, Adipositas und chronischen Krankheiten«*, KOM(2005) 637 endgültig. Brüssel.

— (2006a), *Grünbuch 'Ein modernes Arbeitsrecht für die Herausforderungen des 21. Jahrhunderts'*, KOM(2006) 708 endgültig. Brüssel.

— (2006b), *Labelling: competitiveness, consumer information and better regulation for the EU. A DG SANCO Consultative Document*, Brüssel.

— (2007a), *Commission Staff Working Document. Outcome of the Public Consultation on the Commission's Green Paper 'Modernising Labour Lawe to Meet the Challenges of the 21th Century'*, SEC(2007) 1373/2. Brüssel.

— (2007b), *Mitteilung der Kommission an den Rat, das Europäische Parlament, den europäischen Wirschafts- und Sozialausschuss und den Ausschuss der Regionen. Ergebnis der öffentlichen Anhörung zum Grünbuch der Kommission »Ein modernes Arbeitsrecht für die Herausforderungen des 21. Jahrhunderts«*, KOM(2007) 627 endgültig. Brüssel.

— (2008), *Communication from the Commission European Transparency Initiative. A framework for relations with interest representatives (Register and Code of Conduct)*, COM(2008) 323 final. Brussels.

— (2009), *Green Paper on a European Citizens' Initiative*, KOM(2009) 622 endgültig. Brüssel.

König, Thomas/Mäder, Lars (2008), »Das Regieren jenseits des Nationalstaates und der Mythos einer 80-Prozent-Europäisierung in Deutschland«, *Politische Vierteljahresschrift*, Jg. 49, H. 3, S. 438–463.

Kröger, Sandra (2008), *Nothing but consultation: The place of organised civil society in EU policy-making across policies*, European Governance Papers (EUROGOV) No. C-08–03. URL http://www.connex-network.org/eurogov/pdf/egp-connex-C-08–03.pdf.

— (2009) (Hg.), *What we have learnt: Advances pitfalls and remaining questions in OMC research*, European Integration online Papers (EIoP), Special Issue 1, Vol. 13.

Lauth, Hans-Joachim (2000), »Die Kontrolldimension in der empirischen Demokratiemessung«, in: Lauth, Hans-Joachim/Pickel, Gert/Welzel, Christian (Hg.), *Demokratiemessung. Konzepte und Befunde im internationalen Vergleich*, Wiesbaden, S. 49–72.

— (2004), *Demokratie und Demokratiemessung. Eine konzeptionelle Grundlegung für den interkulturellen Vergleich*, Wiesbaden.

— (2006), »Die Qualität der Demokratie im internationalen Vergleich – Probleme und Entwicklungsperspektiven«, in: Pickel, Gert/Pickel, Susanne (Hg.), *Demokratisierung im internationalen Vergleich. Neue Erkenntnisse und Persepktiven*, Wiesbaden, S. 89–110.

Lehmann, Wilhelm (2003), *Lobbying in the European Union: Current Rules and Practices*, European Parliament Working Paper. AFCO 104. Luxemburg.

Leiber, Simone/Schäfer, Armin (2007), »Der doppelte Voluntarismus in der EU-Sozial- und Beschäftigungspolitik«, in: Tömmel, Ingeborg (Hg.), *Die Europäische Union. Politische Vierteljahresschrift. Sonderheft 40*, Wiesbaden, S. 116–135.

Lijphart, Arend (1999), *Patterns of Democracy. Government Forms and Performance in Thirty-Six Countries*, New Haven; London.
Lindblom, Charles E. (1977), *Politics and Markets*, New York.
Lord, Christopher (2004), *A Democratic Audit of the European Union*, New York.
— (2007), »Contested Meanings, Democracy Assessment and the European Union«, *Comparative European Politics*, Jg. 5, H., S. 70–86.
— (2008), *Some Indicators of the Democratic Performance of the European Union and How They Might Relate to the Recon Model*, Recon Working Paper 2008/11. URL: http://www.reconproject.eu/projectweb/portalproject/RECONWorkingPapers.html.
Lowi, Theodore J. (1964), »American Business, Public Policy, Case-studies, and Political Theory«, *World Politics*, Jg. 16, H., S. 677–715.
Magnette, Paul/Nicolaidis, Kalypso (2004), »The European Convention: Bargaining in the Shadow of Rhetoric«, *West European Politics*, Jg. 27, H. 3, S. 381–404.
Mair, Peter (2005), *Popular Democracy and the European Union Polity*, European Governance Papers No. C-05-03.
Mair, Peter/Thomassen, Jacques (2007), *Electoral Democracy and Political Representation in the European Union*.
Majone, Giandomenico (1989), *Evidence, Argument, and Persuasion in the Policy Process*, New Haven.
— (1996), »Redistributive und sozialregulative Politik«, in: Jachtenfuchs, Markus/Kohler-Koch, Beate (Hg.), *Europäische Integration*, Opladen, S. 225–247.
— (1998), »Europe's 'Democratic Deficit': The Question of Standards«, *European Law Journal*, Jg. 4, H. 1, S. 5–28.
— (1999), »The Regulatory State and its Legitimacy Problems«, *West European Politics*, Jg. 22, H. 1, S. 1–24.
— (2005), *Dilemmas of European Integration*, Oxford.
— (2006), »Managing Europeanization: The European Agencies«, in: Peterson, John/Shackleton, Michael (Hg.), *The Institutions of the European Union*, Oxford, S. 190–209.
Mazey, Sonia/Richardson, Jeremy (2006), »The Commission and the Lobby«, in: Spence, David (Hg.), *The European Commission*, London, S. 279–292.
McCormick, John (2007), *Weber, Habermas, and Transformations of the European State. Constitutional, Social, and Supranational Democracy*, Cambridge, MA.
McGann, Anthony (2006), *The Logic of Democracy*, Ann Arbor.
Miller, David (2000), *Citizenship and National Identity*, Cambridge.
Moravcsik, Andrew (1998), *The Choice for Europe. Social Purpose and State Power from Messina to Maastricht*, London.
— (2002), »In Defence of the 'Democratic Deficit': Reassessing Legitimacy in the European Union«, *Journal of Common Market Studies*, Jg. 40, H. 4, S. 603–624.
— (2006), »What Can We Learn from the Collapse of the European Constitutional Project?«, *Politische Vierteljahresschrift*, Jg. 47, H. 2, S. 219–241.

Mosher, James S./Trubek, David M. (2003), »Alternative Approaches to Governance in the EU: EU Social Policy and the European Employment Strategy«, *Journal of Common Market Studies*, Jg. 41, H. 1, S. 63–88.

Müller, Thomas/Pickel, Susanne (2007), »Wie lässt sich Demokratie am besten messen? Zur Konzeptqualität von Demokratie-Indizes«, *Politische Vierteljahresschrift*, Jg. 48, H. 3, S. 511–539.

Nagel, Thomas (1989), »What Makes a Political Theory Utopian?«, *Social Research*, Jg. 56, H., S. 903–920.

Nanz, Patrizia/Steffek, Jens (2005), »Assessing the Democratic Quality of Deliberation in International Governance: Criteria and Research Strategies«, *Acta Politica*, Jg. 40, H. 3, S. 368–383.

— (2007), »Zivilgesellschaftliche Partizipation und die Demokratisierung internationalen Regierens«, in: Niesen, Peter/Herborth, Benjamin (Hg.), *Anarchie der kommunikativen Freiheit*, Frankfurt a.M., S. 87–110.

Naurin, Daniel (2007), *Deliberation behind Closed Doors. Transparency and Lobbying in the European Union*, Colchester.

Newman, Michael (2006), »After the 'Permissive Consensus': Still Searching for Democracy«, in: Richardson, Jeremy (Hg.), *European Union. Power and Policy-Making.*, London, S. 377–397.

Neyer, Jürgen (2004), *Postnationale politische Herrschaft. Verrechtlichung und Vergesellschaftung jenseits des Staates*, Baden-Baden.

— (2006), »The Deliberative Turn in Integration Theory«, *Journal of European Public Policy*, Jg. 13, H. 5, S. 779–791.

— (2009), »Die Stärke deliberativer politischer Theorien und das Elend der orthodoxen Demokratietheorie«, *Zeitschirft für Politikwissenschaft*, Jg. 19, H. 3, S. 331–358.

Nicolaidis, Kalypso (2004), »We, the Peoples of Europe …«, *Foreign Affairs*, Jg. 83, H. 6, S. 97–110.

Nugent, Neill (2001), *The European Commission*, Houndmills.

Nussbaum, Martha (1990), »Aristotelian Social Democracy«, in: Douglass, R. Bruce /Mara, Gerald R./Richardson, Henry S. (Hg.), *Liberalism and the Good*, New York; London, S. 203–252.

Nussbaum, Martha C.; /Sen, Amartya (1993) (Hg.), *The Quality Of Life*, Oxford.

Obinger, Herbert/Leibfried, Stephan/Castles, Francis G. (2005), »Bypasses to a Social Europe? Lessons from Federal Experience«, *Journal of European Public Policy*, Jg. 12, H. 3, S. 545–571.

Offe, Claus (1995), »Some Skeptical Considerations on the Malleability of Representative Institutions«, in: Wright, Erik Olin (Hg.), *Associations and Democracy*, London; New York, S. 114–132.

— (1997), »Micro-Aspects of Democratic Theory: What makes for the Deliberative Competence of Citizens?«, in: Hadenius, Axel (Hg.), *Democracy's victory and crisis*, Cambridge, S. 81–104.

— (1998), »Homogeneity« and Constitutional Democracy: Coping with Identity Conflicts through Group Rights«, *Journal of Political Philosophy*, Jg. 6, H. 2, S. 113–141.
Pateman, Carole (1970), *Participation and Democratic Theory*, Cambridge.
Peters, Bernhard (2000), »Normative Theorien und soziale Empirie«, in: Müller-Doohm, Stefan (Hg.), *Das Interesse der Vernunft. Rückblicke auf das Werk von Jürgen Habermas seit 'Erkenntnis und Interesse'*, Frankfurt a. M., S. 274–298.
— (2005), »Public Discourse, Identity and the Problem of Democratic Legitimacy«, in: Eriksen, Erik Oddvar (Hg.), *Making the Euro Polity. Reflexive Integration in the EU*, London, S. 84–123.
— (2007), *Der Sinn von Öffentlichkeit.*, Frankfurt a.M.
Peters, Bernhard/Schultz, Tanjev/Wimmel, Andreas (2007), »Publizistische Beiträge zu einer diskursiven Öffentlichkeit «, in: Peters, Bernhard (Hg.), *Der Sinn von Öffentlichkeit*, Frankfurt a.M., S. 203–247.
Pollack, Mark A. (2000), »A Blairite Treaty: Neo-Liberalism and Regulated Capitalism in the Treaty of Amsterdam«, in: Neunreither, Karlheinz/Wiener, Antje (Hg.), *European Integration After Amsterdam: Institutional Dynamics and Prospects for Democracy*, Oxford, S. 266–289.
— (2005), »Theorizing the European Union: International Organization, Domestic Polity, or Experiment in New Governance?«, *Annual Review of Political Science*, Jg. 8, H., S. 357–398.
Prittwitz, Volker von (1996) (Hg.), *Verhandeln und Argumentieren*, Opladen.
Quittkat, Christine (2008), »Wirklich näher am Bürger? Konsultationsinstrumente der EU-Kommission auf dem Prüfstand«, *Forschungsjournal Neue Soziale Bewegungen*, Jg. 21, H. 2, S. 64–72.
— (2010), »The European Commission's Online Consultations – A Success Story?«, *Journal of Common Market Studies*, Jg. 48, H., S. (im Erscheinen).
Quittkat, Christine/Finke, Barbara (2008), »The EU Commission Consultation Regime«, in: Kohler-Koch, Beate/De Bièvre, Dirk/Maloney, William (Hg.), *Opening EU-Governance to Civil Society – Gains and Challenges. Connex Report Series Nr. 05*, Mannheim.
Rawls, John (1975), *Eine Theorie der Gerechtigkeit*, Frankfurt a. M.
— (1998), *Politischer Liberalismus*, Frankfurt a. M.
— (2001), *Justice as Fairness: A Restatement*, London.
— (2002a), *Das Recht der Völker*, Berlin; New York.
— (2002b), »Nochmals: Die Idee der öffentlichen Vernunft«, in: Rawls, John (Hg.), *Die Rechte der Völker*, Berlin; New York, S. 165–218.
— (2003), *Gerechtigkeit als Fairneß*, Frankfurt am Main.
Riker, William H. (1982), *Liberalism against Populism*, San Francisco.
Risse, Thomas (2000), »'Let's Argue!': Communicative Action in World Politics«, *International Organization*, Jg. 54, H. 1, S. 1–39.
Risse, Thomas/Kleine, Mareike (2007), »Assessing the Legitimacy of EU´s Treaty Revision Methods«, *Journal of Common Market Studies*, Jg. 45, H. 1, S. 69–80.

Rittberger, Berthold (2005), *Building Europe's Parliament. Democratic Representation Beyond the Nation-State*, Oxford.

RIVM (2006), *Report on the Contributions to the Green Paper »Promoting healthy diets and physical activity: a European dimension for the prevention of overweight, obesity and chronic diseases«*, URL: http://ec.europa.eu/health/ph_determinants/life_style/nutrition/green_paper/nutrition_gp_rep_en.pdf.

Roller, Edeltraud (2005), *The Performance of Democracies*, Oxford.

Ruzza, Carlo/Della Sala, Vincent (2007) (Hg.), *Governance and Civil Society in the European Union, Volume 1. Normative Perspectives*, Manchester; New York.

Sabel, Charles/Zeitlin, Jonathan (2007), *Learning from Difference: The New Architecture of Experimentalist Governance in the European Union*, URL http://www.connexnetwork.org/eurogov/pdf/egp-connex-C-07-02.pdf.

Saretzki, Thomas (1996), »Verhandelte Diskurse? Probleme der Vermittlung von Argumentation und Partizipation am Beispiel des TA-Verfahrens zum ›Anbau gentechnisch erzeugter Herbizidresistenz‹ am Wissenschaftszentrum Berlin«, in: Von Prittwitz, Volker (Hg.), *Verhandeln und Argumentieren. Dialog, Interessen und Macht in der Umweltpolitik*, Opladen, S. 135–167.

Sartori, Giovanni (1992), *Demokratietheorie*, Darmstadt.

Saurugger, Sabine (2008), »Interest Groups and Democracy in the European Union«, *West European Politics*, Jg. 31, H. 6, S. 1274–1291.

Saward, Michael (1998), *The Terms of Democracy*, Cambridge.

Schäfer, Armin (2006a), »Die demokratische Grenze output-orientierter Legitimation«, *Integration*, Jg. 29, H. 3, S. 187–200.

— (2006b), »Nach dem permissiven Konsens. Das Demokratiedefizit der Europäischen Union«, *Leviathan*, Jg. 34, H. 3, S. 350–376.

Schäfer, Armin/Streeck, Wolfgang (2008), »Korporatismus in der Europäischen Union«, in: Höpner, Martin/Schäfer, Armin (Hg.), *Die Politische Ökonomie in der europäischen Integration*, Frankfurt a. M., S. 203–240.

Scharpf, Fritz W. (1985), »Die Politikverflechtungs-Falle: Europäische Integration und deutscher Föderalismus im Vergleich«, *Politische Vierteljahresschrift*, Jg. 26, H. 4, S. 323–356.

— (1996), »Negative and Positive Integration in the Political Economy of European Welfare States«, in: Marks, Gary/Scharpf, Fritz W./Schmitter, Philippe C./Streeck, Wolfgang (Hg.), *Governance in the European Union*, London, S. 15–39.

— (1999), *Regieren in Europa. Effektiv und demokratisch?*, Frankfurt a. M.

— (2002), »The European Social Model: Coping with the Challenges of Diversity«, *Journal of Commen Market Studies*, Jg. 40, H. 4, S. 645–670.

— (2005), »Legitimationskonzepte jenseits des Nationalstaats«, in: Schuppert, Gunnar Folke/Pernice, Ingolf/Haltern, Ulrich (Hg.), *Europawissenschaft*, Baden-Baden, S. 705–741.

— (2006a), »The Joint-Decision Trap Revisited«, *Journal of Common Market Studies*, Jg. 44, H. 4, S. 845–864.

— (2006b), *Problem Solving Effectiveness and Democratic Accountability in the EU*, Wien.

— (2007), *Reflections on Multilevel Legitimacy*, Max-Planck-Institut für Gesellschaftsforschung, Köln.

— (2009a), *The Double Asymmetry of European Integration Or: Why the EU Cannot Be a Social Market Economy*. MPIfG Working Paper 09/12, Köln.

— (2009b), *Legitimacy in the Multilevel European Polity*, MPIfG Working Paper 09/1. Köln.

Schlozman, Kay Lehmann (1984), »What Accent the Heavenly Chorus? Political Equaltiy and the American Pressure System«, *Journal of Politics*, Jg. 46, H., S. 1006–1032.

Schmalz-Bruns, Rainer (1999), »Deliberativer Supranationalismus«, *Zeitschrift für Internationale Beziehungen*, Jg. 6, H. 2, S. 185–244.

Schmidt, Susanne K. (2008), »Europäische Integration zwischen judikativer und legislatier Politik«, in: Höpner, Martin/Schäfer, Armin (Hg.), *Die Politische Ökonomie der europäischen Integration*, Frankfurt a. M., S. 101–127.

Schmidt, Vivian A. (2006), *Democracy in Europe. The EU and National Politics*, Oxford.

Schmitter, Philippe C. (2000), *How to Democratize the European Union – and Why Bother?*, Lanham.

Schumpeter, Joseph A. (1942/1980), *Kapitalismus, Sozialismus und Demokratie*, München.

Sen, Amartya (1992), *Inequality Reexamined*, Cambridge, Mass.

Shapiro, Ian (2003), *The State of Democratic Theory*, Princeton.

Skocpol, Theda (2004), *Diminished Democracy: From Membership to Management in American Life*, Norman, OK.

Smismans, Stijn (2006) (Hg.), *Civil Society and Legitimate European Governance*, Cheltenham.

— (2008), »New Modes of Governance and the Participatory Myth«, *West European Politics*, Jg. 31, H. 5, S. 874–895.

Steenbergen, Marco R.; Bächtiger, André; Spörndli, Markus; Steiner, Jürg (2003), »Measuring Political Deliberation: A Discourse Quality Index«, *Comparative European Politics*, Jg. 1, H., S. 21–48.

Steffek, Jens (2010), »Public Accountability and the Public Sphere of International Governance«, *Ethics & International Affairs*, Jg. 24, H. 1, S. (im Erscheinen).

Steffek, Jens/Kissling, Claudia/Nanz, Patrizia (2006) (Hg.), *Civil Society Participation in European and Global Governance: A Cure for Democratic Deficit?*, Houndsmill.

Steiner, Jürg/Bächtiger, André/Spörndli, Markus/Steenbergen, Marco R. (2005), *Deliberative Politics in Action. Analysing Parliamentary Discourse*, Cambridge.

Stie, Anne Elizabeth (2008), *Decision-Making Void of Democratic Qualities? An Evaluation of the EU's Foreign and Security Policy*, Recon Working Paper 2008/20. URL: http://www.reconproject.eu/projectweb/portalproject/RECONWorkingPapers.html.

Stiff, James B. (1994), *Persuasive Communication*, New York; London.

Strohmeier, Rudolf W. (2007), »Die Europäische Kommission im Gefüge von Politikberatung und Lobbying«, in: Dagger, Steffen/Kambeck, Michael (Hg.), *Politikberatung und Lobbying in Brüssel*, Wiesbaden, S. 61–67.

Van den Daele, Wolfgang (1994), *Technikfolgenabschätzung als politisches Experiment. Diskursives Verfahren für Technikfolgenabschätzung des Anbaus von Kulturpflanzen mit genetisch erzeugter Herbizidresistenz*, Discussion Paper FS II 94–301.

— (1998), »Annäherung an einen uneingeschränkten Diskurs. Argumentation in einer partizipativen Technikfolgenabschätzung«, *Jahrbuch Wissenschaft und Ethik*, Jg. 3, H., S. 15–32.

van Eemeren, Frans H./Grootendorst, Rob/Sneock Henkemans, A. Francisca (2002), *Argumentation. Analysis, Evaluation, Presentation*, Mahwah, NJ.

Vibert, Frank (2007), *The Rise of the Unelected. Democracy and the New Separation of Powers*, Cambridge.

Vogel, David (2001), »Environmental Regulation and Economic Integration«, in: Esty, Daniel C./Geradin, Damien (Hg.), *Regulatory Competition and Economic Integration: Comparative Perspectives*, Oxford, S. 321–347.

Wallström, Margot (2007), *European Citizenship as seen from Brussels. Cinefogo Newsletter No. 3*, http://www.cinefogo.org/publications/newsletters/nl3/nl3.

Walzer, Michael (1970), »A Day in the Life of a Socialist Citizen«, in: Walzer, Michael (Hg.), *Obligations. Essays on Disobedience, War, and Citizenship*, Cambridge, MA, S. 229–238.

— (1996), *Lokale Kritik – globale Standards. Zwei Formen moralischer Auseinandersetzung*, Hamburg.

Warleigh, Alex (2001), »'Europeanizing' Civil Society: NGOs as Agents of Political Socialization«, *Journal of Common Market Studies*, Jg. 39, H. 4, S. 619–639.

Warren, Mark E. (2001), *Democracy and Association*, Princeton; Oxford.

Weale, Albert (1989), »The Limits of Democracy«, in: Hamlin, Alan/Pettit, Philip (Hg.), *The Good Polity. Normative Analysis of the State*, Oxford, S. 35–47.

— (2007a), *Democracy*, Basingstoke.

— (2007b), »Democratic Values, Political Legitimacy and European Governance«, in: Ruzza, Carlo/Della Sala, Vincent (Hg.), *Governance and Civil Society in the European Union*, Volume 1. *Normative Perspectives*, Manchester; New York, S. 11–29.

Weiler, J.H.H. (2002), »A Constitution for Europe? Some Hard Choices«, *Journal of Common Market Studies*, Jg. 40, H., S. 563–580.

Weiler, Joseph H.H./Haltern, Ulrich/Mayer, Franz C. (1995), »European Democracy and its Critique«, *West European Politics*, Jg. 18, H. 3, S. 4–39.

Wernicke, Stephan (2007), »Au nom de qui? The European Court of Justice between Member States, Civil Society and Union Citizens«, *European Law Journal*, Jg. 13, H. 3, S. 380–407.

Williams, Melissa S. (1998), *Voice, Trust, and Memory. Marginalized Groups and the Failings of Liberal Representation*, Princeton, New Jersey.

Winter, Thomas von/Willems, Ulrich (2000), »Die politische Repräsentation schwacher Interessen: Anmerkungen zum Stand und zu den Perspektiven der Forschung«, in: Willems, Ulrich/Winter, Thomas von (Hg.), *Politische Repräsentation schwacher Interessen*, Opladen, S. 9–36.

Young, Iris Marion (2000), *Inclusion and Democracy*, Oxford; New York.

Zürn, Michael (2006), »Zur Politisierung der Europäischen Union«, *Politische Vierteljahresschrift*, Jg. 47, H. 2, S. 242–251.

Zweifel, Thomas D. (2002), »Who is without sin cast the first stone: the EU's democratic deficit in comparison«, *Journal of European Public Policy*, Jg. 9, H. 5, S. 812–840.

Schaubilder und Tabellen

Schaubilder

Schaubild 1: Positionierungen zur europäischen Demokratie 33
Schaubild 2: Normative Demokratieideale für den Nationalstaat 49
Schaubild 3: Kriterien demokratischer Performanz 74
Schaubild 4: Kommissionsfunktionen und Foren
zivilgesellschaftlicher Einbindungen 143
Schaubild 5: Indikatoren demokratischer Performanz assoziativer
Einbindung in die Beratungsprozesse europäischer
Online-Konsultationen 150

Tabellen

Tabelle 1: Qualitätserwartungen in unterschiedlichen
Demokratiekonzeptionen 155
Tabelle 2: Konsultationen, Politisierung, absolute Dauer (in
Wochen) und Anzahl der Beiträge 178
Tabelle 3: Beteiligung an den Online-Konsultationen der Fallstudie 182
Tabelle 4: Beteiligung von zivilgesellschaftlichen Assoziationen an
den vier Online-Konsultationen der Fallstudie 182
Tabelle 5: Gesamte Stichprobe der Fallstudie (Prozentualer Anteil
von den beteiligten ZGO) 183
Tabelle 6: Positionierungen zu den Hauptthemen der Arbeitsrecht-
Konsultation 188
Tabelle 7: Positionierungen zu den Hauptthemen der
Kennzeichnung-Konsultation 189

Tabelle 8:	Anzahl diskursiver Positionierungen in den Stellungnahmen der Fallstudie: Absolut und in Relation zu der Anzahl der Stellungnahmen der verschiedenen Assoziationstypen	191
Tabelle 9:	Typen diskursiver Positionierungen in den Stellungnahmen der Fallstudie	192
Tabelle 10:	Absolute Häufigkeit normativer Positionierungen in politisierten und nicht-politisierten Konsultationen (und in Relation zu der Anzahl der Stellungnahmen der verschiedenen Assoziationstypen)	194
Tabelle 11:	Prima-facie-Überzeugungskraft normativer Positionierungen	195
Tabelle 12:	Prima-facie-Überzeugungskraft empirischer und pragmatischer Positionierungen	195
Tabelle 13:	Prima-facie-Überzeugungskraft juristischer Positionierungen	196
Tabelle 14:	Komplexe Argumentationen	198
Tabelle 15:	Rechtfertigungsniveau in den politisierten Konsultationen	199
Tabelle 16:	Rezeption, Responsivität und Rechenschaft. Die Aufnahme zivilgesellschaftlicher Vorschläge durch die Kommission	206

Abkürzungsverzeichnis

AEUV	Vertrag über die Arbeitsweise der Europäischen Union
BVerfG	Bundesverfassungsgericht
BSE	Bovine spongiforme Enzephalopathie
DGB	Deutscher Gewerkschaftsbund
EEA	Einheitliche Europäische Akte
EFSA	European Food Safety Authority, Europäische Behörde für Lebensmittelsicherheit
EUV	Vertrag über die Europäische Union
EP	Europäisches Parlament
ETUC	European Trade Union Confederation = Europäischer Gewerkschaftsbund
EU	Europäische Union
EuGH	Europäischer Gerichtshof bzw. Gerichtshof der Europäischen Union
EZB	Europäische Zentralbank
GD	Generaldirektion (der Europäischen Kommission)
GD EMPL	Directorate-General Employment, Social Affairs and Equal Opportunities, Generaldirektion Beschäftigung, soziale Angelegenheiten und Chancengleichheit
GD ENVIR	Directorate-General Environment, Generaldirektion Umwelt
GD SANCO	Directorate-General Health and Consumers, Generaldirektion Gesundheit und Verbraucher
NGO	Non-Governmental Organization; Nichtregierungsorganisationen
OMK	Offene Methode der Koordinierung
SPD	Sozialdemokratische Partei Deutschlands
WSA	Europäischer Wirtschafts- und Sozialausschuss
ZGO	Zivilgesellschaftliche Organisationen

Staatlichkeit im Wandel
Sonderforschungsbereich der Universität Bremen

Alexander-Kenneth Nagel
Politiknetzwerke und politische Steuerung
Institutioneller Wandel am Beispiel des Bologna-Prozesses
2009, 326 S., Bd 12, ISBN 978-3-593-39039-0

Nicole Deitelhoff, Jens Steffek (Hg.)
Was bleibt vom Staat?
Demokratie, Recht und Verfassung im globalen Zeitalter
2009, 336 S., Bd 11, ISBN 978-3-593-39017-8

Bernhard Zangl (Hg.)
Auf dem Weg zu internationaler Rechtsherrschaft?
Streitbeilegung zwischen Politik und Recht
2009, 328 S, Bd 10, ISBN 978-3-593-38915-8

Alexandra Lindenthal
Leadership im Klimaschutz
Die Rolle der Europäischen Union in der internationalen Umweltpolitik
2009, 303 S., Bd 9, ISBN 978-3-593-38886-1

Sebastian Mayer
Europäische Sicherheitspolitik jenseits des Nationalstaats
Die Internationalisierung von Präventions- und Interventionsmaßnahmen in NATO und EU
2009, 310 S., Bd 8, ISBN 978-3-593-38890-8

Achim Hurrelmann, Stephan Leibfried, Kerstin Martens, Peter Mayer (Hg.)
Zerfasert der Nationalstaat?
Die Internationalisierung politischer Verantwortung
2008, 359 S., Bd 7, ISBN 978-3-593-38742-0

Susanne Uhl
Die Transformation nationaler Steuersysteme in der Europäischen Union
2008, 228 S., Bd 6, ISBN 978-3-593-38615-7

Jörg Richard Werner
Unternehmenspublizität und Corporate Governance im Wandel
Staatliche Steuerungsmodelle im internationalen Vergleich
2008, 289 S., Bd 5, ISBN 978-3-593-38616-4

Steffen Mau
Transnationale Vergesellschaftung
Die Entgrenzung sozialer Lebenswelten
2007, 327 S., Bd 4, ISBN 978-3-593-38438-2

Martin Herberg
Globalisierung und private Selbstregulierung
Umweltschutz in multinationalen Unternehmen
2007, 274 S., Bd 3, ISBN 978-3-593-38358-3

Andreas Wimmel
Transnationale Diskurse in Europa
Der Streit um den Türkei-Beitritt in Deutschland, Frankreich und Großbritannien
2006, 233 S., Bd 2, ISBN 978-3-593-38198-5

Bernhard Zangl
Die Internationalisierung der Rechtsstaatlichkeit
Streitbeilegung in GATT und WTO
2006, 280 S., Bd 1, ISBN 978-3-593-37891-6

Mehr Informationen unter
www.campus.de/wissenschaft

campus
Frankfurt · New York